庄子

哲学引思

卢国龙 ◎著

上海古籍出版社

图书在版编目(CIP)数据

《庄子》哲学引思 / 卢国龙著. -- 上海 ： 上海古
籍出版社，2025. 5. -- ISBN 978-7-5732-1629-8

Ⅰ. B223.55

中国国家版本馆 CIP 数据核字第 202546AC72 号

《庄子》哲学引思

卢国龙 著

上海古籍出版社　出版发行

（上海市闵行区号景路 159 弄 1－5 号 A 座 5F　邮政编码 201101）

（1）网址：www.guji.com.cn

（2）E-mail：guji1@guji.com.cn

（3）易文网网址：www.ewen.co

启东市人民印刷有限公司印刷

开本 890×1240　1/32　印张 11.75　插页 2　字数 253,000

2025 年 5 月第 1 版　2025 年 5 月第 1 次印刷

印数：1—2,100

ISBN 978－7－5732－1629－8

B·1456　定价：68.00 元

如有质量问题,请与承印公司联系

目　录

绪　论

　　惠施指庄子的学说"无用"，或许也不尽然，那要看谁来用以及如何用。惠施是梁惠王的"相"，最高政务官，如果以梁国君相及其政务为目的，那么庄子的学说确实不好用、无用，因为从庄子学说的载体——《庄子》来看，本来就不是为君王谋、为政务谋的文字。同样，如何用也需分别，如果铁定主意要他人或社会怎么样，那么庄子的学说确实不好用、无用甚至起反作用，因为庄子将各种刻意想让他人及社会怎么样的谋划，都放到哲学的桌面上来，问一下合理的依据是什么，这通常让铁定的主意很难堪。但放下这些强势主导的意愿，将强势主导本身当做一个问题来思想，庄子的学说就有用、有大用，可以作为思想的引擎，从问题意识到思路，都能撩动生机。

　　庄子的问题意识，与先秦其他各派都不太一样。其他各派有共同点，即社会现实如此丧乱，为今之计应该怎么办又能够怎么办，都可以归结为处方派。而庄子算是诊断派，即现实作为文明史的结局，如何从历史的深处走来？尧舜文武等圣王的文明示范，典谟训诰等经典的文明规划，当下社会的文明祸患，这林林总总之中，究竟贯穿着一条什么样的逻辑暗线，以至倾覆在前，社会的绝大多数人都不愿意重蹈其覆辙但就是避不开？在追问所以然的层面，庄子的问题意识面向全部文明史。

问题意识决定了梳理问题的思路。庄子的思路是，一切人类的祸患和纷争，都根源于人类以种群社会的方式生活在一起，因而需要确立一条公共的原则，否则不能建构起维护公共安全的秩序。而原则既然是种群社会公共的，就必须具有对于其所有成员的普适性，如果不能涵盖所有人的意愿，一部分人恰适了，另一部分人压抑了，就必然滋生种群内部的纷争、对抗。那么，什么样的原则才具有普适性呢？这个本应该用来解决社会问题的问题，在现实中却演变成了从政治到学术一切争斗的焦点，各派都锐意争夺奉先王或后王名义的代表权、自身学理的解释权，却有意无意地回避了一层首先需要正视的审思：公共原则究竟是个什么性质的概念？在这个问题上，儒家主张法先王，因为那是被历史证明有效的、优越的；法家主张法后王，因为这是直接的、现实的；墨家主张任知听能，从社会实践中确认贤能的人作为共同的标准。他们都努力将特殊的拓展或复制为普遍的。名家辨名析理，形似逻辑思维游戏，但缜密的思辨也让各家自以为是的概念体系发生动摇，甚至改变各家立论自信其理所当然的习惯。战国中晚期的辩议之风明显高涨，例如孟子就比孔子更好辩而且善辩，墨家的《墨经》更具有向逻辑专业化方向发展的趋势，道家和法家则混合成形名学，所以名家发挥的作用，程度不等地改变了学者们的思维方式，即使直下断语的习惯改变不了，也要做好接受诘辩的准备，如韩非子不善口辩，立论却很周密。但名家也有局限，辨名析理仅限于具象之形物，如白马非马、卵有毛、离坚白等，没有触碰抽象概念的向上一路，其辩议对于公共原则、普遍性概念，实际作用就不是建设性的，而是碎片化的消解，是思想领域的遮蔽，而非朗显。庄子与惠施的学术思想之争，症结就在这里。

庄、惠二人围绕"公是"问题的一场辩论，可能是一次有意义的学术史事件。庄子借助名家的诘辩形式，不同于老子之冥想，总算是将"公是"亦即公理的问题合乎逻辑地拎了出来。问题的实质是，从庙堂到战场，人们为之争斗的，是利也是理，理是政治的依据、战争的由头，也是持续而久远的利益。那么，这个理如何才具有公共的性质？讲理要讲公理，大概各方皆同，没有谁傻到或者豪横到只讲自己的理，但公理的认证途径却很奇怪，似乎只要搬出先王典言或后王旨意就是公理。但王者非一人，"搬法"非一种，所以这样的公理预设，彼此不承认，于是，一切争斗都只能重复制造需要进一步争斗的因，结不出解决问题的果。庄子发现，这样的所谓文明，不过是蒙眼驴的磨盘，而要发其覆，其实也简单，只需要承认一个简单的事实，即天下没有集体默认的"公是"，只有人各自是其是的现象。因为自是其是的现象表现在每个人的身上，是每个人都能够自我确认的生存意志，否则一切言行是错，一切思虑是错，人还怎么活？所以这个现象是普遍的，对于人类具有最大的普适性。人各自是其是，即老子发明的新概念"自然"。只要守护自己的"自然"，承认他人的"自然"，不奢求一人独任天下之公理，遮眼罩也就揭开了，文明的道路可以重新选择。

　　奉先王典言或后王旨意以为公理，虽然方便而且直接，但毕竟粗浅，对抗可以很直白，儒家信尧舜，墨家敬大禹，法家奉黄帝甚至姜太公，没有谁能证明自己就代表了独一无二的公理。于是发展出理论新形态，从天道和人性的角度来求证公理。因为天道和人性本身就是普遍性概念，所以形式上，这样的求证更具有公信力。但庄子却表现出更深的担忧。所堪担忧的是，言天道的过于自信其认知能力，以为天道尽在掌握中，于是由道生名，由名生法，将特定的秩序模式绝对化，就必然导致人类社会的治理，既没有人，也没有社会，只剩下治理，"非生人之行而至死人之理"。甚言人性的，将人性这个普遍性概念放进伦理和政治的铁桶里，或者漂白，或者染黑，将伦理和政治视野下人性的特殊状态当成人性全体，以此证明其伦理和政治模式的合理性和必要性，人性就只剩下代表公理的空洞符号，与一个个活生生的人没什么关系，"矫拂人性"，以矫正人性的名义违背人性。以这样的天道论和人性论为基础，注定文明可以规范，但道路将越走越窄，因为这种文明不是生长进化型的，而是一代不如一代退化型的，前代圣王尧舜等人所规划的文明模式，不仅永远达不到，而且越是强调模仿学习就越是找不到文明的进化之路，只能循环往复。而根基问题并不复杂，只是缺一个问题意识："公是"或者公理是个什么性质的概念？这是庄子的基本诊断，问题说不上复杂深奥，但长在文明的生成处，而且随着历史的流程扩散到文明体全身。

　　就思想表述而言，庄子无疑是先秦诸子中最跳脱的；但就对于"公是""天道""人性"等普遍性概念的认知和界定而言，庄子又无疑是先秦诸子中最为审慎的。不奢求对天道和人性获得完整的认知，更不奢求对二者做出恰如其分的表述，因为那是两个无限大的领域，只可能用有限的已知在无限的未知世界里博取更多的活动空间，不可能穷尽其无限，所以除了人各自是其是的、"自然"的普遍现象之外，庄子不奢谈万物以及人类共同本质之类的话题，其哲学起手式，不是任何形式的"综合判断"，而是"自然"的自省——什么是我的"自"？万物纷纷扰扰，我的"自"何所然？何所不然？

　　大概可以肯定，万物都有一个主体性的"自"，否则世界不会如此纷纷扰扰。但是当庄子沉浸式地省察"自"的存在时，却发现并不像日常经验中那么明确。日常经验中，你是你，我是我，界线因主体的自我意识、意志而清晰。但这样的"自"越明确，自我与他者的差异感也就越强烈，对于外物的看法是有所"然"，有所"不然"，在外物中所受到的待遇或反馈，也是有所"然"，有所"不然"，于是就结成了万物自是而相非的关系网，当肯定自己时，就意味着要否定他者。这种状况不仅仅出现在这个"我"的身上，凡世间人人如此，所以状况是普遍的。以至人与人凡有接触，就感摩擦，"与物相刃相靡，其行尽如驰，而莫之能止，不亦悲乎！"（《庄子·齐物论》）所以，有必要省思产生摩擦感的"自"是一种什么样的存在。

　　因为省思的意图，就是从日常经验之我中寻找其源头或原版，所以当经验和情感被忘却，也就是"吾丧我"之后，就只有一个纯粹主体意识的"吾"是真实的，"吾"意识到"自"的存在，但不知因何存在或是什么使之存在，"莫得其朕"。郭象谓之"独化"，虽然有些诠释过度，将庄子"莫得其朕"的认知

论的不知，说成了存在论的没有，但就其指向纯粹自我本来独立
的思想方向而言，无疑与庄子是一致的。纯粹独立的"自"，没
有经验世界里的利益和感情纠葛，所以能听到"天籁"之音，
从只说我的道理升华到倾听万物各自的道理。因为理解万物都有
其本来的"自"，从而产生响应环境的各自方式，所以生成一个
新的判断，万物各然其然则无物不然。虽然这样的现象与经验世
界里的一样，是"自然"的、普遍的，但理解不同了，我理解
万物各有其"自"从而生成各然其然，而不是只看到我的"自
然"因而认为其他的都"不然"，于是就有可能更理智地看待人
我是非，明白只有自是而不相非、"为是不用而寓诸庸"，才是
摆脱人我是非之纷争的应然道路。

　　站在哲学的思想世界里，解决不了经验世界的问题，但可以
发现问题，因而提供一些启发性的思路。按照庄子的哲学发现，
既然文明的根本问题是缺失一个关于普遍性的问题意识，而人各
"自然"是可以确认的普遍现象，那么，为什么不能以"自然"
为出发点重建文明，从而规避循环往复地重蹈覆辙？在庄子的思
想试验里，重建可能会颠覆现有文明的格局及其历史逻辑，即所
谓掊斗折衡，但并不意味着要废弃现有的文明积累，只是会改变
文明规则以及关于合理文明规则的认知，从而由"自然"生成
自发的文明，没有规划也就没有创造力的限制，没有特殊的目标
也就不妨碍选择性协调的能力。于是，庄子的寓言说，世界不仅
很大，如天空"其远无所至极"，而且繁富万有，北冥南冥，榆
枋大椿，能满足各种环境要求，只要文明不将世界做成宽窄巷
子，则鹏飞鷃突，人人都可以抒放其自然，并不必然拥挤冲突。

这当然不是设想人与人相互离散，不让弱小的人类在无情的万物世界中相依为命，像荀子所说的那样"庄子蔽于天而不知人"，看不到人的类生活注定纠缠，而是说文明的合理性依据有多大，文明的世界就有多大。而文明的合理性依据，既取决于人的认知眼界，还取决于人认知万物固然之理的能力，如果能循乎天理、因其固然，那么即使事物密集纠缠，也依然有与物无伤的空间，如庖丁的刀，不必计较自损八百伤敌一千的烂账，依然可以实现文明的目的。

既有文明随着历史积重难返，在秩序和秩序意识两方面都已经模式化，兀兀然地尝试以"自然"介入社会，会不会引起自我与社会的双向不适？因为后世的许多人，是为了浇胸中块垒才去喝庄子这杯酒，情绪的需要大于哲学的思考，所以一些人学习"时恣纵而不傥"的庄子，要么学得愤世嫉俗，要么学得小心翼翼。其实，庄子本身的故事倒没那么敏感。生活的故事里，庄子拒绝齐楚二国的招揽，调侃惠施、监河侯，但"处乎材与不材之间"以和光同尘的态度也是有的，只不过精神的骄傲无处妥协，弄得生活穷困而已。思想的故事里，庄子写《人间世》，反复探讨以"自然"介入社会的路径，不因社会环境以及自身的角色化等改变"自然"，从而形成内外交往的合理尺度。这样的"自然"，虽然是每个人与生俱来的，但作为一种观念意识又很容易被经验面的生活所遮蔽，所以思想上也是需要修炼的。正如《德充符》里的故事那样，观念意识上"自然"的完整，甚至比肢体的完整更重要，因为前者是因，"自然"观念上的不完整，可能造成许多肢体上不完整的果，秩序原则上凿破"自然"的残疾，可能造成社会的大面积伤害。所以，如何由社会群体的"自然"观念修炼，达成以"自然"为秩序原则的社会共识，是摆脱文明覆辙的可能道路。

以"自然"引导整体文明的重建，也就是以"自然"为社会文明这个"大宗"作师。庄子写《大宗师》，不是要塑造一个奇怪的精神偶像，否则与尧舜禹汤，充其量也不过"类与不类，相与为类，则与彼无以异矣"（《庄子·齐物论》）。以"自然"引导社会文明，不是规划，无需设计，只需要弄明白一条：如果我们相信自己的"自然"，那就没有理由怀疑别人的"自然"。由此生成的文明，是自发的、进化的，不伤害社会成员人各自有的"自然"之性，是曰"应帝王"。

如果要为庄子的哲学思想做一个描述性的概括，不做评价，也许可以归结为这样两句话：问明公是，信任自然。所谓问明公是，首先是在问题意识上澄清普遍真理的概念性质，于习而不察之处起个疑情；其次是对于各种普遍真理的界定和表述，要用普适性的尺子去衡量、审思，不能无意间就被代表了。所谓信任自然，首先要相信并且正视人人都具有其主体性的"自"，其次要因任其自觉恰适的自主选择。由此形成的社会文明，郭象曾做出过评估："神器独化于玄冥之境而源流深长也。"[1] 神器也就是社会文明；独化是社会文明具有自身的稳定规则，不因特殊个人或事件等偶然因素而跌宕、而兴废；玄冥之境是文明规则与社会生活相契合，因而走一条可持续发展的道路，源远流长。

1　郭象：《庄子序》，郭庆藩《庄子集释》，中华书局 2018 年版，第 3 页。

壹 《逍遥游》——自然自由的理念

一 以自然为基准的自由理念

《庄子》内七篇以《逍遥游》居首，按照唐初成玄英的理解，是有所措意的："所以《逍遥》建初者，言达道之士，智德明敏，所造皆适，遇物逍遥，故以逍遥命物。"[1]所谓"建初"，从庄子著书的角度说，是开宗明义，而从庄子思想体系的角度说，是在混沌迷蒙、无思无言之中建立一个有所思、有所言的起点。这个起点，不是先王法则，不是神的法则，不是许多人默认的功利法则，甚至也不是道家所特好的自然造化法则，总之与圣哲先王的前言往行无关，只是依据庄子的"智德明敏"，即以其理智与德性的明澈开显，来省察人自身的生存状态，从而拈出"逍遥"的理念，审视"遇物逍遥"与否，思议"遇物逍遥"的可能。从"智德明敏"的意识自觉到"逍遥"理念的拈出，就是《庄子》思想的"建初"，同样，《庄子》在中国思想史上孤

---

1 成玄英：《庄子序》，郭庆藩《庄子集释》，第7页。

声先发，首先发出的也是"逍遥"。

省察人自身的生存状态，并不必然将"逍遥"作为映鉴现实的参照。例如，最浅近的可能参照四邻，所谓比上不足比下有余，在经验中显然是一个相当普遍的现象；最高远的可能参照唐虞三代，春秋战国时的学者都能娓娓道来。

同样以"智德明敏"为思想的发祥，也不必然拈出"逍遥"的理念。例如孔子之"仁"，无疑是智德明敏、意识自觉的经典表述，但孔子由"仁"所生发的理念是"克己复礼"，不是"逍遥"。虽然孔子也曾表达过"与点之志"，但个人或小团体在暮春时节踏歌郊游、风乎舞雩的自在生活，与社会礼乐文明的整体秩序，究竟如何相互关联，是儒学思想发展中长期探讨因而也长期存在的问题，从魏晋的名教可乐到宋儒的孔颜乐处，所围绕的都是这个问题。理论上，儒者针对这个问题可以给出致意悠远的答案，如朱熹注《论语》"与点"一段说："曾点之学，盖有以见夫人欲尽处，天理流行，随处充满，无少欠阙，故其动静之际，从容如此。而其言志，则又不过即其所居之位，乐其日用之常，初无舍己为人之意。而其胸次悠然，直与天地万物上下同流，各得其所之妙，隐然自见于言外。视三子之规规于事为之末者，其气象不侔矣，故夫子叹息而深许之。"[1] 这意思用《庄子》的语言来表述，也就是曾皙达到了"目击道存"的境界。那么由这样的"与点之志"，能否生发逍遥的哲学呢？答案显然是不能，因为对于儒者来说，理解并欣乐万物各有其存在的合理性是

1　朱熹：《四书章句集注》，中华书局 2018 年版，第 131 页。

一回事，"士不可不弘毅"的文明担当又是另外一回事。如程颢，最初接受周敦颐的思想启蒙，核心议题就是颜孔所乐何事，但为官任事之后，理念中的颜孔之乐挡不住现实中的身不由己，有《下山偶成》诗说："襟裾三日绝尘埃，欲上篮舆首重回。不是吾儒本经济，等闲争肯出山来。"[1] 儒者不能由"仁"的意识自觉而高蹈"逍遥"，例证不胜枚举，更深层的原因则是，思想逻辑上，"仁"着眼于人与人的关系，是伦理学意义上的对他人存在的意识自觉，不是认识论意义上的灵明知觉，所以伦理学立场的预设也注定由"仁"可以及"义"，及"礼"，但不及"逍遥"。

事实上不仅儒家，其他的诸子百家、横议时代问题的各种士，如《庄子·刻意》所列举的山谷之士、平世之士、朝廷之士、江海之士、导引之士等，也同样思不及"逍遥"。郭象《庄子序》称庄子之学"设对独遘而游谈乎方外"，[2] 算是对庄子思想理路很恰当的一种概括。所谓"设对"，就是预设一个与现实相对因而能够映照现实的理念，所谓"独遘"，就是在思索中与此理念如期相遇，理论合乎逻辑地证明其理念。又因为从理念的拈出到理论的证明，都是庄子个性化的思想创造，所以称之为"独"，是一段由庄子独辟蹊径的思想历程。

所谓庄子"游谈乎方外"，是相对圣人《六经》而言的。这也是王弼以来玄学中很拗口的言意之辩，所围绕的是玄学自身名与实的问题，但可能因此造成老庄高举远引、游谈方外而不切现

1　程颢、程颐：《二程集》，王孝鱼点校，中华书局1981年版，第476页。

2　郭象：《庄子序》，郭庆藩《庄子集释》，第3页。

实的误解。如据《世说新语·文学》载:"王辅嗣弱冠诣裴徽,
徽问曰:夫无者,诚万物之所资,圣人莫肯致言,而老子申之无
已,何邪?弼曰:圣人体无,无又不可以训,故言必及有。老庄
未免于有,恒训其所不足。"[1]玄学家既要奉行尧舜周孔等圣人的
名义,以此谋政议政,又要遵循老庄所讲述的道理,以之提挈纲
领从而宏观地梳理现实问题,大概就只能作这样的言意之辩
了——老庄所讲述的道理,正是圣人所实行的大政方针,只不过
圣人引而不发、只做不说而已。这样的言意之辩很拗口,因为其
中的逻辑,不是思想上领悟到什么就吆喝什么,反而是缺什么才
吆喝什么。这大概是玄学困于儒道名实而不得不别出心裁的机
变,并非其辨名析理的常态。郭象说庄子游谈方外,也是同样的
路数:"夫庄子者,可谓知本矣,故未始藏其狂言,言虽无会而
独应者也。夫应而非会,则虽当无用;言非物事,则虽高不行;
与夫寂然不动,不得已而后起者,固有间矣,斯可谓知无心者
也。夫心无为,则随感而应,应随其时,言唯谨尔。故与化为
体,流万代而冥物,岂曾设对独遭而游谈乎方外哉。"[2]意即庄子
所知所言的,正是圣人所感所行的,但圣人慎言而与万物之理冥
合,庄子则藏不住秘密,将圣人的不言之意都暴露了。须知,既
然庄子所暴露的是圣人之意,那么庄子所游谈的"方外",就不
是佛道教盛行时所指称的世俗生活方式之外,而是尧舜周孔等圣
人治世的言论之外。大概也只有这样理解,郭象的说法才通顺,

---

1 刘义庆著,刘孝标注,余嘉锡笺疏:《世说新语笺疏》卷上之下,周祖谟、余
   淑宜、周士琦整理,中华书局 2007 年版,第 235 页。
2 郭象:《庄子序》,郭庆藩《庄子集释》,第 3 页。

因为庄子哲学"建初"于"逍遥",采用现代概念重新表述就是"自由",而"自由"是圣人治世的方略中可能有但从来不说的。庄子说出来,将圣人密行不语的方略转换成公开讨论的政治哲学问题,可见庄子逍遥亦即自由的话题还在政治哲学的论域中,尽管思辨的形式若出尘埃而窥绝冥,但问题依然是现实的。

用现代的自由概念诠释庄子之"逍遥",大概不会引起太大的非议。历代注家由《庄子》"逍遥"引发关于自由的思想,近现代学者关于"逍遥"的自由意义诠释,例证很多,我们姑置不论。即便在日常用语中,"逍遥"也是最方便表达自由的词汇,诸如逍遥公、逍遥派、逍遥自在、逍遥法外等等,叙述的都是自由的状态。由这些日常用语,可见逍遥即自由久已成为汉语世界的通识,因此从概念引导思想的意义上大概可以说,演述逍遥的《庄子·逍遥游》,是中国历史上率先思考自由问题的经典。那么,庄子之"逍遥"究竟是一种什么样的自由呢?

以西方哲学的自由概念作为理解庄子自由思想的参照,大概是目前最适宜的一种尝试,但所同所异有些微妙,深入辨析并不容易,只能略叙大意。一方面,"自然"之"然",本即具有自由选择、自由意志的含义,有所然则有所不然,自主选择、主体意志的含义很清晰;另一方面,庄子然不然的合理范围又仅限于"自",个体所认可的真理不能被当做普遍的真理,唯一具有普遍性的,是人各自然其所然的现象,不是各自带有特定内涵和外延的某种真理本身。前一个方面与西哲相通,后一个方面则可能具有微妙的差别。之所以产生这种差别,或许与两种思想所针对的对象不同有关。西哲以人的自由意志立论,既有宗教也有哲学上的针对性，针对各部落的多神信仰，选择信仰唯一的上帝是自由意志，针对基督教从造物主到预定论的系列教义，也需要自由意志重新唤醒理性精神。而庄子的时代礼崩乐坏，既不存在秦皇汉武式的专制独裁，也不存在某个垄断或者主导的信仰、思想体系以阻碍自由，但现实中，个人丧失自由与社会丧失合理秩序，成了恶性循环的两个张力点，互为因果，建构秩序以牺牲自由为代价，不自由的秩序又没有合理性底线，于是就只能沉湎在"世与道交相丧"的循环中，不可自拔。庄子的逍遥亦即自由，合乎逻辑的理解就正是针对这种"世与道交相丧"的现实。因为按照逍遥"建初"的思想逻辑，唯其以个体的自由为前提，公共秩序才是符合各人意愿的，才不至于让建构秩序的努力成为扰乱秩序的缘由。而逍遥亦即自由的实现，并不需要现实之外的更高原则，只需要承认并且接受人各"自然"——自信其然、自行其然的普遍现象。从这个意义上来理解自然的自由理念，虽不能认知其完整面目和内在的思想逻辑，但可以启示一个渐入堂奥的思考方向。

放在春秋战国时代的历史背景里看，以自然为基准的自由理念，也许只是一个消解时代纷争的方便法门，因为诸子百家学、公侯伯子男都有一个共同的特征，都认为自己掌握了解决社会失序问题的必由之路，各各自是而相非，于是由失序焦虑所导致的，不是失序之忧日以纾解，而是实际的失序状态与思想上的失序焦虑都越来越严重，战国时的诸子学谋事论理多急迫，相互之间"辟"的多，不像春秋时的孔老那般从容，就是一个明显的症候。因为失序焦虑与失序的现实互为因果，所以在庄子看来，与其指望哪家哪派掌握真理以统率天下思想进而指导一统天下的建构，就不如面对并且承认人各自然的现实。人各自然并不是庄子"设对独遣"的特别主张，而是百家争鸣的实际状态，庄子的特别主张，只是说出了这个事实并且认为，在坚持自己之自然的同时，要承认自己的真理只是自然而且他人的自然也有其合理性，不能信由一己之是非而定天下之得失。这样以人各自然相互承认从而消解焦虑和纷争，也是篇名"逍遥游"的本义。

作为立意宏深的哲学著作，篇名"逍遥游"的意思当然不是随便逛荡，也不是高蹈远遁，逃离"众人焚和"的犯罪现场，而是对于自由理念的一种很直观的描述，即消减社会生活附加在个人身上的各种浮伪，明确真实而独立的自我，保持虽远可游的自主流动的权力和能力。

围绕"逍遥游"篇名的释义，成玄英曾列举三家："第一，顾桐柏云：逍者，销也；遥者，远也。销尽有为累，远见无为理。以斯而游，故曰逍遥。第二，支道林云：物物而不物于物，故逍然不我待；玄感不疾而速，故遥然靡所不为。以斯而游天下，故曰逍遥游。第三，穆夜云：逍遥者，盖是放狂自得之名也。至德内充，无时不适；忘怀应物，何往不通。以斯而游天下，故曰逍遥游。"[1]这是在不同的方向上各自发挥想象力，以想见"逍遥游"的场景和寓意。顾桐柏所想象的"逍遥游"，大概

---

[1] 成玄英：《庄子序》，郭庆藩《庄子集释》，第 8 页。顾桐柏失考。穆夜当即南朝刘宋人李叔之，《册府元龟》卷 606："李叔之字穆夜，撰《庄子义疏》三卷。"宋高似孙《子略》录晋以降《庄子》注疏，有"李叔之《义疏》三卷，宋处士"。

可以与"固封"构成反义词，即消耗掉有为的执念，远见到无
为的妙理，泰然遣放，顺适处世。支道林所谓"逍然""遥然"，
显见是将逍与遥当成了两个形容词，"逍然"形容不为外物所缚
累的纯粹自我，"遥然"形容在想象的世界中自我畅达，"玄感"
是对"游"的诠释，大概指想象所至等精神活动，想象月球就
上了月球，想象天外就出了天外，所以是"不疾而速"的。准
此而言，"逍遥游"也就是纯粹的自我精神游于无限无极了。穆
夜所谓"放狂自得"，意思当然不是字面上的自我放纵或放逐，
而是从心所欲不逾矩式的道德修养，似乎只要内在的道德修养圆
满，外在的环境就一切无碍了。通过比较不难发现，三家释义互
有差异，但训诂上的差异无足深论，有意思的是思想方向彼此不
同。穆夜所描述的，其实是儒家的圣人修养，如七十岁的孔子；
支道林所表达的，则是佛教的真如意向，真如的世界未必很容易
抵达，但逍遥可以作为游向真如的向导；只有顾桐柏还徜徉在道
家的大义之中。同样信守道家大义的，还有北宋黄几复，其说
云："消者如阳动而冰消，虽耗也，而不竭其本；摇者如舟行而
水摇，虽动也，而不伤其内。游于世若是，惟体道者能之。"[1]顾
桐柏训逍为销，黄几复训逍为消，意思同样都是消减；顾氏训遥
为远，黄氏训遥为摇，差异互见；但训诂的同异出于各自思想阐
述的需要，同样也无足深论，值得深入思考的，应该是由此延伸
出的两个相关问题：第一，消减而不竭其本，消减的是什么？本

---

[1] 黄庭坚：《黄几复墓志铭》，曾枣庄、刘琳主编：《全宋文》卷 2335，上海辞
书出版社、安徽教育出版社 2006 年版，第 108 册，第 74 页。

又是什么？第二，"遥游"是否就是穷高极远的逃离现实或炫耀技能？如果说庄子的思想本不执滞于远近，不耽溺于炫技，那么所谓"遥游"在哲学上究竟具有什么样的意义？

对于这两个问题，旧注中不乏隐约指向，但未见有人明确地说出来，如上引四家释义，就都有言不尽意之处，都只能以譬喻曲尽其巧妙，问题意识则幽隐难明。这种由社会语境与自由思想不相称所引起的言难尽意问题，同样也存在于《庄子》本身中。大概说来，战国时代没有"自由"概念，庄子却生发出"自由"的思想，于是采取寓言的表述方式，以表达援引《诗》《书》等所不能表达的自由之意。就《庄子》本身而言，采用寓言形式未必是要规避什么忌讳，而是寓言的达意效果比生僻的概念更好，能够以其笔下的鬼斧神工，尽可能雕琢出让人人都能够一目了然的自由神像。[1]而对于解读者来说，寓言的表意方式毕竟是隐喻的、间接的，在理解上就不像概念表述那样具有确定性，所以对于《庄子》的解读，历来异彩纷呈，很难说哪种解读是庄子所预期的。而且，思议庄子所思议的自由问题，本身就自带思维导图，意味着对于现实秩序、思议者自身生存状态的批判性观察和思考。而现实总是与自由相去甚远，自由意识越强烈，就越能感受到现实的不自由，所以思议庄子所思议的自由问题，在现实中不仅会产生思维的紧张，甚至会产生政治的敏感，在自由为政治所不容、政治现实又不忍直视的时代，尤其如此。

---

[1] 庄子之前，自由的立场和行为都可以找到例证，如伯夷叔齐义不食周粟，华士狂矞自耕于东海，但这种立场和行为都只是表现为政治不合作，是针对特定政治或政权的立场和行为，不是思考普遍性问题的自由思想。

　　或许，现实越是自由缺失，就越是需要思议自由问题；而自由思想的表达越是隐晦，越是集体性地郁而不发，就说明政治、伦理等秩序模式越是僵化而多忌讳，越是需要理性地重新审视秩序与自由的关系。历史上的《逍遥游》诠释，设喻多才而寓意多思，但问题意识欲说还休，言不尽意，根源无疑在社会的秩序模式，让自由思想压抑出委婉、隐晦的性格。

　　从古代到现代，自由的思想主题历久弥新，庄子思考的自由问题，我们今天仍然在思考；但思考和表述的语境终究变了，至少是自由的思想日益昌明，思考并且愿意表达自由思想的人越来越多，孔子所谓"德不孤，必有邻"，更像是对庄子的精神鼓励或安慰。在现代语境下重新解读《逍遥游》的问题意识，回答上述两问，可以简单地说，消减的是依赖，诸如身份、财富等，不竭其本的"本"是独立的自我。当然，这样的消减是自我意识层面的，不是要剥夺个人的身份、财富，而是英雄不问出身，不以身份财富捆绑住自我独立的精神，因为唯其独立，自我才是真实的，可以由自我意识自主的。郭象以"性分"之说论证逍遥亦即自由的可能，"性分"的内核，其实就是独立的内在依据。"遥游"的哲学意义在"游"而不在"遥"，是个虽远可游的意思，但独立的主体不同，能游可游也没有统一的远近标准，只有一个独立者自主的原则，以此隐喻万物皆可自信其是、自行其是。这也是庄子与慎到思想的根本分歧，而《天下》篇批评慎到"非生人之行而至死人之理"，思想根源正在于慎到之道不容个人的自主之游，所有人都盘曲在被稳定所压倒的"一切"之中。

二 推阐自由理念的思维进路

《逍遥游》的大多数篇幅都是寓言，寓意隽永，需要思量，只有两段推理性议论，可以相对清晰地看明白庄子的思想理路。其一曰：

> 夫知效一官，行比一乡，德合一君，而征一国者，其自视也，亦若此矣。而宋荣子犹然笑之。且举世而誉之而不加劝，举世而非之而不加沮，定乎内外之分，辨乎荣辱之境，斯已矣。彼其于世，未数数然也。虽然，犹有未树也。夫列子御风而行，泠然善也，旬有五日而后反。彼于致福者，未数数然也。此虽免乎行，犹有所待者也。若夫乘天地之正，而御六气之辩，以游无穷者，彼且恶乎待哉？故曰至人无己，神人无功，圣人无名。

首先我们能够看明白的是，这个思想理路所推阐的，不是逍遥与否的状态评估，也即不是评判知效一官、宋荣子、列子等等谁更逍遥，而是推阐逍遥亦即自由意识的差异，角度是"自视""辨乎"等，其中包含了对于自由理念的不同理解与期许，大略分四个层次。

第一个层次按照自由理念来理解，是充任各项体制职能的工具人，因为他们的自由意识最淡薄，所以《逍遥游》说他们与自鸣得意、自我满足的蜩与鷽鸠相若。其实就群体而言，这类人应该算是社会精英，在朝在野，各有能力呈现。"知效一官"的有应对具体事务的能力，"行比一乡"的能以其影响力协调地方社会，"德合一君"的不是良辅就是权臣，"征一国者"能主政而且有成效，放在政治的天平上来衡量，都是人才。但偏偏是这个精英阶层，自由意识最薄弱，什么缘故？上引《庄子·刻意》所列举五种士，其中的朝廷之士就是这个精英群体的顶端："语大功，立大名，礼君臣，正上下，为治而已矣。此朝廷之士，尊主强国之人，致功并兼者之所好也。"谋政朝堂之上，施政四民之中，制定秩序，牧民安邦，维护以至扩张国家利益，是这个精英群体的最高目标。但由于锐意事功，高度紧张地关注效绩，沾沾自喜地满足于一时一事之得计，就遮蔽了所应当思考的秩序与自由的关系问题。由此产生的思维习惯和政治现实，是秩序等同制约，其中没有自由生机；管理等同压制，其中没有互动张力。所以庄子反复提示要关注时代现实，不能沉湎在建功立业、天下大治的幻想里，"今世殊死者相枕也，桁杨者相推也，刑戮者相望也"，面对这样的现实依然不能摆脱思维惯性，不能对于秩序的合理性问题有所审思，只是一味地发挥工具作用，追求事功以推波助澜，庄子认为"其无愧而不知耻也甚矣"（《庄子·在宥》）。至于个体，可能由于自由意识的缺失而表现得更无耻，如《庄子·列御寇》所记载的曹商："宋人有曹商者，为宋王使秦，其往也，得车数乘。王说之，益车百乘。反于宋，见庄子，曰：'夫处穷闾阨巷，困窘织屦，槁项黄馘者，商之所短也；一悟万乘之主，而从车百乘者，商之所长也。'庄子曰：'秦王有病，召医，破痈溃痤者得车一乘，舐痔者得车五乘，所治愈下，得车愈多。子岂治其痔邪？何得车之多也？'"自由意识与精神品格的关联，在如何应对君王之禄的问题上表现得十分明显，曹商没有自由理念，精神品格因此没有底线，而庄子以自由理念看透了曹商。

第二个层次以宋荣子为例，自由意识的核心表现是精神人格的独立。《逍遥游》两次用到"举世"，大概能提示我们要关注一个值得分辨的微妙之处，即向什么独立。孟子说："居天下之广居，立天下之正位，行天下之大道。得志与民由之，不得志独行其道。富贵不能淫，贫贱不能移，威武不能屈，此之谓大丈夫。"（《孟子·滕文公下》）这是孟子独立精神的一段经典表述，由这段表述来看孟子的独立，显然是针对政治际遇，或者说是就个人的政治生命而言的，得志不得志都是政治生活方面的，相应地，不因际遇而异其常操的独立，确切地说也就是政治人格。与孟子将政治置于核心位置不同，宋荣子对于世事"未数数然也"，也就是其独立不针对世俗政治等，只是以内外之分来确立自我的独立性，很纯粹。比较两种针对性不同的独立，自由意识上的差异也就显而易见，宋荣子的自由意识因纯粹而朗显，孟子则未免有些心存魏阙的羁绊，精神上总有一个得志不得志的衡量，"数数然"。

第三、第四层次的列子与"游无穷者"之有待无待，是一种对举叙述的手法，即以列子之有待来衬托无待逍遥的理念。在《庄子》《列子》等书的叙述中，列子本来就是个传奇人物，他可能是古代的方士，专门钻研一些离奇的技术，搞一些让人心跳加速的挑战，如《庄子·达生》曾记载列子请教关尹，如何才能"潜行不窒，蹈火不热，行乎万物之上而不栗"，而《庄子·田子方》便有列子从伯昏无人学射箭的故事，各种训练，最后"登高山，履危石，临百仞之渊，背逡巡，足二分垂在外"，要训练出"挥斥八极，神气不变"的忘我状态。列子"御风而行"，大概也是这类挑战之一，至于如何御风，是热气球还是滑翔机或别的什么技术，就无从考索了。按照《逍遥游》叙述逍遥的寓言主题来理解，列子御风而行与大鹏一飞九万里，是可以互为连类的，都在天上飞，大鹏去以六月息，列子旬有五日而后返；都是有待的，需要借助风势，列子御风，大鹏积厚风以负大翼而后背负青天。尽管有待，但厚积其所待的方向朝着逍遥，不是商家的囤积居奇，所以当列子与大鹏"怒而飞"的逍遥被认识到"犹有所待"时，无待逍遥亦即纯粹的自由理念，也就呼之欲出了。

知效一官、行比一乡的例子，比比皆是；精神独立的例子，可以举证的不止宋荣子一个；御风而行的，也还有大鹏与列子；而到了无待逍遥，则一个范例也举证不出来。原因很简单，不是庄子词穷了，而是无待逍遥本来就是个纯粹的自由理念，没有范例，所以只能泛泛地说至人、神人、圣人，形象充满不确定性。由此看来，即便在寓言的世界里，也不能为无待逍遥塑造一个合适的形象代言人，概念叙述就更难做到言尽其意了。只是却因此苦了历代注家，所谓"御六气之辩"究竟是哪六气，历来众说纷纭。因为并存的说法太多，也就说不好哪家是正解，成玄英疏引杜预之说，以为六气即阴阳风雨晦明，"辩"训为"变"。因为这个说法出现得最早，我们姑且以其说为准。按照这个说法，无待逍遥的"御六气之辩"，也就是全天候地凌空飞翔，不受气候气象的限制。这在现代，技术上不难做到，但在庄子的时代，列子御风而行已经匪夷所思了，如果再加个码，说有比列子更神奇的，什么时候都能自由翱翔，除了让人惊怖其言因而难以置信之外，还有什么思想意义呢？庄子当然不会讲这种没意义没营养的故事，只是从《逍遥游》单篇，不容易看清楚其意义实处，即如何从有待进阶无待，无待逍遥又究竟是一种什么样的自由理念，所以我们需要从《庄子》其他篇章找一些参证。

前引《达生》篇列子请教关尹之后，有一段关尹的响应，同样在列子传奇的基础上再说个超凡入圣的境界，意义与列子由有待进阶无待相同，大概可以为《逍遥游》推阐自由理念进一解。说云：

> 是纯气之守也，非知巧果敢之列。居，予语女。凡有貌象声色者，皆物也，物何以相远？夫奚足以至乎先，是色而已。则物之造乎不形而止乎无所化，夫得是而穷之者，物焉得而止焉。彼将处乎不淫之度，而藏乎无端之纪，游乎万物之所终始。一其性，养其气，合其德，以通乎物之所造。夫若是者，其天守全，其神无郄，物奚自入焉。

列子的问题如前引，是如何能够水中潜行而不窒息，火中蹈行而不灼热，高凌万物之上而不惊恐，与无待逍遥的"以游无穷"，差异是表述方式层面的，前者具象，游行于水火，后者抽象，畅游于无穷，而同处是精神理念层面的，都想无障碍地游或行，所

以在哲学的表意上是形而上与形而下的对应关系，都指向无待
逍遥。

按照《达生》篇的这个解释，如何无待逍遥地畅游，既非
知巧的技术性问题，也无关乎对外如何勇决果敢，而取决于自身
的"纯气之守"。何谓"纯气之守"？单从这四个字的字面上看，
似乎是某种修行的秘术，但关尹的回答，却表明只是一个理性思
考的过程而已，没有什么神秘的蹊跷在其中。站在凡具有体质形
貌者都是物的角度看，人也是物。就人作为一种物质性存在而
言，人与万物之为物是相同的，怎么可能卓尔拔出凡类，从有待
入乎无待之逍遥？对于这个问题，通常意义上的哲学，都会归结
为人有先天禀赋的灵明知觉，是天地造化独特的宠儿，而《达
生》篇显然不在这个套路里周旋，"夫奚足以至乎先，是色而
已"，意即那样的灵明知觉，本来就是人之成其为人的活态形式
（色）之一，就像群兽各有其灵明知觉因而成为其兽一样。至于
人类内部，则灵明知觉人人有之，但能够思索人在造化之中自然
与自由问题的，只是人类当中的极少数。所以，所谓灵明知觉，
充其量也只是一种泛泛的说法，没有什么不对，但也没有什么太
大的意义，不足以"至乎先"，成为从有待入乎无待的独特依
据。能够推阐从有待入乎无待的，是下一句，"物之造乎不形而
止乎无所化，夫得是而穷之者，物焉得而止焉"。成玄英疏："夫
得造化之深根，自然之妙本，而穷理尽性者，世间万物，何得止
而控驭焉。故当独往独来，出没自在，乘正御辩，于何待焉。"[1]

1　郭庆藩：《庄子集释》卷7上，第637页。

"乘正御辩"是"乘天地之正而御六气之辩"的缩写,所以显然,这是在援引《达生》与《逍遥游》互为训解。这样互为连类的援引之所以没有任何违和感,是因为两篇的两个段落,都围绕无待逍遥的同一个主题。而援引《达生》来解读无待逍遥,则无待逍遥的自由理念坦然明白,核心就是洞观自然造化之理,照旷自我在自然造化中的变化迁流。这样的洞观照旷,不杂私意偏见的好恶取舍,所以谓之"纯气之守",由此推阐纯粹的自由理念,则自由有两项原则,表现为自由者的两大精神品格,一是无畏,二是无害。

逍遥亦即自由者的无畏,既不同于励志之勇健,也不同于血气之勇悍,不是针对某个具体的环境或对象而激发起来的意气,而是理解个体与万物造化之整体的同一关系,因而天大地大,尽可去得,无所可畏。所以自由者的无畏是理性的、持续的、非刻意的。为了解释这种无畏,《达生》举了个事实不便验证的例子,即同样坠车,醉酒的人所受到的伤害相对较小,因为醉酒的人"乘亦不知也,坠亦不知也,死生惊惧不入乎其胸中,是故遻物而不慑"。常理大概就是这样的,在应对环境变化时的惊惧,并不能使人获得更多的安全,反而由于惊慌失措,遭受更多的伤害,所以俗谚有所谓"惊慌失措地狱之门"的说法。惊恐以至畏缩,应对失措以至鲁莽,不仅是受伤害的主要缘由,同时也是自由者最常见、最大的障碍。在中国思想史上,与庄子这种自由者无畏的思想最具有可比性的,应该是《周易》的"开物成务"。《周易》以卜算占休咎,从而克服对于未知的畏惧,知微而行健,以达到"开物成务"的目的,所以尽管形式类似巫术,

但不妨碍它成为中国思想文化的经典。庄子的自由者无畏，没有
《周易》开物成务那样的可操作性、广泛适应性，但庄子不以知
巧论，更富有思辨的理性批判精神，所以更能启发独立思考，更
少接受条条框框的束缚，有以带动道家风骨。

自由者的无害，也不同于恻隐、悲悯的宗教情怀，不同于狷
者有所不为的保守固执，而是由自由的内涵所决定的理性原则。
在庄子的哲学体系中，这条原则还可表述为自是而不相非、"为
是不用而寓诸庸"。因为自由必然发生在个体与外界环境或群体
的关系中，所以自由的实现必然是群体或整体性的，单纯个体的
自由，不是特权就是任性，既有害于外物或他人，便有害于自由
原则因而有害于自由者本身。如《达生》上引文接着说："圣人
藏于天，故莫之能伤也。复仇者不折镆、干，虽有忮心者不怨飘
瓦。是以天下平均，故无攻战之乱，无杀戮之形者，由此道也。"
自由者群体不是没有意外的、偶然的伤害，而是没有故意的伤
害，因而相互无敌意，以至人平等，事平衡（均），不必用战争
和刑罚的手段去掌握平衡。对于庄子的这个思想，郭象注《骈
拇》做过相对周全的概述："夫物有常然，任而不助，则同然皆
得而不自觉，故与物无二而常全。……夫与物无伤，非为仁也，
而仁迹行，万理皆当；非为义也，而义功见，当而无伤。"[1]先伤
害然后安抚，站在就事论事的角度看，是不同人的不同行为，所

1　褚伯秀：《南华真经义海纂微》卷24，《道藏》第15册，文物出版社、上海书
店、天津古籍出版社1988年版，第315页。郭庆藩本与此颇有差异。如末句
作"夫与物无伤者，非为仁也，而仁迹行焉；令万理皆当者，非为义也，而
义功见焉；故当而无伤者，非仁义之招也"。文理不若褚本通畅，且"令万理
皆当"之说，与庄子、郭象思想皆不合，疑有衍讹。

以世界上有好人坏人之分，坏人施虐，好人安抚。而将文明当做一个整体来看，先伤害然后安抚是一种病态，所当致思的，不是如何安抚，而是如何根治文明的病态。自由的无害原则，就是根治的基础。

如上推阐自由理念，由"知效一官"到列子"御风而行"，再到无待逍遥，《逍遥游》归结为"至人无己，神人无功，圣人无名"。这种不合常理的表述，只有放在推阐自由理念的逻辑中才说得通，否则无从索解。按常理说，人人都有己，但《逍遥游》反言之，极致标准、含括人性特征的至人无己；所谓神人，大概就是《国语·鲁语》中所说的有捍灾御患之功因而列入祀典的人，[1]但《逍遥游》反言之无功；圣人孔子说"君子疾没世而名不称焉"（《论语·卫灵公》），无名望的不是凡人就是隐士，但《逍遥游》反言之圣人无名。何以如此不循常理？因为《逍遥游》要说的，本来就不是常理，而是纯粹的自由理念。

那么，讲个无待逍遥的纯粹自由理念，对于逍遥人生或实现自由究竟有什么意义呢？理论上说，因合乎逻辑而存在的自由理念，在现实中是找不到模本的，但理念又必须存在，因为唯其有此一种理念作为镜子，我们才知道如何去检讨现实生活，方便我们思考现实中那些让人情绪不安、精神郁闷的问题，根源究竟何在。苏东坡始读《庄子》，曾喟然叹息说："吾昔有见于中，口

---

[1] 《国语·鲁语》："夫圣王之制祀也，法施于民则祀之，以死勤事则祀之，以劳定国则祀之，能御大灾则祀之，能捍大患则祀之。非是族也，不在祀典。"（左丘明撰，徐元诰集解：《国语集解》，王树民、沈长云点校，中华书局2002年版，第154—155页）

未能言。今见《庄子》，得吾心矣。"[1] 大概就是从《庄子》中获得某种理念，豁然开朗，像镜子一样将许多原来模糊的想法映照得清清朗朗。苏辙在谈论对老子的理解时则说："夫圣人之于言，譬如规矩之于方圆尔。天下之人信规矩之于方圆，而以规矩辨天下之不方不圆，则不若求其至方极圆。"[2] 至方极圆就是一个合乎逻辑存在的理念，这个理念之所以比规矩更能判断方圆，比圣人之言更能判断是非，是因为它作为终极标准决定规矩创作方圆的方向和衡量准则，让不方不圆的现实纤毫毕现。同样，圣人的无待逍遥作为一种理念，是而且也只是合乎逻辑的存在，在现实中不可能如图呈现，但必须有这样一种理念存在，规矩层面的有待逍遥才可能具有衡量的准则和实践的方向。

三　两种"逍遥义"的自由歧路

由《逍遥游》引发的关于自由的思议，不仅需要缜密的思辨，而且也需要如何改变现实的想象力。自由的魅力，其实来源于改变现实的想象，思辨的意义，更多体现为淬炼其想象的合理性。所以，改变现实的想象不同，则诠释《逍遥游》的自由思想必然不同。于是有两种"逍遥义"，一种想象现实世界可以有另外的样子，思议在现实世界实现自由的可能性；另一种想象绝

1　苏辙：《亡兄子瞻端明墓志铭》，曾枣庄、刘琳主编：《全宋文》卷 2100，第 96 册，第 260 页。
2　苏辙：《老聃论上》，曾枣庄、刘琳主编：《全宋文》卷 2087，第 96 册，第 83 页。

对无纷扰的彼岸世界如何清净，思议放弃现实世界从而在彼岸获得自由的必然性。前者以向秀、郭象命名，是汉魏晋学术理有固然的延展；后者以支遁命名，是佛学介入玄学话题的异军突起。由于时光交错，两种"逍遥义"虽然都在魏晋玄学的思想大断代里，但并未发生对话，所以不是审校义理尔后择善而从，而是困疲于时事无奈何的东晋名士，几乎以追星的方式选择了支遁。从此，如何逍遥的纠结消解了，自由成了一个简单的选择题：出家离俗的"方外人"或寄情方外的精神可以获得自由，代价是放弃社会身份以及与之相关的一切。这是中国自由思想的一个拐点，由思考社会整体自由与秩序的关系，转向个人自由对于秩序的超越，"法无定法"的咒诀似乎真的法力无边，能征服许多英雄豪杰，而多数中国学者，不说制度思维能力如何，可能连制度思维的兴趣都欠缺，以至三《礼》之学虚设，要么只是有司虚应故事的职业技能，即欧阳修所谓"礼乐为虚名"，要么就是食古不化的假学究或者"以礼杀人"，或者发些九斤老太式的怀古幽思。而让中国人智力集体难堪的制度问题，一代代地重复难堪。这是在讨论《逍遥游》时应该有所关注的一个问题，其中隐含着中国的自由思想虽发源高古，但发育却很迟滞的历史同时也是哲学的原因。

从上述《逍遥游》的思维进路来看，推阐知效一官以至无待逍遥，应该说也是个下学而上达的登天梯，原典既层层递进，诠释也应该是有准谱、有定数的。但由于庄子的思想与老子一样，不是"为学日益"，而是"为道日损"，即减损常俗的观念以释放自由的意识，所以登天的阶梯不是学，而是思，即不是日益积累经验、知识从而超凡入圣，而是排遣经验、知识层面的固执己见，放开眼量心量，重新审视个人在万众之中、万众在万物之中的生活。这样的思想，不拘缚于现实，不掩饰对于现实的批判倾向，思想的主张距离时代的现实状态很遥远，距离时代的话语环境也因此遥远，所以思想既无文本参照，更无现实参照，解读因此找不到准星。相对而言，没有文本参照的问题还算简单，如郭象注《逍遥游》说："鹏鲲之实，吾所未详也。夫庄子之大意，在乎逍遥游放，无为而自得，故极小大之致以明性分之适。达观之士，宜要其会归而遗其所寄，不足事事曲与生说，自不害其弘旨，皆可略之耳。"[1]《庄子》不是《六经》，不代表先王神圣的典章制度，所以只要义理说得通，辞章训诂之类的问题都可以存而不论甚至忽略不计。而自由理念没有现实的榜样作为参照，只有层出不穷的反面典型左右刺激，则如何说通自由的义理就很有弹性，或然性和个性化的空间就很大。个性化空间大，所以庄子的自由理念是自然论的，可以合乎其理论原则地人各自信自行其所然，没有统一的关于自由的理论模式。或然性空间大，则哪种解读更符合庄子本来的"弘旨"，不容易鉴别，只能看解读和接受的心情，于是，对于向、郭与支遁两种"逍遥义"，东晋名士很性情地接受了后者。《世说新语·文学》中的两段资料，载录了两种"逍遥义"在清谈玄风中的回响。

其一曰：

初，注《庄子》者数十家，莫能究其旨要。向秀于旧

1　郭象：《庄子序》，郭庆藩《庄子集释》，第3页。

注外，为解义，妙析奇致，大畅玄风。

其二曰：

> 《庄子·逍遥篇》，旧是难处，诸名贤所可钻味，而不
> 能拔理于郭、向之外。支道林在白马寺中，将冯太常共语，
> 因及逍遥。支卓然标新理于二家之表，立异义于众贤之外，
> 皆是诸名贤寻味之所不得。后遂用支理。[1]

始于向秀，终于郭象的《庄子》注解，即今本郭象《庄子注》。
从向秀初注《庄子》时"大畅玄风"，到支遁"逍遥义"卓然立
异，经历了从魏晋禅代到东晋立足江表的历史变迁。这段与历史
变迁相关联的学术兴替，《世说新语》的载述很容易给人的观
感，好像是以理服人的，符合玄学清谈悦新奇、立异议的风尚，
与经学谨守师法迥异。而其实，两种"逍遥义"风骚各领的原
因在于时代背景，立论的差异则根源于中国固有传统与佛教两种
思想体系，并由此延展出关于自由理念的不同思想方向。分三个
问题略述大意。

第一个问题是两种"逍遥义"的时代背景不同。

魏晋玄学的核心经典《周易》《老子》《庄子》，并称"三
玄"，但经典诠释并非自始至终都三玄并列，齐头并进，而是随

1　刘义庆著，刘孝标注，余嘉锡笺疏：《世说新语笺疏》卷上之下，第243、
　260页。

着玄学思潮的变化有所兴替。大致说来，玄学家由沉潜《易》
《老》转而属意《庄子》，在魏晋去就之际，由竹林玄学引领思
潮。对于这种兴替，可以有"魏晋玄学化"和"玄学魏晋化"
两种不同的观察角度。站在"魏晋玄学化"的角度看，由《易》
《老》而《庄子》，只是同一个玄学大思潮的自发蔓延，曹魏正
始年间，何晏、王弼等人咏味《易》《老》，诠释其本末有无的
玄理奥义，既已擅美于前，则继踵者不能别出新义，发其高致，
就只能触类旁通，另辟蹊径，在义理诠释上几乎还是空白的《庄
子》，于是成了玄学家们的新目标。而站在"玄学魏晋化"的角
度看，"三玄"兴替的历史可能没有这么轻快，问题意识受政治
环境牵制的学术史宿命，同样也发生在风格超迈的玄学身上。
正始玄学何晏、王弼等人解注《易》《老》，所关注的问题是
如何对现实秩序进行有序调整或重建，所以提摄出"崇本以举
其末"的纲领，阐发"有生于无"的本体论，从而为文明创造
的合理性作张本。而魏晋去就之际，阮籍、嵇康等人的竹林玄
学属意《庄子》，纠结的则是现实中的名教与理念中的自然相
互冲突的问题。这种冲突，站在文明史的角度看其实是永远存
在的，任何时代的社会规范、制度模式等，都不可能不打折扣
地符合所有人的"自然"亦即本来意愿，现实与理念之间的龃
龉，因理念的存在而存在。然而具体到魏晋禅代的历史现实
中，名教与自然的冲突又别有况味，别样剧烈。自汉末动乱以
来，为拯乱世、立新政，清流名士与曹氏、司马氏两姓政权，
原本是合作者，而在司马代曹的过程中，名士却演变为新政权
所防范甚至迫害的对象，史称"魏晋之际，天下多故，名士少

有全者",[1] 所概括的就是魏晋政权更迭中名士的真实遭遇。对于清流名士来说,这段前尘往事正可谓不堪回首,原本信心满满的士以天下为己任,到头来却发现不过是为两姓争天下做了陪衬,当了帮凶。现实社会完成了新独裁代替旧专制的一道轮回,名士们在新独裁的政治体制中,成了社会智力的剩余产品,政治体制既不能容纳,就难免被视为现政权的安全隐患。

正是在这样的历史背景下,名士们重新发现《庄子》,而且倍感亲切,他们读《庄子》,时常有许多莫逆于心的慨叹。嵇康说向秀注《庄子》是妨碍人"作乐事",显然是由《庄子》书读出了感情,《胠箧》《盗跖》等篇诸多抨击三皇、剖斗折衡的言论,都是他人杯中酒,可以浇自我心中垒块。又如略晚于嵇康而与郭象同时的庾敱,自称"老庄之徒",也曾读《庄子》,但"开卷一尺许便放去,曰'了不异人意'"。[2] 《世说新语》讲这类故事,用意大概不是指责名士们读书浮躁,而是那个时代的社会现实,被庄子不幸而言中,许多人都滋生出与庄子所见略同的想法,读《庄子》因而成为精神生活的重要组成部分。当然,读《庄子》书以宣泄胸中郁闷之气,分享其嬉笑怒骂,只是一个方面,而分享其自由思想是另外一个方面。嵇康《卜疑》说:"宁如老聃之清净微妙,守玄抱一乎?将如庄周之齐物变化,洞达而放逸乎?"[3] 能放逸则无拘束,也就是自由,而且这种放逸式

1　房玄龄等:《晋书》卷49《阮籍传》,中华书局1974年版,第1360页。
2　刘义庆著,刘孝标注,余嘉锡笺疏:《世说新语笺疏》卷上之下,第241页。
3　嵇康著,戴明扬校注:《嵇康集校注》卷3《卜疑一首》,中华书局2014年版,第237页。

的自由还借助庄子完成了心理建设，即洞察万物变化，从而齐观
是非得失，譬如一切阴狠暴戾、权势倾轧都将在变化中化为乌有
等等，从而将自我从现实的各种纠结中解放出来。显然，嵇康读
《庄子》的乐是批判性的，与乐广所谓名教之乐、宋儒所谓孔颜
之乐，是两种心境，两种思想内涵。《世说新语》载乐广见胡毋
辅之等人任诞放达，笑曰："名教中自有乐地，何为乃尔也？"[1]
北宋儒学复兴，启发性的话头与此类似，如范仲淹说张载"儒者
自有名教可乐，何事于兵"；[2] 欧阳修赞赏青年苏轼，"轼所言乐，
乃某所得深者尔，不意后生达斯理也"；[3] 周敦颐对二程的启发式
教育，是"每令寻颜子、仲尼乐处，所乐何事"。[4] 名教之乐与孔
颜之乐，思想内涵是相同的，即由自身的性情体会到文明规范的
合理性。这样的体会，既不能剥离感性经验，所以要从自身出
发；也不即是感性经验，所以要用心去寻找。而嵇康读《庄子》
之乐，是"作乐"，即现实中不存在却从精神上造作出来的乐。

由读《庄子》书"作乐"与从名教中寻乐，差别当然极大。
这种差别，不是精神境界上的孰高孰低，而是由于致思方向不
同，一路上散发的情与收获的理，都会有所不同。前者目击现
实，所看到的社会真相都不好看；后者思索社会文明合乎人性的
可能，从自身以及社会文明中总能看到些蛛丝马迹。向、郭"逍
遥义"，致思方向不同于嵇康之"作乐"，而属于寻乐。只不过

1　刘义庆著，刘孝标注，余嘉锡笺疏：《世说新语笺疏》卷上之上，第 30 页。
2　脱脱等：《宋史》卷 427《张载传》，中华书局 1985 年版，第 12723 页。
3　欧阳修：《与梅圣俞书三一》，曾枣庄、刘琳主编：《全宋文》卷 710，第 33
　　册，第 328 页。
4　程颢、程颐：《二程集·遗书卷第二上》，第 16 页。

所寻求的乐，不在名教之中，而是庄子的逍遥之乐；寻求的方式也不是宋儒的体贴功夫，而是探讨逍遥的理论可能性。理论上，向、郭"逍遥义"是以"性分"说为基础的，而将向、郭"性分"说放在社会人生的意义上来理解，就是逍遥的先天条件，人人圆满具足，不必揣测谁的圣意，不必仰仗谁的鼻息。当时名士闻向、郭"逍遥义"而超然振拔，大概就是受到独立自由精神的激励，因为这种蓦然而来的自我发现，实在比"举本统末"的统筹方略更让人震撼，在竹林名士发现正始玄学统筹无效的事实后，尤其如此。

支遁"逍遥义"出现在东晋，名士们所面对的问题，久已不是正始时期的社会统筹，也不是竹林时期的独立自由，而是苟活于世的生存问题。永嘉之乱、十六国五胡乱华，作为学术思想之主体的北方士族最初流亡到南方时，飘零成了他们身世和心情的第一特征。现实的层面，能活着就属侥幸，活得又时常忐忑，需要勉强打起精神；[1] 精神的层面，他们是带着士族的荣誉和清谈名理的传统去往南国的，但士族小荣誉在亡国大事实面前提振不起精神品格，清谈名理又更像是士族身份的象征而不是一种信仰；所以社会统筹与独立自由两层大义中的话题，对于他们来说全都不合时宜。他们在南方虽然也保持着清谈名理的传统，从建

---

1 《世说新语·言语》："元帝始过江，谓顾骠骑曰：'寄人国土，心常怀惭。'荣跪对曰：'臣闻王者以天下为家，是以耿、亳无定处，九鼎迁洛邑。愿陛下勿以迁都为念。'"又，"过江诸人，每至美日，辄相邀新亭，藉卉饮宴。周侯中坐而叹曰：'风景不殊，正自有山河之异。'皆相视流泪。唯王丞相愀然变色曰：'当共戮力王室，克复神州，何至作楚囚相对？'"（刘义庆著，刘孝标注，余嘉锡笺疏：《世说新语笺疏》卷上之上，第108—110页）

康到嵊州，各色大小讲论时或有之，但往往是形式大于内容，甚至像是某种社交仪式。如据《世说新语·文学》载："支道林、许掾诸人共在会稽王斋头。支为法师，许为都讲。支通一义，四坐莫不厌心。许送一难，众人莫不抃舞。但共嗟咏二家之美，不辩其理之所在。"[1]听不懂，应该不是思维能力集体滑坡了，而是由于话题的问题意识让他们陌生，因为只有在问题意识模糊不清时，才会产生这种不知在说什么但听上去好有道理很想鼓掌的场景。而问题意识之所以模糊不清，是因为社会统筹与独立自由的话题无力提起，生存状态的话题又无颜提起，由此造成一个巨大的精神空档期，为佛道二教的崛起提供了历史机遇。

支遁也同样从北方到南方，而且是一个谋求传扬佛法的僧人，他显然比我们更理解同处境流亡者的精神世界，更懂得如何帮助他们开展心理建设。从《世说新语》记载支遁出现的场次来看，他在社交方面很活跃，应对不同话题的准备也很充分，对于接受佛教信仰的人，他讲《小品经》，立"即色论"，而对于有道教信仰背景的人，他讲述的就是"逍遥义"。《世说新语·文学》载："王逸少作会稽，初至，支道林在焉。孙兴公谓王曰：'支道林拔新领异，胸怀所及乃自佳，卿欲见不？'王本自有一往隽气，殊自轻之。后孙与支共载往王许，王都领域，不与交言。须臾支退。后正值王当行，车已在门，支语王曰：'君未

1　刘义庆著，刘孝标注，余嘉锡笺疏：《世说新语笺疏》卷上之下，第268—269页。

可去，贫道与君小语。'因论《庄子·逍遥游》，支作数千言，才藻新奇，花烂映发。王遂披襟解带，留连不能已。"[1]王羲之的骄傲挡不住支遁的交流热情，"逍遥游"的话题又容易与琅琊王氏的道教信仰相接驳，所以讲述的人开口数千言，可谓孜孜不知倦，听讲的人也流连忘返，一改倨傲的旧姿态。支遁所讲述的，可信就是他的"逍遥义"，尽管那个数千言的版本已无踪迹，但大旨应该与传世的叙述相差无几。王羲之如何理解支遁的"逍遥义"则不得而知，从他被描述得前倨后恭的态度上来猜测，应该是欣赏的、接受的，因为被说中了现实中逍遥无望的心境。支遁"逍遥义"之所以能取代向、郭"逍遥义"，以至"后遂用支理"，成了《逍遥游》的权威解释，根由大概就在东晋士族的心境上。

第二个问题是两种逍遥义学术渊源不同。

率先关注这个问题的，是史学家陈寅恪，1937 年发表的《逍遥游向郭义及支遁义探源》，考证向、郭"逍遥义"受汉魏以降"才性论"影响，支遁"逍遥义"则发源于支谶译《道行经》。

汉末清议，话题是具体政治人物的任用恰当与否，但经党锢之祸，继以曹操父子之摧抑，清议一变而为清谈玄理，但品藻人物才性仍然是一大话题，代表作有钟会《四本论》、刘邵《人物志》。四本即才性同，才性异，才性合，才性离；《人物志》中有"偏才之性，不可移转矣"，"固守性分，闻义不徙"云云，较之今本郭象注《逍遥游》，"则知向郭之逍遥游义，虽不与刘

1　刘义庆著，刘孝标注，余嘉锡笺疏：《世说新语笺疏》卷上之下，第 223 页。

氏（邵）人物才性之说相合，但其措意遣词，实于孔才（刘邵字）所言颇多近同之处。故疑向子期之解《逍遥游》，不能不受当时人物才性论之影响"。而据《高僧传》等文献记载，"知林公（支遁号道林）于《道行》一经实为颛门之业，其借取此经旨意以释《庄子》，乃理所当然"。而且，释僧光与道安等人，"既取《道行经》与《逍遥游》并论"，"则借用《道行》《般若》之意旨，以解释庄子之《逍遥游》，实是当日河外先旧之格义"。[1]

　　借助陈寅恪的考证，我们可以简单地分辨出两种逍遥义的不同渊源，向郭逍遥义渊源于汉末清议、魏晋清谈的现实关切，支遁逍遥义渊源于汉末以降佛经的翻译和理解，尤其是以《逍遥游》为参照的"格义"。学术史渊源不同，所秉承的思想传统也不同，由此出现两种截然不同的《逍遥游》解读，实属持之有故而且是各持各的故。

　　第三个问题是自由理念的思想方向不同。

　　前引《世说新语》"后遂用支理"的表述，指事很耐人寻味。字面上理解，似乎是说此后解读《逍遥游》都采用支遁的义理，支遁成了向、郭之后的新权威。但这样理解可能需要经过两个情理之中的追问，才能够确切弄明白所理解的究竟是个什么样的事情。第一，"遂用"的主体是些什么人？第二，"遂用"所采取的是什么方式？关于第一个问题，我们确实找不到某个连

1　陈寅恪：《陈寅恪史学论文选集》，上海古籍出版社 1992 年版，第 86 页。就向郭逍遥义的问题意识而言，或许与嵇康、向秀围绕"养生"问题的论难有关，参见拙著《道教哲学》，华夏出版社 2007 年版，第 161 页。

名带姓具体人的答案，从支遁到刘义庆作《世说新语》这段时间，未发现有谁采用支遁义注疏《逍遥游》或著为"逍遥论"，所以我们有理由相信，"遂用"的主体是泛指，即东晋时试图解读《逍遥游》的许多人。关于第二个问题，方式不外乎文字与口述两种，文字即注疏或著论，口述即清谈讲论。注疏或著论与第一个问题相关联，既未闻名人，也未闻名作，事实上，支遁"逍遥义"始终是以他自己命名的，没有谁由其义理推陈出新，百尺竿头更进一步，如成玄英《庄子疏》、明人焦竑《庄子翼》等，都曾引录支遁，可见其"逍遥义"原创即是巅峰，"遂用"者只是分享，踵事不能增华。以分享的方式"遂用"，那就只能是在清谈讲论的场面上或明征、或默认支遁"逍遥义"了。由此概括言之，所谓"遂用支理"，就是在清谈讲论的场合按照支遁"逍遥义"来理解《逍遥游》，而且这种现象很普遍，不是偶然的个案，否则不足以称为"遂用"。准此而言，支遁的主要影响在关于逍遥亦即自由的思想方面，对于《逍遥游》的解读只是个话题引子。那么两种"逍遥义"的自由思想究竟有什么样的差别？

南梁刘孝标注《世说新语》，比列两种逍遥义之大旨云：

> 向子期、郭子玄逍遥义曰："夫大鹏之上九万，尺鷃之起榆枋，小大虽差，各任其性。苟当其分，逍遥一也。然物之芸芸，同资有待。得其所待，然后逍遥耳。唯圣人与物冥而循大变，为能无待而常通，岂独自通而已。又从有待者不失其所待，不失则同于大通矣。"

支氏逍遥论曰："夫逍遥者，明至人之心也。庄生建言大道，而寄指鹏鷃。鹏以营生之路旷，故失适于体外；鷃以在近而笑远，有矜伐于心内。至人乘天正而高兴，游无穷于放浪，物物而不物于物，则遥然不我得；玄感不为，不疾而速，则逍然靡不适；此所以为逍遥也。若夫有欲，当其所足，足于所足，快然有似天真，犹饥者一饱，渴者一盈，岂忘烝尝于糗粮，绝觞爵于醪醴哉？苟非至足，岂所以逍遥乎？"此向、郭之注所未尽。[1]

同一个《庄子·逍遥游》文本，两种截然相反的"逍遥义"诠释，向、郭认为鹏与鷃都是逍遥的，支遁认为鹏与鷃都不逍遥。如果按照刘义庆"所未尽"的说法，差异似乎只是所见义理有浅深，支遁见到《逍遥游》的义理深处，为向、郭所未至，所以向、郭与支遁，至少在思想方向上是相同的，像同一支枝丫上的高低两朵花。而站在哲学的角度看，事情可能不是这么简单，其中不仅有学术思想渊源上的差异，还有入世与出世及其思想逻辑上的大分野。这个大分野的最终指向，就是逍遥亦即自由能否作为现实秩序建构的基础。

刘义庆对向、郭"逍遥游"的概括，大旨是不错的，但太简约了，只说结论，不讲过程，所以其中的思想逻辑是省略的。我们举一段相对完整的郭象注解为例：

1　刘义庆著，刘孝标注，余嘉锡笺疏：《世说新语笺疏》卷上之下，第 260 页。

天地者，万物之总名也。天地以万物为体，而万物必以自然为正。自然者，不为而自然者也。故大鹏之能高，斥鷃之能下；椿木之能长，朝菌之能短；凡此皆自然之所能，非为之所能也。不为而自能，所以为正也。故乘天地之正者，即是顺万物之性也；御六气之辩者，即是游变化之涂也。如斯以往，则何往而有穷哉！所遇斯乘，又将恶乎待哉！此乃至德之人，玄同彼我者之逍遥也。苟有待焉，则虽列子之轻妙，犹不能以无风而行，故必得其所待然后逍遥耳，而况大鹏乎？夫唯与物冥而循大变者，为能无待而常通，岂自通而已哉。又顺有待者使不失其所待，所待不失，则同于大通矣。故有待、无待，吾所不能齐也；至于各安其性，天机自张，受而不知，则吾所不能殊也。夫无待犹不足以殊有待，况有待者之巨细乎。[1]

这段注文，围绕《逍遥游》"乘天地之正而御六气之辩以游无穷"之所谓"无待"，我们可以从中提摄出几个要点。第一，天地万物是真实有而非究竟无的。这个思想显然是《逍遥游》本身就有的，郭象注的延伸，只是将"天地"明确解释为"万物之总名"，即天地的概念涵盖了万物，不是下面一个托盘上面一个盖子的空壳。第二，天地万物正常或者说常规的状态，就是各各"自然"，自信其然、自行其然，这样的"自然"，不是按照统一的部署做出来、安排而成的，所以说是"不为而自能"，

1　郭庆藩：《庄子集释》卷1上，第22页。

即自发生长之能。第三，天地万物既能各各自然，各有其"不为而自能"的本领，则天地万物各有其"性"，按照"生之谓性"的传统思路来理解，也就是万物各有通过种属和生存状态所表现出来的内在规定性，这个内在规定性，可以衡量各自运行的正当性和正常化，所以谓之"正"。第四，所谓"无待"逍遥，核心是"玄同彼我"，也就是在自足自用的意义上理解万物的合理性，因而"顺万物之性"，理解万物有各不相同的情态，理解者无分别高下的心态，所以"无待"逍遥者无往不适，可游于无穷。第五，"有待"也可以逍遥，前提是"有待者使不失其所待"，所谓"不失其所待"，既不是内在的能力培养，也不是外在的条件满足，而是对于自性所能的意识自觉，如大鹏"怒而飞"，如蜩与鸒鸠说"我决起而飞，抢榆枋"云云，都是意识到自性之能因而为逍遥游。第六，"无待""有待"存在差别，但这种差别是理念层面的，不是能力大的能"无待"，能力小的就"有待"，所以对于"无待""有待"的差别，既不能外在地强行"齐"，也不能外在地强行"殊"，因为一切外在的强行有志，从根本上就违背了逍遥亦即自由的原则。

支遁"逍遥义"没有完整的文本传世，但《世说新语》注引其说，较之向、郭义稍翔实，辅之以支遁的其他相关言论，我们大致能弄明白其"逍遥义"的思想逻辑。第一，支遁"逍遥义"有一个思想缘起，据梁释慧皎《高僧传·支遁传》载："遁尝在白马寺与刘系之等谈《庄子·逍遥篇》，云：'各适性以为逍遥。'遁曰：'不然，夫桀、跖以残害为性，若适性为得者，彼亦逍遥矣。'于是退而注《逍遥篇》。群儒

旧学，莫不叹服。"[1] 这场白马寺对话，话题是逍遥，焦点是
"适性"，所谓"性"究竟是有还是无，应该就是两种"逍遥义"
分歧的根本点。单从上引对话来看，支遁指桀、跖以残害为性，
似乎也承认"性"为有，只是善恶不同，但这不是向、郭也不
是庄子之所谓"性"，而近乎孟子、荀子的思想层面。孟子论
"性善"，荀子论"性恶"，思想都在伦理、政治的层面，即以人
性善恶论证伦理、政治的可能性或必要性，而向、郭"逍遥义"
之所谓"性"，是就自然之能而言的，是形而上的，还未进入社
会的善恶层面。既然不在同一个思想层面，那么对话如何能够达
成共识以至群儒旧学叹服？也许，真正让群儒心有戚戚焉的地
方，不是支遁缜密的思辨，而是"桀、跖以残害为性"一句，
八王之乱荼毒不远，桀、跖一样的作风让人记忆犹新，怎甘许他
"逍遥"？情感的判断很容易做出选择，却因此遮蔽了一个重大
的问题思考，桀、跖之敢为残害且能为残害，是制度赋予他们的
权力，而不是什么桀、跖之性。就向、郭意义上的"性"而言，
桀、跖也不过血肉之躯、匹夫之智而已，有什么本领表现出特别
的残害之性？第二，如果说白马寺对话因话题的针对性让支遁不
能言尽其意，充分表达对于"性"是有是无的看法，那么《即
色游玄论》应该有以弥补这方面的缺憾。尽管《即色游玄论》
也没有完整的传本，但支遁基本的思想立场还是被记录下来了。
《世说新语·文学》载"支道林造《即色论》"，注引《支道林
集·妙观章》云："夫色之性也，不自有色。色不自有，虽色而

---

1 释慧皎撰，汤用彤校注：《高僧传》卷 4，中华书局 1992 年版，第 160 页。

空。故曰色即为空，色复异空。"[1] 这也就是著名的"即色游玄论"。[2] 南朝刘宋时宗炳与何承天论辩，为"即色论"做了个方便理解的表述："夫佛经所称即色为空，无复异者，非谓无有，有而空耳。有也，则贤愚异称；空也，则万异俱空。夫色不自色，虽色而空，缘合而有，本自无有，皆如幻之所作，梦之所见，虽有非有。"[3] 意思很清楚，因为一切色也就是万物都"缘合而有"，是集合了各种因而成的果，所以都没有坚实不变的自我之"性"，这也就是佛教最根本的思想内核——缘起性空。第三，既然万物都没有自我之"性"，而向、郭以适性为逍遥，当然就未尽其深旨了，那么《逍遥游》的深旨究竟是什么呢？支遁说是"明至人之心"。这个"至人之心"可以是纯粹的逍遥亦即自由的理念，支遁谓之"物物而不物于物"，也就是能作用于物而不能被用作工具性的物。第四，逍遥的理念如何作用于物、作用于现实世界？支遁有《阿弥陀佛像赞并序》，为说云："佛经记西方有国，国名安养。回辽迥邈，路逾恒沙，非无待者不能游其疆，非不疾者焉能致其速。其佛号阿弥陀，晋言无量寿。国无王制班爵之序，以佛为君，三乘为教。"无待、不疾而速，既是支遁用来形容逍遥的，也是他用来形容西方神国的，支遁的逍遥与其想象的西方神国，大概是一回事。从现实世界到西方神国，

1　刘义庆著，刘孝标注，余嘉锡笺疏：《世说新语笺疏》卷上之下，第 263 页。

2　石峻等编《中国佛教思想资料选编》录《即色游玄论》："夫色之性，色不自色，不自，虽色而空。"（中华书局 1981 年版，第 64 页）记载一致，可以知《即色游玄论》大概。

3　僧祐：《弘明集》卷 3《答何衡阳书》，高时显、吴汝霖校：《弘明集·广弘明集》，上海中华书局《四部备要》本，第 28 页。

"回辽迥邈，路逾恒沙"，说得直接些就是绝缘的，支遁自己也找
不到抵达神国的道路，"遁生末踪，忝厕残迹，驰心神国，非所敢
望"。[1]也就是发挥想象力，"玄感"其存在而已。第五，正因为逍
遥的理念只存在于西方神国，与现实世界绝缘，在现实世界根本
就没有逍遥可言，所以在支遁看来，"鹏以营生之路旷，故失适于
体外；鷃以在近而笑远，有矜伐于心内"，鹏是被动的，鷃是主动
的，但不管何思何虑，总之都不逍遥。如果逍遥的理念出于人的
意愿、欲望，有所待然后逍遥，那就更没有意义了，"犹饥者一
饱，渴者一盈"，受制于饥渴的生存欲望，不能"忘烝尝于糗粮，
绝觞爵于醪醴"，不能摆脱人间烟火，那样的逍遥有什么理趣？

　　显而易见，向、郭试图在现实世界寻找逍遥的可能性，以万
物各有其自然之性为理论依据，让魏晋之际困扰在名教与自然之
间的名士们一时超然振拔；而支遁将逍遥推悬于西方神国，受其
影响，信奉佛法的人可能越来越多，关怀世务的人则相应地会越
来越少，关怀的情结也越来越淡。将两种"逍遥义"当做一场
论辩来看，根源在于思想的信念不同，向、郭认为万物为实有、
万物自性为实有，支遁则认为万物及其自性都缘起性空，分歧属
于信念不同则逻辑结论必然不同的常态，也没什么值得深入再思
辨的地方。但支遁辩议的思想理路很有意思，他不接受向、郭在
现实世界讨论问题的基本预设，却又能实现与向、郭逍遥话题的
无缝连接，以佛教般若学的色空观念无障碍地游入玄学议题，思

1　道宣：《广弘明集》卷16《阿弥陀佛像赞并序》，高时显、吴汝霖校：《弘明
　　集·广弘明集》，上海中华书局《四部备要》本，第134页。

想方法的关键，在于他所针对的，不是向、郭试图解决的在现实世界如何可能逍遥的问题，而是向、郭着眼于现实的问题意识，即着眼于现实去思考如何可能逍遥的问题本身就是一个大问题。不纠结于解决现实问题而致思于解决各色人等的问题意识，大概就是佛教在中国的各种思想论辩中几乎立于不败之地的奥秘。如程颐说："释氏之辞善遁，才穷着他，便道我不为这个。"[1] 诘辩却不确定说的是哪个，原因大概就在于问题意识不同，一方着眼于现实世界的问题，另一方以对方的问题为问题，对话就很难同步。欧阳修甚至想到与佛教交锋最有效的办法，只能是"修其本以胜之"，本也就是社会治理和教化。[2] 以良善的社会治理来化解思想观念问题，当然是具有理性内涵的大方略，但如何治理才能够良善？治理亦即秩序建构的基础是什么？这些问题终究是需要用思想去清理的。如果逍遥亦即自由的理念在现实世界虚化，如何获得逍遥的困扰固然消解了，但逍遥的精神动力也就同时消解了，现实世界的秩序建构脱离个体逍遥的衡量，秩序与自由甚至处于不兼容的状态，又如何"修其本"呢？两种"逍遥义"对于中国自由思想发展的影响，值得我们深思。

四　自然的自由是否文明

自向秀、郭象之后，儒道释三教学者好读《庄子》的不乏

1　程颢、程颐：《二程集·遗书卷第十八》，第 195 页。
2　详见欧阳修：《本论》上下，曾枣庄、刘琳主编：《全宋文》卷730，第34册，第366—370 页。

其人，尽管由于立场不同，对于《庄子》的关注点也不相同，儒家学者更多侧重《庄子》对待政治、文明的态度及影响等，道教学者好由《庄子》思议其性命修养的道与术，而佛教自般若学以至宗门禅，从正反两面借助《庄子》以阐扬其义理的例子也时或有之，而且关注角度相同的三教学者，对于《庄子》的理解和评价也还有个性化的种种差异，但是，三教中许多解读《庄子》的学者又都有一种类似的表现，即深以为自己才是庄子的知音，而对于其他人来说，《庄子》只是思想的奢侈品。这种有趣的现象应该与文人相轻无关，但它究竟意味着什么？是庄子唤醒了学者思想深处的共鸣共识，还是唤醒了思想深处的各自孤独？共识蕴含合力，可能成为公共新规范的引线，而孤独表现出思想的张力，隐含着真实的思想情绪与现实的秩序模式相抵牾。从历代《庄子》注疏的大致情形来看，显然是张力远远大于合力，读者与庄子共振的，主要是其深沉而且通透的批判精神，由此也就产生一个历来《庄子》学术所不可回避的问题，即庄子思想对于社会文明，主观上持什么立场，客观上会产生什么效果？

显然，这个问题涉及《庄子》在文明社会的叙事合法性，所以一些爱好《庄子》的学者，如果不满足于嵇康"作乐"式的私心自得，就需要找个说法，塑造《庄子》在文明社会的合法身份，其中的典范之作，大概要推苏轼的《庄子祠堂记》。就《庄子》对待孔门儒学的态度，其为说云："庄子之言皆实予而文不予，阳挤而阴助之。其正言盖无几，至于诋訾孔子，未尝不微见其意。其论天下道术，自墨翟、禽滑厘、彭蒙、慎到、田骈、关尹、老聃之徒，以至于其身，皆以为一家，而孔子不与，其尊之也至矣。"[1] 由于《庄子》尤其是其中的外杂篇有许多剖斗折衡、诋訾孔门儒学的言论，所以如何对待《庄子》，就不是一件很容易处理的事，贬《庄子》失其智，褒《庄子》失于狂，左右都不安。而苏轼通过研究发现，《庄子》在大节上是支持孔门儒学的，尤其《天下》篇叙论诸子百家学术，将孔门之外的都视为一家之言，却推重"旧法世传之史"及《六经》，认为这些历史资料保存了古来文明之大体。至于《渔父》《盗跖》等四篇"若真诋孔子者"，苏轼经过反复研究后惊喜地发现，这些都不是庄子的作品，属于"昧者剿之以入其言"，与庄子没有关系。这样一来，问题就解决了，至于解决的究竟是《庄子》在文明社会的合法性问题，还是苏轼本身爱读《庄子》的合法性问题，已经不重要了。事实上，苏轼之后为《庄子》合法性辩护的，基本不出这个框架，而指责庄子"反智"，不符合文明社会方向者，所依据的也正是庄子对待孔门儒学、对待礼乐制度的基本立场，殊不知庄子最大的疑问，恰恰是仁义礼乐、赏罚刑政是否社会文明的唯一模式。

在一个集体默认仁义礼乐、赏罚刑政即文明的社会里，理解庄子的最大困难就是如何理解他的疑问。《庄子·天地》说："三人行而一人惑，所适者犹可致也，惑者少也。二人惑则劳而不至，惑者胜也。而今也以天下惑，予虽有祈向，不可得也，不

---

[1] 苏轼：《庄子祠堂记》，曾枣庄、刘琳主编：《全宋文》卷 1967，第 90 册，第 383—384 页。

亦悲乎。"又说："知其不可得也而强之，又一惑也，故莫若释之而不推。不推，谁其比忧。"真正让人忧患而不能自已的，不是一己之身能否逍遥，而是在这种文明模式里苦难将不断重复，即便改朝换代，也不过是文明模式的自我复制，至于世间的一切斗智斗勇，不过加速复制的节奏而已。庄子虽别具只眼，看透了社会苦难的根源所在，但并不自认为是此文明模式之外的超人，相反，正因为是站在这种文明模式之内去观察、感受、思考，所以庄子忧在万世："厉之人夜半生子，遽取火而视之，汲汲然唯恐其似己也。"如果子孙只是不断复制我们的苦难生活，那么生命的延续将会因文明模式的延续而失去全部意义，而同时代的人，依然在为仁义礼乐、赏罚刑政沾沾自喜，所以庄子创作寓言，百般譬喻，"祈向"世人思考别样文明模式的可能性，而其起点，就是人各自然的逍遥。

　　《逍遥游》以自然的自由为的旨，并非我们前无古人的新发现，事实上，北宋时的释契嵩已经这样解读《逍遥游》了，著为《逍遥篇》以言其所思所想。只是有一个问题契嵩不解：如果一切付诸"自然"，那么文明的途径究竟在哪里？提出问题有佛教的思想背景，即其文中所谓"三乘等观心空而入道"，意即佛教徒看透了"心无""本无"但依然从教受化，而论述问题则采取儒家"人文化成"的思想理路，所以这篇文论可以看做儒释双重视角对于自然自由的质疑，具有典型性，因此也具有响应的特殊意义。其文诘辩而举证斑驳，我们尽可能追索其思想逻辑。

　　第一，何谓"自然"。《逍遥篇》说："天地均乎功，万物均

乎生，日月均乎明，四时均乎行。生生之道同然，而所以为生奚
一？谓功不殊，谓生不异，谓明不两，谓行不各，使皆任其自然
而然者，人其适于虎狼蛟龙也。虎狼蛟龙，懁悷矫轧乎性，又奚
全于天淳乎？故曰道亦自然，非道亦自然；道亦自得，非道亦自
得。"[1] 这是以生成论为前提的论述，大意是说，天地间万物，都
是在相同的宇宙环境中生成的，万物所禀受的天地造化之功相
同，日月照明相同，四季斡运相同，禀生受命也相同。生成之道
固然相同，但生成的种属及条件等如何能归一？如果一切任其自
然，造化没有差别，那么人将趋同于虎狼蛟龙。虎狼蛟龙暴戾凶
悍，又如何保全万物的大淳和？

　　这是契嵩开篇辩论的大意，我们该如何理解其立论之意呢？
如实说来，这应该也就是个既要辩论，则不妨平生波澜的意思，
对于老庄之所谓"自然"，存在故意误解或者曲解的迹象。老庄
之所谓"自然"，哲学上的意义包含物物自然和万物总归自然两
个层面，两个层面的关系类似宋儒所谓"理一分殊"，但"分
殊"是基础或思想上所强调的重点。第一个层面的"自然"即
万物各自信其然、自行其然，"自"是一个指示代词，指万物各
自为主体，"然"是一个动词，包括主观上自主选择、认可和客
观上呈现出各自状态的双重含义。第二个层面的"自然"具有
万物法则的意义，即物物既各"自然"则万物总归"自然"。这
种双重的哲学含义，在老子的表述中就是从"百姓皆谓我自然"

1　契嵩:《逍遥篇》，曾枣庄、刘琳主编:《全宋文》卷779，第36册，第
　　347页。

到"道法自然"，在庄子的表述中就是从"物固有所然，物固有所可"，到"无物不然，无物不可"。基本的思想逻辑，是以物各"自然"的现象为出发点，由现象的普遍性得出"自然"的法则意义。而契嵩所指谓的"自然"，将两个层面割裂开来，于是陷于这种奇怪的矛盾，如果是统一的造物主之"自然"，那么万物就应该是同一个模样，又是谁或者是什么造成万物的种相万殊？如果是物各"自然"，那么万物都应该趋同于虎狼蛟龙，像人们时常念叨的那样成龙成凤、作虎作豹。

第二，道与自然。契嵩"道亦自然，非道亦自然"云云，是由其误解或者曲解推演出来的，但经过他堆砌式的举证，似乎就很有道理，而这个断言的背后，实质是说"自然"不符合社会文明的要求。《逍遥篇》说："昔夫黄帝也，高辛也，唐尧也，虞舜也，夏禹也，西伯也，后稷也，孔子也，曾参也，子路也，伯夷也，展禽也，桀纣也，幽厉也，恶来也，盗跖也，是此者不亦生乎，而所以为生曷尝齐邪？食息与人同，而动静与人别，若所谓者縶何以明之？黄帝之为生也，修德振兵，治五气，艺五种，抚万民，而安乎天下，往而登乎云天。……丘之为生也，祖述尧舜，宪章文武，礼乐由之成，仁义由之明。……桀之为生也，务之凶德，残伤百姓，特身不保，遂放而死。纣之为生也，拒乎谏，饰乎非，好酒淫乐，嬖于妇人，而殚残无辜，至于身厄火死，为极大丑。"举证的范围圈定了思想视野，契嵩的思想视野在儒家的文明史观念之内。但他以儒释相参也有别出新义之处，即分出道与非道两种对立的"自然"，"夫道亦自然者，黄帝尧舜之谓也；非道亦自然者，桀纣幽厉之谓也。道亦自得者，参由夷惠之谓也；非道亦自得者，恶来盗跖之谓也"。这样在儒学的语境内思辨庄子的哲学问题，确实会给人一种越说越远的感觉，入不了巷，在两个方面都无法对话。其一，庄子并不认为黄帝尧舜是自然的，恰恰相反，黄帝尧舜立仁义礼乐、赏罚刑政以矫拂人之性，是丧失"自然"而趋同于他然的起点，而"自然"的衡量尺度既已丧失，则是非交缠、善恶升沉，与桀纣残害他人之"自然"，无论逻辑上还是历史实践中都是互为因果的。其二，在老庄的思想逻辑中，统一善恶标准本身就是恶，统一是非标准本身就属非，因为这样的统一是在排斥中进行的，而所谓善或是，是以符合特定利益来衡量的，本质在利益却采取道义绑架的手段，从目的到手段都开启了扰乱"自然"的无尽端绪。至于契嵩之所谓"道"，实质含义也就是儒家的文明史观念，内涵即仁义礼乐、赏罚刑政，而老庄之所谓"自然"正是要审议这种"道"的合理性，老庄之所谓"道"，正是让这种审议可以常态化的基本原则。从"自然"到"道"，内涵都不可同日而语，不加分辨地混用，就难免夹缠不清了。

第三，如何以"自然"建构社会文明。一切社会文明，在发生的源头上都必然具有相互矛盾的双重特征，一是无中生有，二是生必有所资。无中生有是社会文明必出于创造，原本没有的文明模式被创造出来，人类得以脱离蒙昧而称文明。但创造又不能挡空而得，即使是最高明的空手套白狼，也必须先有狼，然后再说下套的事。这两个方面相反相成，有无相反是文明建构的发展张力，如果是无中生无一场空，则没有意义，有生有又属于特定模式的自我复制，文明僵化了，没有前途。有无相成则是合力，"无"的原则让具体文明规范之"有"具有再创造的灵活性，具体的文明规范之"有"则让"无"的原则获得实践性，如果用《易传》的语言来形容，那么"有"是"精气为物"，"无"是"游魂为变"。这两个方面的相反相成，核心在所资的是什么，要何取何舍？

　　这个问题在哲学上，具有简单中蕴含无穷复杂的性质。之所以说简单，是因为文明为人类所特有，所以建构社会文明之所资，必然是人类所特有的共性，也就是人性，而人性首先是由自然进化造就的，其次是在自然和社会生活中表现出来的，这一点简单明了，而且无可争议。之所以又说蕴含了无穷复杂，是因为对于什么是人性的问题，一百个人可能有一百种理解或看法，而理解或看法不同，就意味着将要建构的文明模式必然不同。《逍遥篇》说："圣人任乎自然之道，不任乎自然之生；得乎自然之正，不得乎自然之邪。故静与天地合，动与禽兽别。喜怒不得攻，贪残不得容，离诸有而立于妙，故君子不可不知道。"以儒家的文明史观为蓝本，这样的叙述大旨是正统而且正确的。理论上说，文明既然是人类所创造的，就必然以符合人类的利益为目的，所以对于人类来说，符合人类的利益就是正是善，反之不符合人类的利益就是邪是恶。人类既独得天地造化之神秀，那么人类发挥自身的灵性优势、选择符合自身利益的生活方式，也就理所当然。然而问题是，由谁来确定什么是人类的利益？文明史上说是由圣人选择的，但现实却处处表明这样的选择只符合一部分甚至是极少数人的利益，多数人则承受着这种选择的灾难性后果。正由于残酷的现实已经暴露出文明的积弊，文明的基石和模

式需要重新审议，所以才有百家争鸣的诸子学横空出世，文明的
积弊究竟是由于年代久远、世道驰夷，丧失了圣人之法，还是这
个文明模式本身就必然导致这样的结果？愿意思考的人都可以在
尊古与重今之间展开思考。未来的文明要如何建立，是一切依准
法度还是以道德培养为基础，法度的合理性依据是什么又如何建
立，道德培养的方略是否符合人性本真，这些问题在不同的学派
之间可以争论。只要不是现实强权或话语霸权作祟，万般问题都
可以商议。但要达成共识以最大公约数建构文明，从而有效化解
纷争，就需要确定公共规则，《庄子》谓之"公是"。规则当然
也不能由强权制定，君王的政治强权或圣人的话语强权都不行，
因为君王没有符合普遍意愿的神圣性，而圣人的意见究竟如何，
站在不同立场上所看到的全都不一样。于是，只能从普遍的现状
出发确立规则，而这个普遍的现状，就是"自然"，人各自信、
自行其所然。这是庄子"自然"大概的思想逻辑，契嵩所谓
"自然之正""自然之邪"，与庄子的思想逻辑显然构不成对话关
系，则其关于自然的自由是否文明的质疑，可以通过重新理解庄
子得以释疑。

第四，"自然"与教化是否矛盾。这是《逍遥篇》所提出的
一个很现实也很有意思的问题。问题可能有南朝佛道二教夷夏之
争的影子，当时二教围绕教化是应当随方设教还是可以移风易
俗，展开过各言其理的讨论，具载《广弘明集》中。双方立场
不同，外来的佛教主张行教布化、移风易俗的正当性和必要性，
本土的道教则主张教化因应对象的恰当性。立场不同则理论的需
要不同，为说不同，都在情理之中。契嵩当然持佛教立场，但夷

夏之争的对话环境不复存在，问题反倒可以更纯粹一些。《逍遥
篇》列举九项例证来表述这个问题，其中包括"昔者太甲肆暴，
不道汤法，而伊尹教之三年，则迁善修德，卒朝诸侯。周宣王，
厉王之子，而周公、召公辅之修政，故能振成、康之遗风。齐桓
公之淫乐非礼，由管仲、隰朋也，故能一正天下而作长五伯；由
竖刁、易牙也，故父子疑忌，其国大乱。子路，彼之勇人也，化
于仲尼，故能以义扬名"等等。教化具有成己成人的功效，契嵩
强调教化的作用，犹言教育塑造能力，教育改变气质和命运，都
是在经验层面就可以理解的正言说论。事实上，如果深入一步去
思索，传统中国社会的传统不公平，最明显的是土地问题，最隐
晦的就是文化和教育问题。两个问题同样重大，前者关涉直接利
益，后者则关涉参与制定社会规则的权利，经学时代尤为典型。
因为社会规则是依据文化制定的，文化是由教化塑造的，而儒家
历来有一个荀子所谓"匹夫问学，不及为士则不教"[1]的门坎，
再加上经学时代师法门户之别，所以社会规则的制定因文化的不
公而隐含着政治权利的极大不公。晋以后佛道教在中国大盛，从
根子上看与教化、受教化的权力结构具有莫大的关联，佛教普度
众生，道教无量度人，不仅践履了孔子的"有教无类"，而且各
从其业，不必为士。如果《逍遥游》的自然自由理念是反对教
化，那么不需要揆诸现实也已知其荒诞了。

　　然而，《逍遥游》本身没有反对教化的言论，要从逻辑上推

1　王先谦：《荀子集解》卷4，沈啸寰、王星贤点校，中华书局2018年版，第
　　173页。

断"自然"则反教化，就必须首先认定"自然"是假设个体可以处于孤立状态，因为只有个体可以孤立，反对教化才是可能的。但从《庄子》关于"自然"的叙述里，我们看到"自然"所指是普遍存在的现象，这种现象发生在彼此相是非的纠缠环境里，也只有针对这种现象和环境，拎出"自然"的理念才有意义，有必要，所以，认定"自然"是假设个体可以处于孤立状态，在《庄子》中没有任何证据。

再从《逍遥游》的隐喻来看，也看不出假设个体可以孤立的意思。大鹏从北冥而徙南冥，是舒展其自性的自主行为，可以解读为心有天游者天地间处处是家乡，不可解读为孤隐独游，因为孤隐独游出于刻意，而非出于自性。出于刻意的，终究不免心中"数数然"，显然不是《逍遥游》所要褒美的。舒展自性的畅游，往往会遭到环境的非议，如斥鷃嘲笑大鹏，如宋荣子遭遇毁誉，这正说明逍遥游者并非处在孤立的环境中。所以从隐喻来看《逍遥游》的立意，所要表达的是独立的精神，而非孤立的处境。

那么对待教化，《逍遥游》持什么样的立场呢？或许，《逍遥游》本身也能产生教化的作用，如魏晋名士读《逍遥游》超然振拔，如"逍遥"的自由理念可能成为中国的一种思想传统。但这种作用是在向秀、郭象诠释之后日渐发挥的，可见其教化的意象很幽隐，在哲学上属于"发现你自己"的模式，与任知听能"跟我走"的模式迥异。这种模式可能有影响力，但没有可操作性，所以《逍遥游》篇末，是庄子与惠施关于庄子之言有用无用的讨论。在惠施看来，庄子的思想言论像大瓠，既没有坚硬的外壳，"盛水浆其坚不能自举"，内容偏又很多，"瓠落无所容"。又像大樗，"其大本拥肿而不中绳墨，其小枝卷曲而不中规矩"，总之，按照现行的取材方式和标准，庄子的思想言论全然无用。而庄子的看法别有不同，大瓠可以用来乘瓢浮海，大樗可以用来乘阴纳凉，为什么非得按照同一个模式很刻板地用，就不能因其自性而用其所能然吗？而现行教化正是按照现行的用材标准塑造人，由此我们也就理解了庄子对待教化的立场，有所反对，但反对的不是教化本身，而是教化不顾忌万物各有其自性、只管一意塑造其"然"的方式。如果教化所传授的是物理之真，那就有助于"乘天地之正而御六气之辩"，符合老子的设想，"以辅万物之自然而不敢为"；如果教化罔顾人各自然其然的事实，铁定要求符合某个特殊目的，那就必然扰乱人性，必然让文明演变成一个集体作伪的工程。这种非自性而强求其然的教化，既可以是外在的，如斥鴳在近而笑大鹏之远，如举世毁誉宋荣子，都是试图按"我"的自性去改变他者之然；也可以是内在的，如大椿以八千岁为春八千岁为秋，而"众人匹之"，这类攀比是按他者的自性来强求"我"之所能然；内外不同但罔顾自性以强求其然相同，这才是庄子所反对的。

　　就以上所述做个小结。《逍遥游》所推阐的，是自然的自由理念。推阐的方式，既非直抒要摆脱束缚的意愿、情怀，也不是预设自由意志的普遍性，而是以寓言来描摹自然的自由之情状。从斥鴳到鲲鹏，从知效一官到宋荣子、子列子，一切生灵都具有自由的可能性，但并非一切生灵都已经获得真正的自由。未获自由的情状主要表现为两方面的偏失，一是"众人匹之"式的攀

比，因而丧失了"自"的意识，无自知之明；二是"在近而笑
远"之类的相非，因而不得其"然"，不能然所当然。这两种偏
失一左一右，却有一个共同的基准，即"自然"，偏失是相对于
"自然"之正而显现出来的。"自然"是一切有情生灵的基本情
状，只是由于有情的生灵在交互作用中或枉或纵，既干扰了他者
的"自然"，也迷失了自己的"自然"，以至滋扰相非，彼此不
得逍遥亦即自由。如果能够不因想当然的迷思而迷失其"自"，
不因人我是非而误判其"然"，那么由个体之"自然"升华为尊
重他人之"自然"的普遍原则，自然的自由便具有社会文明之
基础的意义。

对于社会的文明建设，《逍遥游》无疑具有非凡的思想价
值，拨开源头活水，重奠文明根基，从中可以看到文明不必循环
复制的可能性。然而，历史未曾让这种思想发挥其无用之大用，
也未曾让这种思想发展为精神传统，向、郭之前是沉寂的，两晋
的中兴时期被现实所粘滞，支遁之后又常常被误解，于是，逍遥
游必高举远引，大鹏的旅程，不止从北冥到南冥，而是一路飞遁
到佛天神国。在超迈的方向上，只要放下逍遥与社会文明秩序的
关联，学者们就什么都能想到，逍遥因此成为逃遁的哲学，而
"自然"的理念则可以被翻倒过来，成为原始蒙昧的精神堡垒。
精神的世界里，确实难以分辨什么是颠倒。

现代社会与传统社会不同，至少是思想上与旧传统大不相
同。中西方思想的交汇，构成了理解庄子思想的新环境，庄子无
用之大用的思想将会如何，是继续郁而不发还是大用如其所能，
是一个很引人遐思的问题。

贰 《齐物论》的"天下"体制之思

一 是"齐物之论"还是"齐观物论"

《庄子·齐物论》的思想主题究竟是什么？或者说，《齐物论》围绕什么问题又是在什么样的思想逻辑中展开？这个似乎只是概括文章中心思想的问题，并不容易回答。这也是中国思想史上的一大奇观，一篇千年名著，好之恶之者千万，却不能确切地认定它究竟在说什么，而误解却衍生出许多"思想"。

孟子说："物之不齐，物之情也。"这句针对农家许行的批评，述而广之地用来批评慎到等人的思想，或许也合适，但不能援引来批评《齐物论》，否则方枘圆凿，两不相宜。但孟子这句格言式的表述，确实能影响后世的语言理解和使用，像成语习惯一样，以"齐物"连读，以至按照这样的习惯将"齐物论"解读为"齐物之论"，似乎比庄子"齐观物论"的思辨更顺理成章。事实上，如果撇离文本、不顾庄子的思想逻辑，最容易产生的一种误读方式，就是"齐物之论"。刘武《庄子集解内篇补正》，征引刘渊林注左思《魏都赋》云"庄子有齐物之论"，《文心雕龙·论说篇》"庄周齐物，以论为名"等为例，发现"六朝人已误以'齐物'二字连读"。[1] 以"齐物"而非以"物论"连读，所衍生的"思想"形形色色，其中有所谓相对主义或相对主义的诡辩，有所谓天人境界，有推论万物齐一的慎到之道等等。据苏轼说，这类"齐物之论"的误读，后果可能很严重，如商鞅、韩非，"求为其说而不得，得其所以轻天下而齐万物之术，是以敢为残忍而无疑"。[2] 此所谓残忍，指法家的刻薄寡恩，不是杀人放火，而是自信能"齐万物"，也就是对一切都能够做出合理的、统一的安排。这种无度的政治自信所依持的理论依据，正是"齐物之论"一类的误读。

"齐物之论"的误读，或许出于望文生义，也或许只是撇离文本的耳学之陋，问题相对简单；至于求为其说而不得的思想逻辑扞格，问题则要复杂得多，《齐物论》思想主题之难以确认，正根源于思想逻辑理解的复杂性。我们举两大名家的《齐物论》解题为例，可以略见其梗概。

郭象注：

> 夫自是而非彼，美己而恶人，物莫不皆然。然，故是非虽异而彼我均也。[3]

1　刘武：《庄子集解内篇补正》，沈啸寰点校，中华书局 2018 年版，第 30 页。
2　苏轼：《韩非论》，曾枣庄、刘琳主编：《全宋文》卷 1949，第 90 册，第 67 页。
3　郭庆藩：《庄子集释》卷 1 下，第 49 页。

王夫之解：

> 当时之为论者夥矣，而尤盛者儒墨也：相竞于是非而不相下，唯知有己，而立彼以为耦，疲役而不知归。其始也，要以言道，亦莫非道也。其既也，论兴而气激，激于气以引其知，泛滥而不止，则勿论其当于道与否，而要为物论。物论者，形开而接物以相构者也，弗能齐也。使以道齐之，则又入其中而与相刃。唯任其不齐，而听其自己；知其所自兴，知其所自息，皆假生人之气相吹而巧为变；则见其不足与辨，而包含于未始有之中，以听化声之风济而反于虚，则无不齐矣。故以天为照，以怀为藏，以两行为机，以成纯为合，而去彼之所谓明，以用吾真知之明；因之而生者，因之而已，不与之同，不与之异，唯用是适；则无言可也，虽有言以曼衍穷年，无不可也。不立一我之量以生相对之耦，而恶有不齐之物论乎？此庄生之所以凌轹百家而冒其外者也。[1]

郭象注很清简，典型的玄学风格。王夫之的解则很周密，很有经学的风范，只是由于《庄子》不同于《六经》，主要蕴含不是典章制度，而是哲学或思想的概念，所以王夫之的解也主要以概念来疏释其思想理路，非训诂考证其典章制度。但在探寻《齐

1　王夫之：《庄子解》卷 2，《船山全书》第 13 册，岳麓书社 2011 年版，第 93 页。

物论》所以言之故的理论高度上，郭、王二家是一致的，都将
"齐物论"理解为齐观当时之物论，也就是百家诸子的思想理
论。按照郭象的理解，凡为论，都自是而非彼，就这种现象的普
遍性而言，百家诸子之论是本来"齐"的。王夫之所说的庄子
"凌轹百家而冒其外"，与郭象《庄子序》说庄子"不经而为百
家之冠"，大旨相同，而庄子之所以高出百家之上，王夫之认为
关键就在于百家都自持其所是以为道，而庄子看得明白，凡自是
而相非的，都只是道之一偏，是"立彼以为耦"的相对立论，
都处在论兴而气激、愈论愈纷争的格局中，而庄子"不立一我之
量以生相对之耦"，所以在最大宽容的格局上，是可以齐观百家
诸子之论的。

就文本解读而言，像郭象、王夫之这样提括《齐物论》的
思想主题，似乎也就到顶了，至矣尽矣，不可以加矣。但从思想
逻辑上来理解，却又让人不能无疑。所可疑之处，不是王夫之与
郭象的提括不尽一致，而是庄子作此《齐物论》的必要性。郭
象说"齐"于大家都同样地自是而相非，既然最终结果是一样
的"齐"，又何必苦心孤诣地思索论证它如何"齐"？王夫之既
说"唯任其不齐，而听其自已"，又说"去彼之所谓明，以用吾
真知之明"，自相矛盾，如何能"齐"？进而言之，如果庄子仅
仅为了平息纷争，做个和事佬，那可能真的是庸人自扰，对于春
秋战国时代所激发起的思想张力，若无听天籁之音的思想视野，
那也就写不出《齐物论》；反之，既然听百家争鸣如闻天籁之
音，那么像南郭子綦那样陶醉于"吾丧我"就好了，何必再弄
出个"莫若以明"的《齐物论》辩议？而且庄子对于第三者介

入争议能否评断是非、平息争议，从《齐物论》中"我与若辩"的一段分析来看，显然是十分悲观的。如果是为了指出百家自是而相非的浅陋，那又掉入了"类与不类，相与为类"的陷阱，不过为已经很嘈杂的场景再添一道声音而已，庄子丝毫不欠缺这方面的自省，也显然没有这方面的兴致，如王夫之就看到《齐物论》对于百家争鸣的基本态度，是"唯任其不齐，而听其自已"，试图将百家争鸣的意见集中统一起来，既无趣，也做不到。既没有平息百家争鸣的意图，又没有自立一家之说的意愿，那么庄子为什么还要作此《齐物论》？这个疑问，在研究《庄子》的学术史上早就应该出现了，但历代注家似乎都被庄子思辨性的自我怀疑所遮蔽，如卮言日出、果有言无言、与鷇音无以异等等，都可以理解为庄子并不确实想说些什么或者已经说了些什么，于是《齐物论》何由而作这样一个涉及思想起点的基本问题，也在彼此是非"莫若以明"的思辨中被忽略了，似乎庄子就是要与百家玩一场复杂的思辨游戏，虐一下自信自是的百家。

　　《庄子》三十三篇，宏观上关注、思考百家学术问题的有两篇，即《齐物论》和《天下》。两篇的关系类似哲学与哲学史，前者是关注百家争鸣的哲学思考，后者是本此哲学思考对百家争鸣之时代现实的总结，二者围绕同一个问题，在相同的思想逻辑中展开。这个问题的核心，即所谓"天下"，而《天下》篇与现代"学术综述"的不同之处，在于其问题不仅仅是学术层面的，更是时代现实层面的。《天下》说："天下之人，各为其所欲焉以自为方，悲夫！百家往而不反，必不合矣。后世之学者，不幸不见天地之纯，古人之大体，道术将为天下裂。"因为百家诸子都不仅仅是自立一家之言，而是围绕"天下"这个共同的话题交集在一起的，各各以为其所言说的就是弥纶天下之道，所以自是才必然相非。如果没有"天下"、弥纶天下之道这个共同的话题作为聚焦点，百家诸子都只是自说自话，那就不会出现王夫之所说的"形开而接物以相构"的争鸣。所以，问题的核心在于天下与道。百家诸子都有谋求天下一统的意愿，建构天下秩序以策安全，排解现实的纷争，并论道以为天下一统的路径或大方略，只是结果很"吊诡"，由"天下"的共同目标和话题所导致的，不是"道术"的共识，而是"道术"的分裂。而"道术"的分裂又反噬一统"天下"这个共同目标，推动现实越来越分裂。这种谋求"天下"一体却导致"天下"愈益分裂的吊诡，就是现实一切苦难的根源。正是凿然洞见"道术将为天下裂"的过去、现在与未来的万世隐忧，《齐物论》才不得不作，庄子才不得不发抒其忧患意识。

由此看来，庄子的问题意识显然与百家不同，所谓庄子"凌轹百家"或"为百家之冠"，根实处应该就在这个问题意识上，至于更开阔的思想视野、更缜密的思辨能力，都在其次。那么，庄子为什么会有这种与百家不同的问题意识呢？其思想逻辑究竟有个什么样的独特起点？

也许，庄子的问题意识之所以与百家不同，背后有其深邃的思想基础，这一点容后再议，我们可以先拿庄子与百家诸子做一个很直观的比较，即如何看待天下与君王的关系，"天下"这件事是否必须依附君王然后可谋可议？简单比较便可发现，庄子之外的百家诸子，甚至包括老子，可以说都属于"不依国主则法事难立"一派，差别只在于"依"的程度不同。儒家、法家、纵横家，都"依"得很辛苦也很执着，视之为必然。法家、纵横家必须依附君王而后能行其术，毋需赘言，因为法家的法术势本来就是由君王操控的工具，而纵横家的谋略只能专对君王耳语，离开君王，二家都无所施其技。儒家游必有方，品格要比俯首帖耳的家伙高很多，所以孔子游七十余君，但找不到一个行"王道"的合适人选，所谋"天下"之事，最终不了了之，但孔子必得君王然后能行其道的思想格局，也是譬如北辰不可掩匿的。儒家人物中，颜回似乎是个例外，箪食瓢饮，居陋巷而乐，但颜回不议"天下"事，关于天下与君王，也就不知道他是怎么想的。老子未见其游说君王的记录，对于君王，情感上大概比较清淡，但思想上，老子也是在教导君王如何治理天下的，预设君王为先有，所以《汉书·艺文志》才说老子之学乃"君人南面之术"。墨家对君王也没什么感情，他们尚同的"天下"思路，既不同于法家的由当时当权的君王立法，也不同于儒家的依先王文明史经验立法，而主张按照贤明、技能重新制定标准，建构秩序，但需要君王作为新标准、新秩序的推行者，所以君王依然是先于"天下"而存在的，对于大禹等先王，墨家也极推崇。唯独庄子是个例外，他非但不游诸侯之门，拒绝诸侯的招揽，而且上抨击三皇，备受百家推崇的先王，就没有一个让庄子心仪心折的。这种抨击，当然不是要和尧舜禹汤文武周公们翻什么历史旧账，而是要对君王政治、仰赖君王的制度思维展开历史的反思。且不说反思的成果如何，单是反思君王制度及其制度思维本身，至少就表明在庄子的观念中，究竟是先立"天下"还是先立

"天子"，是一个需要思索的、决定社会文明道路的大问题，先立"天子"而后为"天下"的道路，已如历史现实所呈现，残暴与苦难无处不在，那么为什么不能先立"天下"呢？于是有《齐物论》之作，所探讨的，就是齐观众议以共立"天下"的可能性。

如何可能由众议以共立"天下"，而不是谋求将某个诸侯培养成"天子"然后一统天下，可以说就是庄子问题意识的起点。由这个起点展开思想会不会很难，我们不好说，因为思想的原创属于庄子，只有庄子本人才可能真切体会究竟是艰难还是快乐，但我们知道表述一定很难，因为这种思想完全缺乏环境基础，不像我们现在这样，可以借鉴雅典城邦以来的另一套文明史叙事。由《六经》等历史叙事及认知所奠定的制度思维模式、话语环境，一直都是说先有尧舜等"天子"然后才有"天下"的，而《诗经》以来"普天之下莫非王土，率土之滨莫非王臣"[1]的观念，在现实中已经成为百家诸子的思想和行为准则，成为争鸣"天下"之事的默认前提，所以庄子的思想既找不到历史的支撑点，也找不到现实的唱和对象，与《六经》以来的话语系统完全脱节，如果不能自行创造一套横议"天下"之事而且迥异于《六经》及百家之说的话语系统，也就是匪夷所思地自行创立一套政治哲学的概念体系，而只能借助源于老子的关于"至德之

1　《诗经·小雅·北山》。王夫之评此诗："为《北山》之诗者，其音复以哀，其节促以乱，其词诬，其情私矣。……唐宋之末流，以诗鸣者，不知其为变雅之淫词而祖述之，曰以起衰也。以哀音乱节而起衰，吾未之前闻。"（《诗广传》，中华书局1964年版，第28页）此说甚是，诗中"普天之下莫非王土"云云，本只是为不甘服役的私情做铺垫，何足以为准则？

世"的历史想象,来为自己的思想添加些信重,即所谓"寓言十七",那么庄子的思想表述方式,就只能是"以谬悠之说,荒唐之言,无端崖之辞,时恣纵而不傥,不以觭见之也"(《庄子·天下》),看上去没有几句正言谠论,以至真实的问题和思想,都游荡在寓言故事之中,以此寻求自我表述和他人的理解。

二 "天籁"的启示

《齐物论》的第一则寓言隐喻,是"天籁"。如果不理解《齐物论》以众议共立"天下"的思想主题,天籁隐喻就很可能被误解为崇尚无心之言,无用意之声。语言无所措意,以至一切语言都没有真实的意义,所谓"道家反智论",大概就是由这类误解坐实的。事实上,许多旧注家的《齐物论》疏解,都属于这样的误解。学术的疏解既不得其正,日常的援用自难免其偏,以至到今天,"天籁之音"作为赞美之词,通常被用来指谓超凡的、无修饰的、纯粹自然的特殊声音。这样的误解,不一定能让我们分享所谓"天籁之音"的美妙,但一定能够妨碍我们分享庄子思想的玄奥。因为用"天籁"去赞美某个体的特殊声音,所表达的意思,与庄子的思想恰好相反。庄子的"天籁",不是发声,而是听音,是一种倾听、理解不同声音的态度和理性的境界。虽然在表述上,由人籁而地籁、天籁,似乎是一种递进的关系,范围越来越广博,但这种表面上的寻赜文理,其实经不起推敲。如说"汝闻人籁而未闻地籁,汝闻地籁而未闻天籁夫",人籁是人类演奏的音乐,地籁是万物运动的自然交响,据通常经验，人会用心倾听音乐演奏，对于自然的声音则习以为常，无意于闻听，所以对于人籁地籁，有闻与未闻之分。这种闻或未闻的分别，显然与耳聪耳聋的听力听觉无关，而与如何去闻听的注意力有关，所以本质上是个精神运用的问题。"未闻天籁"尤其如此，不是听力未达到，而是精神未将听力运用来闻听天籁。由此来理解天籁，就不是比人籁、地籁更高大上的特殊声音，而是人籁和地籁的本相，众音的总和是天籁，孤鸿独鸣也是天籁，所以对于天籁，只存在如何听的问题，不存在哪里有的问题。

那么，如之何才能够闻听"天籁"？《齐物论》的描述很离奇，"南郭子綦隐几而坐，仰天而嘘，嗒焉似丧其耦"，很像后世宗教徒的静坐修行。据说，要准确理解这种状态中的精神或思维活动，需要有相同的体验为基础，而其实，《齐物论》的意思只是在"丧其耦""吾丧我"的状态中，闻听各种声音会有新的发现。这种状态可以通过专注的倾听或观察达到，也可以通过静坐沉思达到，其核心在于忘我，因为"我"的主观意识中，确定性与排他性是相互伴生的，确定性越明确，排他性就越强烈，而排他性必然局限甚至阻碍对于事物完整真相的倾听、观察和理解。南郭子綦在忘我的状态中闻听天籁，不是听到了人籁、地籁之外的奇怪声音，那是幻听，而是对人籁、地籁产生了新的理解，内容主要有三。其一，物有各种窍穴、形态，则籁有各种声音，声音的相对差异，是由万物各自为主的形性所决定的。其二，声音的发生，最直观的观察是由于起风了，不仅风吹万物造就了声音的生成，而且风的强弱还决定了声音的整体状态，轻风里万籁相和以柔，大风里万籁相和以急，冷厉的风中"众窍为虚",一切窍穴的主体特征都虚化了,只剩下一个声音。其三,风为"大块噫气",似乎出于天地的呼吸,大天地的呼吸决定了小万窍的声音呈现,但天地万物本来只是个"生物以息相吹"的互动体系,按照庄子的思想逻辑来理解,动植物的呼吸是生物之息,太阳、火山散发光和热是生物之息,天地的呼吸也同样是生物之息,各由形性决定其生息的方式,所以《齐物论》对天籁的最终概括是:"夫吹万不同,而使其自己也,咸其自取,怒者其谁耶?"万物的背后没有更高的主宰者或安排者,万籁或兴或止,或柔或急,都取决于万籁自身的交互作用。

在庄子哲学中,"天籁"寓言也许具有方法论和"天下"真相图谱的双重意义。[1]寓言中的南郭子綦,是倾听、观察、思考的承担主体,但在开展倾听、观察、思考的活动时,主体是忘我的。忘我之所以必须,倒不是出于量子力学式的主体介入则干预观察对象的担忧,而是必须以此摆脱主体的排他性、局限性,否则不能认知事物的整体真相。从整体真相的角度思索事物发声的所以然之故,庄子的判断不是万物的背后必然有某个主宰者,恰恰相反,由万物自鸣自已的普遍情状(齐)所能够推断的,是万物在交互作用中彼此激发从而造就整体,无关乎背后主宰者的有无或作用如何,有也好无也罢,与万物如此呈现统不相干。

"天籁"隐喻的寓意,大概不需要刻意去分析、揭示了,百家争鸣的万籁之声,就是"天下"的本来面目,而刻意为天下

1　方法论意义可参见程乐松:《物以化齐　言则不齐——重思〈齐物论〉的思想方法》,《北京大学学报(哲学社会科学版)》2020年第4期。

塑造某个"天子"，犹如刻意为万籁塑造某个让万籁发声的"怒者"，是本末颠倒的。尽管百家诸子试图塑造的"天子"面目各有不同，但立天子以统天下的路数是一致的，"齐"的。这种按各自的意愿塑造某个主宰者的竞争，庄子认为正是天下纷争、举世惑乱的根源。确实，站在文化理想的角度塑造某个主宰者以统一万籁、众议，也许是很直截有效的办法，但这样的主宰者，按照设计只是文化理想的傀儡，而且注定要赋予神圣性，否则无效，但一个赋有神圣性的傀儡，怎么可能保证他必定按照文化理想的剧本演出？所以庄子看到的真实历史是，设计的都是尧舜禹汤，收获的却尽是些桀纣幽厉。如何走出始于尧舜而终于桀纣的循环怪圈？可能的出路是将百家争鸣理解为"天籁"，将众议"天下"之事理解为共立"天下"的进程。开放的"天下"体制既立，则不以有天下为己处显的天子乃有可能。

三　现实世界的自是而相非

就没有同类思想体系的借鉴或参照而言，"天籁"隐喻也许可以说是空穴来风，但绝不是无的放矢，不是罔顾时代现实的空泛议论，只不过由于《齐物论》的宗旨是由众议以共立"天下"，所以针对的不是某家某派具体的"天下"主张，而是众议的情态、格局、模式。《齐物论》从"大知闲闲"到"莫若以明"，可以视为天籁寓言之后的第二章，所描述的就是众议的情态等，以与第一章天籁寓言对举互显，其一是闻天籁的情态，其一是未闻天籁的情态。

　　既然是众议，那么思想与知识的层次差别就在所难免，诸如大知小知、大言小言等等，"大知闲闲，小知间间"云云，应该无褒贬之意，只是众议情状的素描。由于利益目标所决定的立场不同等原因，所以这种层次的差别，并不意味着低弱的一方自然服膺高强的一方，儒家墨家法家等同样也发现了这个问题，因而有许多关于不能任知而听能的批评。而庄子所看到的，是层次差别会激发更剧烈的竞争。"其寐也魂交，其觉也形开，与接为构，日以心斗"，描述的就是众议竞争的日常。想想那种为思想文化议题魂牵梦萦的日常，很容易让人感受到思维活动的张力，而春秋战国时代思想上的辉煌成就，正是由思维张力创造出来的。站在现代人的角度看，这种思维含张力的时代风气显然大好，比万马齐喑的悲催时代强太多了，有话说的民庶可以表达自己的要求，找话说的精英可以觉得自己在启蒙，言论自由或许不能直接创造知识，但可以让创造知识的人们摆正姿势。然而庄子的关注点，显然与我们这些后来者不同，他所关注的，是众议的方式，也就是如何摆正姿势。《齐物论》说："缦者，窖者，密者。小恐惴惴，大恐缦缦。其发若机括，其司是非之谓也；其留如诅盟，其守胜之谓也。其杀如秋冬，以言其日消也；其溺之所为之，不可使复之也。其厌也如缄，以言其老洫也。近死之心，莫使复阳也。喜怒哀乐，虑叹变慹，姚佚启态；乐出虚，蒸成菌。日夜相代乎前，而莫知其所萌。"缦是帘幕，思议的人在幕后；窖是洞藏，待时伺机而动；密是缜密，稠固以为防守。经过这些暗箱式思与谋的准备，人与人之间的交流，并不都像庄子与惠施那样，当面从容地辨名析理，而是或像刺客一样地捕捉是非，敏

捷地拨动攻击的机关；或像信守诅咒的盟誓一样，能固执己见就
算胜利。由此形成的社会气氛，冷厉肃杀，总在秋冬之中，彼此
消耗以至消竭。而世人沉溺于这样的生活，难以挽回，被压缩在
一个封闭的环境中，将习惯的老路走成了沟，僵化得难以还阳。
由此生出喜怒哀乐等八种人间情态，却不知这些喜怒哀乐如何开
始，从哪里来，只是像日月循环一样重复活着，不问这种生活的
起点，也不知终点。

　　猜不透庄子洞观一个时代的时候究竟是个什么样的心情，但
知道他其实已经发现了问题的症结之所在，即众议天下却没有一
套与"天下"话题相匹配的公共场域和规则。没有公共场域，
一切全凭暗中用力；没有公共规则，从谋求论议的机会到论议以
干时君世主的方式，都或明或暗，或阴或阳，决策的是天下事，
但决策的过程和结果，在执行之前却是天大的秘密。这个问题症
结不仅让社会生活步步危机，处处不安，而且会让百家诸子倾力
炮制的"天下"成为一场梦魇，既失去了现在，也就没有未来。
因为这样的"天下"将是阴谋与暴力的作品，不是让天下人安
身立命、人人各得其自然的社会，所以庄子很无奈："已乎！已
乎！且暮得此，其所由以生乎！"时代现实已然如此，确实是多
说无益，理性批判的价值回馈，从来都是现实的健康建设。以天
籁的镜子映照现实，差距如此巨大，又如何闻天籁而由众议共立
"天下"，让百家争鸣朝向健康建设的方向推进？

　　由这个问题引发了庄子关于生存理由的凝思，"所由以生"
的意义，显然就是凝思生存的理由。但问题是，现实与闻天籁的
差距既然如此巨大，看清这样的差距怎么可能反而找到生存的理

由？下文说，"非彼无我，非我无所取"，用彼我来指称人与人的关系，修辞有些抽象的冷峻，但真实的思想情感，与孔子别无二致。孔子说："鸟兽不可与同群，吾非斯人之徒与而谁与?"（《论语·微子》）人必须与同时代的人生活在同一个社会里，这种既不甘又无奈的思想情感，庄子与孔子是有相同体会的。而庄子与孔子的思想差别在于，孔子由居其世的不得不然，所做出的选择是知其不可奈何而为之，坚毅以行；庄子则选择进一步深思，因为人必然由特定时代的社会生活才产生"我"的意识，所以"我"既然活着，就只能从特定时代的社会生活中寻找活着的理由，"是亦近矣，而不知其所为使"。向现实求索生存的理由，也就是倾向于从"我"与现实相对的关系中找到合理性，这种倾向似乎是接近闻听天籁的应有姿势、情态，但不知是谁或者是什么在主导"我"与现实的关系、主导"我"做出如此寻找合理性的选择。从一个很柔情的角度看，"我"在天地万物之间，就像四肢九窍、五脏六腑在"我"的身体中一样，"赅而存焉"，包罗为一个整体，那么，在这个整体里，"我"的内在秩序是如何构成的？"我"对于各器官有亲疏远近之别吗？器官都是"我"的臣妾抑或器官轮流为君臣？它们之间不能自相协调吗？对于这些问题的真相，或知或不知，都不会改变"我"的整体状态。"我"自从成为这样一个有形质之物，就奔竞在与外物相摩擦的路途中，身心疲惫却不知归宿何处。这种个体与整体、整体价值基础何在的困扰，是"我"所特有的呢还是每个人都有的？

像庄子这样因深思而大惑的人，当然不会绝无仅有，但也不会很多，因为深思的人本来就不多。更多的人，或者思考的方向与庄子完全不同，不是"我"与他者以及整体秩序的关系，而是"我"如何胜出、如何利益最大化等；或者在深思将小困惑深化为大困惑之前，就做出了条件反射式的环境应对。前者是"随其成心而师之"，后者是"未成乎心而有是非"。"成心"包括经验、思维习惯等，因为经验以及主要由经验所养成的思维习惯，人各不同，所以人人都怀有"成心"，不仅观察时代现实因而做出取舍的人有之，愚钝浅陋的人同样也有之，虽然内容千差万别，但同样引导各自的生存方式，也就是人各自然。"未成乎心而有是非"，则表现为遇事不假思索而是非前置，这在日常生活中不但常见，而且随着社会一体化的意识操控，会越来越多，而且是非感还特别强烈，因为这样的是非判断不假思索，未曾怀疑，是套在某种公式里自我确信的。而在庄子看来，这样的是非前置，犹如"今日适越而昔至"，惠施等名家也许能从中找到颠覆、嘲弄常识的快感，庄子则不免担忧，这种由人类智力所制造的颠倒混乱，一旦开始就没有终点，没有边界，会不断地自我复制，"虽有神禹且不能知，吾独且奈何哉"。

人各自师其成心的，不足以闻听天籁，但可以当做天籁来闻听；未成乎心而有是非的，是否也可以当做天籁来闻听呢？庄子再次疑惑。一方面，语言不是吹肺气，而是人类所发明的最重要的交流工具，因为有共同的语言，所以人类能培养起族群意识、类归属意识，能够让人类的意志、意识联合成一个集体，从而做出集体的安排、抉择等；另一方面，语言究竟用来表达什么，是具有无限可能性而不确定的，既可以陈述事实也可以虚拟虚构事实，既可以推动人类的联合也可以造成人类的分裂，所以《齐物论》说"其所言者特未定也"。既然语言工具的作用具有不确定性，那么与鸟类破壳时所发出的声音（鷇音）有什么区别呢？鷇音可以被闻作天籁，为什么人类的语言会彼此听出是非？

将他人的语言听作天籁，可能会产生不尊重他人意见的嫌疑，因为人总是倾向于认为自己的语言表达了重要的信息或者重大的思想等，谁也不会认为自己的语言只是声音。如果产生这样的误会，那应该不是庄子的本意。庄子试图从百家既共议"天下"又因论议"天下"而分裂的困境中走出来，而语言上的彼此是非恰恰是共议不能生成共识的根源，所以要就语言的工具属性追问个究竟。《齐物论》说："道恶乎隐而有真伪？言恶乎隐而有是非？道恶乎往而不存？言恶乎存而不可？道隐于小成，言隐于荣华。故有儒墨之是非，以是其所非而非其所是。"所谓"隐"，可以理解为现代语言所说的遮蔽。依然是那种很吊诡的问题，求索弥纶天下之道的主张恰好遮蔽了天下之道，论断是非的语言恰好遮蔽了是非真相。儒墨的彼此是非，就是在这种既遮蔽他人也因此自我遮蔽的怪圈中循环往复。

然而，儒墨彼此是非的实质，是政治主张的冲突，像庄子这样用思辨的方式来化解政治的冲突，究竟是否可能，让人不得不产生怀疑。一般说来，解决政治冲突可能有几种办法，要么征服与屈服，要么妥协以共存，最坏的甚至与之偕亡，同归于尽，像庄子这样"莫若以明"的思辨，对于化解政治冲突究竟能发挥什么作用？

四 "莫若以明"的思辨

《齐物论》从"物无非彼"到"此之谓葆光",可以视为第三章,围绕彼此是非展开思辨。思辨其实并不复杂,只是由于出生在一个表达和理解都还没有形成思辨习惯的话语环境里,所以才看起来费劲。简单地说,《齐物论》认为儒墨的彼此是非,是由于彼此立场不同而生出的是非,所以政治主张的冲突,说到底是个彼此立场的问题,不是一个是非对错的问题。既然是立场问题,既然不能否定对立方立场有其自身合理性,就像不能否定对立方存在的合理性一样,那么就只能妥协,付之"两行"。至于"莫若以明"的思辨过程,只是试图以理性思维逼停纷争而已。

"物无非彼,物无非是",是一个伴随主体意识而必然产生的物我分别,有"我"的意识就有对他者存在的认知,物物如此,具有普遍性。然而,普遍性并不必定被普遍地认识到,尤其是涉及公共事务、政治主张时,人们往往习惯将"我"与真理、正确的方略联系在一起,强调他人应该像"我"一样,服从这样的真理、方略,而有意无意地忽略他人与"我"一样各持立场,也自以为掌握了真理、方略。这就叫"自彼则不见,自知则知之",只是站在自我的立场上,就看不到他人的立场,只有将自我看做千万个"我"之一,才能够发现人人如"我"各持立场的普遍性事实。这种思辨看起来很抽象,回归现实却很具体,是两种截然不同的政治思路,一种是独断,一种是众议。独断无法达成共识,也不追求共识,就只能谋求服从,而众议的最终结果是妥协。如何妥协？《齐物论》说："彼是莫得其偶，谓之道枢。枢，始得其环中，以应无穷。"各方都不追求独断，理解他人有立场如同自己有立场，就能摆脱彼此对峙的状态，而环绕一个共同的焦点问题。环绕一个共同的焦点而各自努力，产生互动的张力，焦点也就由共同的政治问题转化为是非判断互动的枢纽，谓之"道枢"。唯其环绕道枢，才能够形成"是亦一无穷，非亦一无穷"的机制，不是一次性认定孰是孰非尔后便动弹不得，而是不断协调，在磨合中进化。

同时代人物中，惠施等名家的思路与庄子较为接近，都看到是非等判断的相对局限性、不确定性。但惠施等属于专业辩论的技术派，不仅以屈人之口为能事，而且专挑一些颠覆常识的话题来炫技，如"指不至，至不绝""白马非马"等。这种方兴未艾的辩论风气，当然也能抉破偏执一己之是非的思维局碍，以怀疑精神为理性思维充当开路先锋，但单纯的辩论技术的无穷乐趣和无尽追求，也会导致一个意料之外的整体效果，即众非而无是，说什么都是错的，都是可以被推翻的，而庄子与惠施的分歧点，也正在这里，即承不承认自然、自是的合理性。《齐物论》说："以指喻指之非指，不若以非指喻指之非指也。以马喻马之非马，不若以非马喻马之非马也。天地一指也，万物一马也。可乎可，不可乎不可。道行之而成，物谓之而然。……物固有所然，物固有所可。无物不然，无物不可。"以马喻马之非马，也就是白马非马，作为辩论术，需要辩论者自己投入思考，这就注定比那些不需要思考只需要背诵和执行的政治伦理教训有趣得多，而且其中涉及语义分析、感知要素的分析等，也确实能考问思与言是否缜密。但以白马辩证其非马，立论上就太刻意了，逻辑上会推导出天下无马的结论，甚至可能导致"物谓之而然"的约定俗成的概念体系全面崩溃，百无一是，莫知所从，也就达不到辨名析理的目的。所以庄子认为辨名析理没必要这么刻意、别扭。所谓"以非马喻马之非马"，大意是说马不仅仅是马，它还有更高的类属性，例如马还是家畜、动物等等，而最高的类属性，就是万物的同一性、普遍性，即所谓"万物一马"。正因为致思方向与惠施不同，所以庄子才得出结论，万物都有其合理性。而这种合理性，正是众议以共立"天下"的基础。郭象《庄子注》的最后一条，即《天下》篇评论惠施之学的批注说："昔吾未览《庄子》，尝闻论者争夫尺棰连环之意，而皆云庄生之言，遂以庄生为辩者之流。案此篇较评诸子，至于此章，则曰其道舛驳，其言不中，乃知道听涂说之伤实也。吾意亦谓无经国体致，真所谓无用之谈也。"[1] 庄子思想有个"经国体致"的落脚点，惠施等辩者没有，这是庄子与辩者的大不同之处，郭象注意到了；但庄子的"经国体致"与辩者其实有很深入的对话关系，比与儒墨的关系都更深，这一点郭象未曾注意到，因而讲"经国体致"必附丽儒家，在庙堂之上与山林之间纠缠，不知众议以共立"天下"才是庄子"经国体致"的大本大端。正是这种深入的对话关系，使辩者对于儒墨持一己之是非的怀疑，成为理解庄子"经国体致"的一条思想路径，《庄子》书中许多与惠施的对话，都可以这样来理解，并不是没有思想焦点的思辨游戏。就《齐物论》

1　郭庆藩：《庄子集释》卷10下，第1116页。

而言，正是借鉴辩者是非无定的思辨，构建出关于"天下"体制的思想框架，可得而言之的有三个方面。

其一，"为是不用而寓诸庸"，意即秉持此在的立场所认为正确的，但不专一己之用，不认为必须用"我"之所是才是唯一正确的，而是将"我"之用融入众用（庸）之中。这样站在"我"的立场看，"我"以为是的可以行，别人以为是而"我"以为非的也可以行，从而"和之以是非"，构成包含张力的良性互动，"是之谓两行"。这是万物本来具有的同一性，无须刻意操劳而为一，否则就像猴子在朝三暮四与朝四暮三之间生出喜怒、取舍一样，是"劳神明为一而不知其同也"。

其二，"知有所至"，而道"未始有封"。"至"是认知视野所能达到的至高点，如"有以为未始有物者，至矣，尽矣，不可以加矣。其次以为有物矣，而未始有封也。其次以为有封焉，而未始有是非也。是非之彰也，道之所以亏也"。这段表述有一个值得注意的修辞细节，即"以为有"，不是以为知或所能知，更不是所已知。"以为有"即意识到存在，"以为有"的世界越远旷，则认知的视野越开阔，越明白存在某个更悠远的源头真相，就越能意识到所已知的局限性，越接近"道未始有封"。这或许就是庄子想要强调的形上学的价值，尽管形上学并不能提供具体的知识，但能够警醒如何审慎对待有限知识的态度，因为比较而言，无知并不是最可怕的，自以为无所不知，以为所已知的就是最高、最终真理才真正可怕，而这样的自以为知，时常会在百家诸子的身上流露出来。惠施等辩者挑破自以为知的蔽障，所以庄子说惠施"唯其好之也以异于彼，其好之也欲以明之，彼非所明而明之，故以坚白之昧终"。惠施试图以"离坚白"等辩论，让儒墨诸家明白他们的是非判断靠不住，但儒墨诸家与惠施不在同一个逻辑的框子里，所以最终结果是，惠施的思想视野针对儒墨诸家限于是非之分，看不到"未始有物"的更广袤真相，儒墨则将惠施看作一个辩论坚白而不关切"天下"议题的另类。由此也就形成思想视野的三重境界，第一是儒墨诸家围绕"天下"各有主张的自是而相非，第二是惠施等辩者的众非无是或是非莫定，第三是庄子的物各有所是，自是而不相非。

其三，"知止其所不知，至矣"。放在学术史研究的角度来看，这个问题可以是一个哲学上的知识论或认识论问题，而放在春秋战国的时代现实中，却是一个关于"天下"的政治问题。问题的实质是，诸子百家谁都没有经历过"天下"生活，也没有真实的"天下"社会形态作为借鉴、参照，但都放言"天下"之事，凿凿然如视诸掌。最笼统的，是以"普天之下"开说，尽管视觉中那个"天"的下面究竟有些什么，是怎么回事，谁都没有概念，但一点都不影响诸子百家安排"天下"秩序的信心。其次是由"天子"以言"天下"，这种叙事带有文明史的背景意识，即尧舜禹汤等既是"天子"，也是文明的缔造者，解决春秋战国的"天下"问题，因此被描述为如何重现文明共同体的昔日辉煌，重现唐虞夏商周平定天下之初的气象。这样的叙事以儒家为主导，以《尚书》《春秋》的叙述等为历史支撑，墨家法家不能辨儒家的历史叙事之虚实，于是按各家的主张挑选古代的圣天子，如墨家崇尚大禹、法家崇尚黄帝等，各以此设计"天下"模式，以此游说诸侯，既兜售各自的主张，希望被接受为实验方案，也试图照各自的方案培养"天子"，将培养"天子"作为实验方案的首要环节。而在庄子看来，这些努力都属于言与谋超过了知，且不论尧舜禹汤等历史叙事的真实性，即使都是真的，也还存在经验不可重复的问题。因为历史经验总是发生在特定的环境中，环境不可重现，经验也就不可复制，所以能够重现的，充其量也只是古天子的"陈迹"，而非其"所以迹"。只是知其然而不知其所以然，便贸贸然造天子以造天下，虽苦心孤诣，却是带领天下的大冒险。《齐物论》说，"六合之外，圣人存而不论；六合之内，圣人论而不议；春秋经世先王之志，圣人议而不辩"。存六合之外，是信其有、存在；所谓"不论"，是怀着未知的自知之明，因而保持"道未始有封"的视野。六合之内也就是"天下"，论是公论，谈天下之事的公共视角；议是私议，表达私人意见。讲"天下"之事以公论而不以私议，说到底依然是个如何闻听"天籁"的问题，将"天下"事当做公论，因而能理解他人主张的合理性，就可能闻听到"天籁"。春秋经世先王之志也就是政治，"不辩"，郭象注："不执其所是以非众人也。"谈政治问题只申述自己的主张，不指其他人的主张为非，就是议而不辩。其中的存、论、议，都是言论的自由，而不论、不议、不辩，则是言论自由中的责任自律。这样的自由和责任自律，不来源于神授，也不来源于圣人的独特修养，而来源于"知止其所不知"的理性自觉。

归纳众议"天下"分为三个方面的思想框架，《齐物论》说："夫道未始有封，言未始有常，为是而有畛也。请言其畛：有左有右，有伦有义，有分有辩，有竞有争，此之谓八德。"道是永恒因而也是无限而不可穷尽的真理，言是表述的工具，其运用具有无限的可能性。在道与言的无限中"为是"，做出自认为正确的选择，必然有方方面面的自我制约，庄子列举八个方面，而事实上无疑还有更多，诸如知识结构、信息资源、社会环境等局限，难以穷举，但核心思想还是明确的，即一切真理表述，都是从无限的道与言中所做出的有限选择。那么怎么才可能更接近无限的道与言呢？合乎逻辑的答案显然是，由不设限的人众做出不设限的选择最有可能。

五　"天下"体制的寓言诠释

《齐物论》的第四章，是让人颇费思量的几则寓言。为什么在"莫若以明"的思辨之后，又要编写故事作为尾缀？按照庄子"寓言十七"的说法，似乎是为了取信于人。这样看来，庄子对于自己的思想能否被理解，被信重，是不大乐观的，他或许觉得逻辑的说服力还不如故事的启示性有效，或许觉得寓言更贴近时代语境，不管什么原因吧，寓言的出现必定与庄子的思想主题有关，《齐物论》第四章的数则寓言，因此可以理解为前文"天下"体制之思的自我诠释，围绕思想主题去接受其寓言的启示性，应该比其他的思量更接近庄子的写作意图。

第一则寓言是唐尧欲讨伐宗、脍、胥敖三个小国，没说出于什么特别的缘由，只是"南面而不释然"。而虞舜劝解说，"夫三子者，犹存乎蓬艾之间。若不释然，何哉？昔者十日并出，万物皆照，而况德之进乎日者乎？"寓意似乎并不隐晦，这是一个先有"天子"然后如何为"天下"的例子。三国生存在荒原草泽之中，与唐尧的"天下"既不存在利益冲突，更不构成安全威胁，唐尧为什么不得释然呢？虞舜的劝解给出了答案，说到底还是个"天无二日地无二王"的观念问题。作为地上唯一的王、天子，也许自觉承担了文明意志，承担了解救全人类的道义责任，也许出于哀三国之不幸的悲悯，不管拿出什么由头，反正道理就是一个，既然"天子"是唯一的，那么"天下"就应该是统一的，整整齐齐的，否则难安。这可能只是一种情绪，即所谓天下情怀，未必经过了合理性依据等问题的缜密思考，但除了不忌言小国寡民的道家之外，其他有影响的各家各派，似乎都是这样的天下主义者。尧伐三国的寓言出现在《齐物论》中，现实意义也因此不难理解。庄子以"十日并出"的天下模式，映照百家立"天子"而后为"天下"的道路，将老子"小国寡民"的短语展现为一个时代问题：既然期许政治道德比太阳更大中至正，为什么不能从体制上学学"十日并出，万物皆照"的模式呢？毕竟，一颗太阳的世界，注定在光明与黑暗之间轮回。

第二则寓言是啮缺问王倪关于"知"与"所同是"的问题。这两个人物在《庄子》寓言中多次出现，据成玄英疏，也有一个人物关系表，啮缺是王倪的学生、许由的老师，而许由拒绝唐尧让天下。三人的名号也有隐喻意义，"王倪"示意初始的公共秩序，"啮缺"示意原始的圆满被啃噬出缺口，"许由"示意唐尧之前还存在的自由。因为这些人物都出现在唐尧底定天下之前，所以方便庄子讨论"天下"及其秩序的合理依据问题，而"知"与"所同是"是问题之一。寓言中，啮缺问了王倪四个问题，核心思想主要在两个方面，其一是"子知物之所同是乎"，其二是"子不知利害，则至人固不知利害乎"。"同是"的概念含义很抽象，可以指共同以为正确的、美好的、喜爱的等等，归结起来也就是有没有某个统一的世界观、价值观、审美观之类的东西。王倪的回答三问三不知，不过还是举了些例子，来说明知与不知的界线很模糊，其中的一个例子后来演变为沉鱼落雁的成语，只是与《齐物论》本意恰好相反。"毛嫱、丽姬，人之所美也；鱼见之深入，鸟见之高飞，麋鹿见之决骤。四者孰知天下之正色哉？"人类所认为的美，是由人类的审美意识所创造出来的美，这样的审美意识可能会被人类自我赞叹为万物之灵的一种表现，但相对于天地有大美而不言，又何尝不是一种自我限制呢？诸如此类的自我限制累积在一起，使人类与自然造化隔离开来，所谓"文明"，本质上也就是一个土围子，既有安全策略的价值，也有画地为牢的风险。而树立某个"同是"的特定模式、特定目标，迭加式地画地为牢而已，所以王倪不知万物之"所同是"。第二方面是问寻常人不知万物"所同是"，至人（超人）也不知吗？这是一个由英雄情结衍生出的观念，根深蒂固，先知觉后知、任知听能的文明路径设计来源于此，以智欺愚的现实历史道路也来源于此。王倪的回答，语言像神话，但实际意思就一个，至人不需要做这样的是非利害之分辨、选择，因为至人活在无穷的造化中，"死生无变于己"，所以不干预是非利害而任万物自相是非利害，换言之，不须立一"是"以为"同是"，万物"同是"于其所自是。

　　第三则寓言，设计为瞿鹊子与长梧子的对话，核心问题是规划未来抑或不规划而唯变所适。据王夫之说，寓言人物的这两个名号也别有寓意,"瞿,两目惊视貌。鹊目不宁,梧寿最长,亦寓为之名"。[1] 一个两眼瞪圆了做规划,一个不规划就那样生长着,很形象。瞿鹊子的规划,看上去也还不俗,"圣人不从事于务,不就利,不违害,不喜求,不缘道;无谓有谓,有谓无谓,而游乎尘垢之外"。表面上看,这是一个世外高人的模式规划,不俗。但《齐物论》的问题不在于俗不俗,而在于规划本身就将自我与未来的各种可能性隔离开来,按照规划,未来就只能生活在特殊的世外高人的模式里,而将真实、完整的现实世界排除在外。这种未来模式规划,与日常所说的未雨绸缪大相径庭,未雨绸缪是为可能的情况做好应对的准备,而未来模式规划是无视其他的可能,只按照一个意志选择一种可能性。大概正是出于对未来模式规划的必然逻辑的理解,所以长梧子给出两个譬喻:"见卵而求时夜,见弹而求鸮炙。"看见鸡蛋就计划这只鸡司晨,看见弹弓就计划怎么烤鸟吃,显然说不上是什么深谋远虑,只是想多了而已。事实上,这样的计划越周密,付出的代价就必然越是惨重,因为不仅要付出推进规划的代价,还要付出杜绝其他可能性的代价,而杜绝越周密,对抗性成本就越高。与未来模式规划不同,还有一条唯变所适的灵活路线,"奚旁日月,挟宇宙,为其吻合,置其滑涽,以隶相尊。众人役役,圣人愚芚,参万岁而一成纯,万物尽然,而以是相蕴"。旁日月,挟宇宙,也就是用大视野来看大世界,因而看到万物在相刃相靡中吻合,处于不确定状态(滑涽,王夫之注云"未定貌"),没有预定的、刻意

---

1 王夫之:《庄子解》卷2,《船山全书》第13册,第114页。

安排的秩序，只有由彼此的关系处境（隶）所形成的或导或从的自然秩序。未曾以大视野看大世界的众人，既为做规划而操劳，又为执行规划而操劳，"役役"。愚钝的圣人无所规划，却以深远的历史意识，理解万物自行其是的合理性，以承认各自的合理性相互滋养、包含。围绕唯变所适，长梧子还展开了两方面的思考。其一，人之所是，会随着处境、环境的改变而改变，而人对于处境和环境，通常都没有超越的能力，就像梦中情景的真实感一样，社会生活的各种问题，必须"有大觉而后知此其大梦也"。这种论述的意思，当然不是说人就不应该有梦想，梦想本来就不受意识控制，无所谓应不应该，而是说当我们因梦想而确定"所是"时，应该有个关于处境、环境真实性的省思。这样的省思，没有相关联的参照物，"方其梦也，不知其梦也，梦之中又占其梦焉"，唯一能提示自我省思的，只是自我怀疑是否梦境而已，所以庄子说这种梦与省思的不确定性，"其名为吊诡"。其二，对于人与人之间所是所非的不相同问题，不能认为经过辩论及仲裁就能找到"同是"，能够找到的，只是妥协，这在庄子哲学中，就表述为"和之以天倪"，含义即"是不是，然不然"。在《庄子》书中，惠施等人的论辩也被表述为"是不是，然不然"，但意思恰好相反，惠施等专论他人所是的为不是，庄子的妥协则承认站在"我"的立场上所认为的他人之"不是"有其合理性。

物之所是具有种种不确定性，同样，揭示这种不确定性的哲学也有不确定性，这就是《齐物论》最后两则寓言——罔两待景、庄周梦蝶试图说明的哲学真相。哲学与宗教、政治的不同之处，或许就在于此，哲学只展开思考，宗教、政治满身都是结论。

叁　《养生主》"因其固然"的自由可能性

《养生主》虽以"养生"冠名，但思想主题并非后世颐神养形、健康长寿的所谓养生，而是在个人与外物的关系结构中，自由是否可能的问题。这一思想主题，与《庄子》书中的前后数篇，思想上具有内在的关联。《逍遥游》思议本然世界的自由，"设对独遣"地确立一个自然自由的理念，以为有生之物能够鲲游鹏飞，任其适性应机而动，可以逍遥。《齐物论》辨析人类"天下"亦即社会因自是而相非的"物论"，因彼此不承认"自然"，导致相互剥夺或限制自由，反之，可以通过齐观"物论"的思想洗涤，发现人各"自然"、自信自持其然其实是普遍现象，是比一切"公是"假设都更真实的"天下"真相，从而不干扰他人的自然自由，也守护自己的自然自由。《养生主》和《人间世》，继而在实践的层面，思议自由的可能性与路径、状态，二者的思想关联更紧密，《养生主》甚至可以看做《人间世》的前序。只是比较而言，《养生主》要相对抽象一些，致思个体在与外物的关系结构中、在介入外物时自由是否可行，《人间世》更具体，推衍个人介入社会时，如何既不丧失自己的又不干扰他人的自由。放在这样的思想关联中来理解《养生主》的思想主题，可以摆脱许多关于其题旨与寓意的猜测和纠结。[1]

一 朱熹的质疑

在实践的层面思议个体自由的问题，引起争议是必然的，

1 关于《养生主》篇名，旧注家主要有两种读法。其一读作“养生——主”，意谓养生有某个根本性的要义。如唐陆德明《经典释文》之《庄子音义·养生主第三》：“养生以此为主也。”清王先谦《庄子集解》说：“顺事而不滞于物，冥情而不撄其天，此庄子养生之宗主也。”（《庄子集解》卷1，沈啸寰点校，中华书局1987年版，第28页）刘武补充《经典释文》，说尤详：“篇中不以有涯之生逐无涯之知，与缘督以为经二意，即养生之主也。无论为善为恶，皆须用知，用知则官知不能止，不止则足以撄心而乱神，乱则神不欲行，于是不能缘督以为经矣。”（《庄子集解内篇补正》，第75页。引用时标点做了修改）其二读作“养——生主”，以为形神生命之上有更高的主体。如王夫之《庄子解》卷3：“形，寓也，宾也；心知寓神以驰，役也；皆吾生之有而非生之主也。以味与气养其形，以学养其心知，皆不恤其主之亡者也。”（《船山全书》第13册，第120页）又由于这种读法与道教内丹炼养相契合，所以明以后颇见注家连类互训，如明陆西星《南华真经副墨》：“养生主，养其所以主吾生者也。其意则自前《齐物论》中‘真君’透下。盖真君者，吾之真主人也。一受其成形，不亡以待尽，日夜与物相刃相靡于利害之场，行尽如驰而莫之止，可得谓之善养乎？此篇教人循乎天理之自然，安时处顺，将使利害不惊于心，而生死无变于己，然后谓之善养主人也。”（《南华真经副墨》卷1，蒋门马点校，中华书局2010年版，第46页）林希逸《南华真经口义》卷4亦持此说且更明确：“养其主此生者，如道家所谓丹基也。”（《道藏》第15册，第708页）不拘篇题名目，只言此篇大旨，则有郭象以“性分”为养生之主，如其题注：“夫生以养存，则养生者理之极也。若乃养过其极，以养伤生，非养生之主也。”注“吾生也有涯”则曰：“所禀之分各有极也。”（郭庆藩：《庄子集释》卷2上，第115页）除了这两种读法外，也有注家认为《养生主》其实是讲义理的，与养生无关。如清末马其昶《庄子故》说：“《养生主》者，非养生也，其主旨曰依乎天理。是故有变境而无生灭，安时处顺，薪穷火传，不知其尽。”（转引自严复：《评点庄子》，《严复全集》卷9，福建教育出版社2014年版，第79页）

《养生主》也不例外。虽然《养生主》的文章历来大受追捧，但思想却毫不意外地引发争议，受到质疑，而且最深刻的质疑，来自另一种思想体系的代表人物——儒家朱熹。儒家的思想体系，大框架在礼乐刑政，具体点说就是经由文化塑造人的同理心或曰秩序意识，进而陶铸社会的秩序模式。所以从庄子创作《养生主》到朱熹立《〈养生主〉说》，隐然形成历史对话，焦点即自由与秩序的关系问题。

我们先看朱熹的《〈养生主〉说》：

庄子曰："为善无近名，为恶无近刑，缘督以为经。"督，旧以为中。盖人身有督脉，循脊之中，贯彻上下，故衣背当中之缝，亦谓之督，皆中意也。老庄之学，不论义理之当否，而但欲依阿于其间，以为全身避患之计，正程子所谓闪奸打讹者。故其意以为，为善而近名者，为善之过也；为恶而近刑者，亦为恶之过也；惟能不大为善，不大为恶，而但循中以为常，则可以全身而尽年矣。然其"为善无近名"者，语或似是而实不然。盖圣贤之道，但教人以力于为善之实，初不教人以求名，亦不教人以逃名也。盖为学而求名者，自非为己之学，盖不足道。若畏名之累己而不敢尽其为学之力，则其为心亦已不公，而稍入于恶矣。至谓"为恶无近刑"，则尤悖理。夫君子之恶恶如恶恶臭，非有所畏而不为也。今乃择其不至于犯刑者而窃为之，至于刑祸之所在，巧其途以避之而不敢犯，此其计私而害理，又有甚焉。乃欲以其依违苟且之两间为中之所在而循之，其无忌惮亦益甚矣。

　　客尝有语予者曰："昔人以诚为入道之要，恐非易行。不
若以中易诚，则人皆可行而无难也。"予应之曰："诚而中者，
君子之中庸也；不诚而中，则小人之无忌惮耳。今世俗苟偷
恣睢之伦，盖多类此，不可不深察也。"或曰："然则庄子之
意，得无与子莫之执中者类耶？"曰："不然。子莫执中，但
无权耳，盖犹择于义理而误执此一定之中也；庄子之意，则不
论义理，专计利害，又非子莫之比矣。盖迹其本心，实无以异
乎世俗乡原之所见，而其揣摩精巧，校计深切，则又非世俗乡
原之所及，是乃贼德之尤者。所以清谈盛而晋俗衰，盖其势有
所必至，而王通犹以为非老庄之罪，则吾不能识其何说也。"[1]

这篇短评，是朱熹在写作《皇极辨》之后联想到的。因为孔安
国的《尚书大传》将"皇极"解释为"大中"，历代儒者守其经
传而不能审其义理之得失，所以朱熹甄辨"大中"概念不能尽
"皇极"的真实义理。又由"大中"联想到《养生主》"缘督以
为经"的用中，于是就给我们留下这么一篇值得再思索的短评。

　　笼统地看朱熹由《养生主》遂至对于全部老庄之学的理解
和评价，可以概括为一个让现代人情绪很复杂的概念，即精致的
利己主义。虽然老庄的利己主义不具有侵略性，不谋求利益扩
张，只是"全身避患之计"，专为规避社会生活的伤害，很保
守，但就思想格局而论，无家国天下的关怀和担当，所虑只在一
身之生死祸福，说到底还是自私。

1　曾枣庄、刘琳主编：《全宋文》卷5639，第251册，第234—235页。

　　站在公私之辨的角度评判儒道释三家及其内部各种思想的是非高下，就宋儒尤其是濂洛关闽一派来看，倡始于二程。二程的公私之辨有两个层面，其一是儒家与道释二家的大分际，儒家着眼于家国天下，而道释二家只为一身的生死祸福谋划，公私之分鲜明，是非高下立判。如朱熹引程子所谓"闪奸打讹"，应该出自《入关语录》对佛教的批评："释氏之学，又不可道他不知，亦尽极乎高深，然要之卒归乎自私自利之规模。何以言之？天地之间，有生便有死，有乐便有哀。释氏所在便须觅一个纤奸打讹处，言免死生，齐烦恼，卒归乎自私。"[1] 这条公私区隔的线，从基本的思想格局即二程所谓"规模"上，将儒家与老释二教划分为高低远近各不同的两大版块，其中当然有例外，但个案不影响二程对基本思想格局的判断。其二是同样为家国天下谋，也有公私之别。这层分别通常是就儒家内部说的，因为儒者同样都具有家国情怀，同样立足于为家国天下谋，但所以为谋的指导思想，却包含着用公与用私的原则性差别。在我们的理解中，这层差别的思想内涵比较隐晦，可能需要思辨、比较，但在二程的眼中其实一目了然，因为它事实上是程颢最终思想成熟的标志。程颐《明道先生行状》说："先生为学，自十五六时，闻汝南周茂叔论道，遂厌科举之业，慨然有求道之志。未知其要，泛滥于诸家，出入于老、释者几十年，返求诸《六经》而后得之。"[2] 由《六经》而得道之要的标志，不是为《六经》做出了通盘的诠

1　程颢、程颐：《二程集·遗书卷第十五》，第152页。
2　程颢、程颐：《二程集·文集卷第十一》，第638页。

释，而是程颢在二十七岁时响应张载"定性未能不动"问题的书信。从十五六到二十七岁，将近十年（"几"当作"将近"解），程颢发现儒者甚至如张载等，言道求道中都未能避免一种通病："人之情各有所蔽，故不能适道，大率患在于自私而用智。自私则不能以有为为应迹，用智则不能以明觉为自然。"[1] 不能以有为为应迹的自私，当然不是指庸俗的私利，而是指精神上以为自己在发明创造的私心自得。怀着这样的私意应对事务，将有为当成了出于个人意愿的苦心孤诣，不知凡事都只是行其理所当然，就难免要违背孔子的四毋之教，立足点已违背毋意、毋我，进程中再违背毋必、毋固，私意将在有为中时时处处自苦自累；怀着这样的私意看待文明史，会将全部文明史都看做圣人特殊意志的彰显，以此求索文明的合理性，将苦心竭力而不可得。所谓"不能以明觉为自然"，大意也就是将通明的觉悟当成个人特别努力下特殊的聪明才智，这样的用智以个性化的自私为基础，所以，即便自认为探明了普遍真理，但本质上只能是关于普遍真理的个性化认知。思想理论如此，应对实际事务同样如此。二程说："虽公天下事，若用私意为之，便是私。"[2] 又说："人才有意于为公，便是私心。"[3] 用私意私虑谋家国天下的公事，是用个人的见识和意志来决定家国天下的道路，援用略早于二程的儒者王开祖的话来表述，就是"君子有天下之私，小人有一身之公"。[4] 正因为这样

1　程颢、程颐：《二程集·文集卷第二》，第 460—461 页。

2　程颢、程颐：《二程集·遗书卷第五》，第 77 页。

3　程颢、程颐：《二程集·遗书卷第十八》，第 192 页。

4　黄宗羲原著，全祖望补修：《宋元学案》卷 6《士刘诸儒学案》，陈金生、梁运华点校，中华书局 1986 年版，第 253 页。

的公私之分，在二程洛学的形成过程中具有标志性的特殊意义，所以朱熹等继承其学术和道统的后来者，在这个问题上特别敏感。

按照二程公私之分的两个层面来评判《养生主》，朱熹断然认为《养生主》属于第一个层面的自私，其"本心"与世俗乡愿"无以异"，甲乙分不清；只是由于"揣摩精巧，校计深切"，所以自私得很精致，与世俗的手段相对显高下。精致自私的表现，就是那类似处世小窍门的三句格言。第一句"为善无近名"，朱熹理解庄子的本意是指"为善之过"，但属于什么样的"为善之过"呢？是乡愿式的不分是非善恶地做好人，还是将自己的善意善行强加给别人的施舍？朱熹未曾细说，所以这篇短评不算是对《养生主》很有耐心的解读。但朱熹接着讲了儒家正确的"圣贤之道"，从中倒是可以看出朱熹反对庄子的思想出发点。按照朱熹对儒家"圣贤之道"的理解，为善只是"为己之学"，是成就自身德性的自觉行为，立意不在"名"上，所以既不为名也不逃名。如果为善却要规避出名之累，这份用心就已经"不公"了，至少是缺乏社会生活安全感的被动自私。第二句"为恶无近刑"，在朱熹看来就更诡异了，庄子不是教人诸恶莫作，众善奉行，而是教人干坏事要规避法律的惩罚，似乎只要坏得精巧，"巧其途以避之"，就可以身安则心安。这种法律上有所警惧，道德上无所顾忌的"养生主"，在朱熹看来很"悖理"。第三句"缘督以为经"，大概在朱熹看来是最需要进行思想辨识的一句话，因为其中包含了一层顺中为常的意思，与儒家的"中庸"似是而非，所以朱熹设主客之辩予以澄清。事实上，这篇短评之所以写作，主要也就是为了廓清这句话与儒家思想的差异。

在朱熹看来，"缘督以为经"的用中，只是为了逃避为善与为恶
都可能牵扯出的不自在之处，所以想找一条中间路线。但在现实
社会中，超越善恶的中间路线根本不存在，所以主观上只能表现
为"不大为善，不大为恶"的乡愿姿态，客观上只能"依违苟
且"在善恶两端之间。由此来看《养生主》的精致自私，所谋
的目标是游刃有余地活着，所得的结果却只能是得过且过地苟
着。这样的用中，与儒家中庸不可同日而语，因为前者要用心智
时时谋求安全策略，后者则以"诚"为立身根本。用中若不以
诚为出发点，甚至可能散诞为"小人之无忌惮"，一如"清谈盛
而晋俗衰"。两晋名士由清谈而放旷，继而放荡，思想上就是以
率性自然的内在情绪为"中"，用中则任性而为，人无忌惮。由
朱熹的想法引申一些来看，如果"中"的含义不受"诚"的自
我检束，还可能专以"切中"事机为训，用中也可能流荡为纵
横家的捭阖飞箝，不论是非善恶，只测中与不中。[1]

　　显然，"缘督以为经"的用中，在朱熹看来是以心智谋划的
"不诚而中"，会引起很严重的道德危机，世俗各种苟且偷堕、
暴戾恣睢，思想根源都与之类似，所以"不可不深察也"。然而
真正生活在世俗社会中的芸芸众生，最需要的可能正是那种安全
可以由自我掌握的生存策略，因为如何规避社会生活的伤害，如
何在夹缝中游弋无碍地生存，对许多人来说都是远比道德精神如
何高贵更加紧迫的问题。所以尽管《养生主》受到朱熹的深度

1　《〈养生主〉说》文中"子莫执中"之说，出自《孟子·尽心上》："杨子取为
　　我，拔一毛而利天下不为也；墨子兼爱，摩顶放踵利天下为之；子莫执中，执
　　中为近之。执中无权，犹执一也。所恶执一者，为其贼道也，举一而废百也。"

指责，许多人依然期待从中学到精致的生存智能，不怕道德不纯，只怕学艺不精。

二 关于朱熹质疑的讨论

然而，《养生主》真的就只是这种为一身生存谋划的小我哲学吗？

面对这类问题，儒学自经学时代之后，就越来越深地陷于一个思想盲区，即举凡谈论家国天下问题，公共政治问题，社会文明问题，必定要以尧舜周孔的经典论述为依据，至少思路要从这些称圣的先王们那里引申出来，要么照着讲，要么接着讲。依据先圣经典的，可以为公论，为经学；不依据先圣经典的，则只能为一家之私议，属于处士横议的子学。这是一条集体默认的关于政治和文明的思想合法性准则，经学的今古文之争等，至少在名义上围绕这条准则，自不必论；玄学中周孔圣人"体无"而老庄"恒训其所不足"的言意之辩，同样围绕这条准则。[1]甚至一些地位很边缘的思想家，也能自觉意识到这条准则的存在。[2]至

1　见《世说新语·文学》裴徽问王弼一段："王辅嗣弱冠诣裴徽，徽问曰：'夫无者，诚万物之所资。圣人莫肯致言，而老子申之无已，何邪？'弼曰：'圣人体无，无又不可以训，故言必及有。老庄未免于有，恒训其所不足。'"（刘义庆著，刘孝标注，余嘉锡笺疏：《世说新语笺疏》卷上之下，第 235 页）

2　如葛洪《抱朴子外篇·自叙》称："曾所披涉，自正经、诸史、百家之言，下至短杂文章，近万卷。既性暗善忘，又少文，意志不专，所识者甚薄，亦不免惑。而著述时犹得有所引用，竟不成纯儒，不中为传授之师。……未若立一家之言，乃草创子书。"（杨明照：《抱朴子外篇校笺》卷 50，中华书局 1991 年版，第 655—697 页）

宋儒进一步强化，称之为"道统"，这条准则就具有了意识形态
的稳定地位，愈益朗显而敏感。按照这条准则，政治和文明的唯
一合理而且可能的模式，就是尧舜禹汤文武周公所创造并且传承
的这套政治、这方文明，不在这个统绪之中而思想又有所表述
的，无非两种情况，即二程论列的两种自私，要么自谋一身之生
死祸福，要么以私志和私智谋划家国天下。这个思想盲区，随着
儒家经典的诠释再诠释，不断自我成长，孰公孰私的壁垒日益分
明。而站在这个盲区里看《庄子》，所谓自私，其实就是个预定
的结论。而且，仅就《养生主》单篇来看，像朱熹这样视之为
自谋一身的小自私，也不为无据。因为《养生主》的内容结构，
相对简单，三句格言对应三则寓言，即"为善无近名"对应老
聃之死，"为恶无近刑"对应右师之刖，"缘督以为经"对应庖
丁解牛，开篇第一句又是"吾生也有涯"，着眼点只在一己之
身，没有宏大叙事之量，其为小自私，不证自明。所以结论虽然
是预定的，但文本恰好可以印证。再联想到《山木》篇"周将
处乎材与不材之间"等等，可以很直观地剪辑成一套游世以求生
的哲学，《养生主》的小私印象，因此牢不可破。

　　不过从《〈养生主〉说》的行文来看，朱熹的自私论，并不
仅仅针对《养生主》这一篇，而是由《养生主》话题继而涵盖
着全部老庄的思想学术而言的："老庄之学，不论义理之当否，
而但欲依阿于其间，以为全身避患之计，正程子所谓闪奸打讹
者。"这句话的意思，相当于现代人说老庄没有社会政治思想，
显而易见就失之偏颇了，至少存在以偏概全的明显漏洞。以朱熹
治学的严谨缜密，何以出现这样的偏颇或漏洞？原因无他，只是

个由"道统"立场所决定的断见，即便老庄所表述的是明确的
社会政治思想，站在"道学"立场上看也同样不出自私之"规
模"，注定是自持一家之见的私学，与列圣《六经》的大公无私
判若霄壤。事实上不仅朱熹，一些对《庄子》不持严重偏见的
学者，也同样要将《庄子》放到周孔圣人之道的天平上去衡量。
例如苏轼，读书最好《庄子》，自称庄子说出了自己想说却说不
出来的话，但在他繁富的著作中，并没有关于庄子学术思想的直
面评述，只在为人建庄子祠堂做辩护时，想出个庄子对孔子"阳
挤而阴助之"[1]的说法，意即明着挤兑，暗地支持。这个说法很
有名，许多试图调和庄子与周孔的学者，或者引证，或者触类旁
通，述而广之，由塑造庄子思想的叙事合法性来确立各自的思想
合法性。又如郭象，是率先将《庄子》提升到政治哲学高度来
解读的第一人，也同样面临着如何摆列庄子与周孔圣人的关系问
题。一方面，郭象自述其治《庄子》学术的切身经历："昔吾未
览《庄子》，尝闻论者争夫尺棰连环之意，而皆云庄生之言，遂
以庄生为辩者之流。案此篇较评诸子，至于此章，则曰'其道舛
驳，其言不中'，乃知道听涂说之伤实也。吾意亦谓无经国体致，
真所谓无用之谈也。"[2]这是郭象《庄子注》的最后一条注，也就
是完整研读过《庄子》的最终判断，发现庄子的立论宗旨在于
"经国体致"，也就是国家政治问题，社会文明问题，而清谈中
名士们关于《庄子》的各种奢谈、争辩，都不符合庄子思想的

1　苏轼：《庄子祠堂记》，曾枣庄、刘琳主编：《全宋文》卷 1967，第 90 册，第
　　383 页。

2　郭庆藩：《庄子集释》卷 10 下，第 1114 页。

真实论旨。这是西晋《庄子》学术大盛时的真实景况，谈论
《庄子》的场面熙熙攘攘，但庄子究竟谈的什么事情，说的什么
道理，不甚了了，只有郭象这样解读过全书的，才发现庄子所谈
论的，原来是"经国体致"。另一方面，既然庄子的立论宗旨在
于"经国体致"，郭象就不得不为庄子在周孔的体系中寻找某个
定位，某种说法，以确立庄子思想的叙事合法性，于是在《庄子
序》的开篇就声明："夫庄子者，可谓知本矣，故未始藏其狂言，
言虽无会而独应者也。夫应而非会，则虽当无用；言非物事，则
虽高不行；与夫寂然不动，不得已而后起者，固有间矣，斯可谓
知无心者也。夫心无为则随感而应，应随其时，言唯谨尔。故与
化为体，流万代而冥物，岂曾设对独遘而游谈乎方外哉！此其所
以不经而为百家之冠也。"[1] 所谓"知本"，也就是了解周孔圣人
的道，只不过圣人所追求的是与社会的默契（会），所以知而不
言，只做不说，而庄子却藏不住，将圣人之道淋漓尽致地说了出
来。这表明庄子的思议，只是对圣人以契合的方式治世的应和。
应和的高谈阔论，不及契合的潜移默运，所以存在"虽当无用"
"虽高不行"等哲学所特有的专业缺陷，与圣人不言而信、不言
而行的境界有差距。但庄子对于圣人"知本""独应"，是圣人
的最强知音，所以郭象许他"不经而为百家之冠"，意即虽不能
与圣人《六经》并列，但在诸子百家中水平最高。

　　显然，在中国思想学术的传统框架内解读《庄子》，必然以
周孔圣人之教为衡量思想合法性的天平、为背景板，也必然不能

1　郭象：《庄子序》，郭庆藩：《庄子集释》，第3页。

真正读明白《庄子》，因为庄子所思议的，是不同于周孔之教的另类文明的可能性。在近现代西方文明被中国人认知之前，庄子关于另类文明的思议，在绝大多数中国人的思想中是难以想象的，最接近佛经常说的"不可思议"，因而也是难以理解的。佛教传入中国，就中国人的文明认知而言，显然是佛教大于天竺，天竺只是被当做佛陀的母国，并未被认真视为另一种文明体系，至于佛教的西方极乐世界，固然也是一种文明模式，但毕竟真实性已让人犹疑，而且即便信其真，也还有个来世与今世的区隔，所以并不具有文明、政治思想上的直接参照意义。而近现代西方文明的蓦然亮相，无可争议地表明另类文明是可能存在的，周孔之教的文明模式不是唯一的，于是《庄子》更容易读懂了，庄子的思想更容易理解了。在他那些"谬悠之说，荒唐之言，无端崖之辞"的背后，所针对的正是由列圣创发而称为文明的社会现实，就庄子思想发生的常态而言，其实是目睹现实的残暴、苦难，将尧舜周孔设定为质疑、对话的对象。

《庄子·知北游》说："井蛙不可以语于海者，拘于虚也；夏虫不可以语于冰者，笃于时也；曲士不可以语于道者，束于教也。"周孔圣人之教对于世人展开思想，求道悟道，究竟是开谕根性的启迪还是从问题意识到思想方法的全方位束缚？庄子与朱熹的判断之悬殊，可以想见。那么，受与不受周孔之教的束缚，思想上究竟会产生什么样的差异？这个问题，如果从广义的思想文化上讲，差异无疑是多层次、全方位的，诸如政治与文明的合理性，教化的依据及其尺度，个人在公私两方面生活中的有所为与有所不为等等，差异决定了儒家之所以为儒家，道家之所以为道家。若就哲学层面来看，围绕社会文明的核心差异只有一点，即文明或社会秩序的合理性来源究竟是什么？是先王先圣的典谟训诰还是每个人真实的生活感受？这在儒家看来是个公与私的问题，先王先圣的典谟训诰是公，个人的感受是私；而在庄子看来是个真与假的问题，个人的感受是真，先王先圣的典谟训诰是前人走过的痕迹而非其所以迹。于是有两种思路，庄子和朱熹各具其代表性。

如前所述，朱熹《〈养生主〉说》是《皇极辨》的副产品，其思路的重心在《皇极辨》。这是一篇既训诂又辩论的短文，论旨非常明确，就是要将《尚书·洪范》的"皇极"概念，诠释为"至极之标准"的政治和文明原则，纠正孔安国将"皇极"解释为"大中"的千年失误。因为《洪范》是周武王向殷商遗民箕子咨询为政之理的记录，箕子转述大禹得天授神书的政治学，所以《洪范》九畴历来被尊为文明与政治的法典。又由于当初周武王如何理解并且在实践中贯彻这套政治学，后来人知之未详，所以如何诠释这篇神圣法典，自非小可。尤其是九畴中的第五项"皇极"，随着诠释的不同会带出不同的文明和政治理念，所以即便逆顶着大儒孔安国的历史影响，朱熹也要作这篇翻案文章。

孔安国批注《洪范》"皇建其有极"，说是"大中之道。大立其有中，谓行九畴之义"。[1] 这是一种政治阔大宽容的气象。而

---

1 《尚书正义》卷12，阮元校刻：《十三经注疏（清嘉庆刊本）》，中华书局2009年版，第399页。

阔大宽容的政治要立起来，就必须有一个"中"，就像大房子必须有屋脊，天下这个大政治体的"中"，就是《洪范》九畴。这个解释，历代儒者都是接受的。唐初孔颖达疏《尚书》全用孔安国传注，自不必说；苏轼《书传》也说："皇极之道大矣，无所不受，无所不可。苟非淫朋比德、自弃于邪者，皆可受而成就之，与作极也。"[1]类似的例子还有许多，所以朱熹《皇极辨》一开篇就面临这种局面，"自孔氏《传》训'皇极'为'大中'，而诸儒皆祖其说"。朱熹的理解与大家都接受的孔氏《传》截然不同，"皇者君之称也，极者至极之义、标准之名"。得出这一新的判断，倒也不是发现了什么考据或者训诂方面的新依据，而是"以经之文义语脉求之"，其实就是按照道学的新思路再仔细品味《洪范》原典，自认为比旧传注更顺理成章，"如挈裘领，岂有一毛之不顺哉"。于是，朱熹从"皇极"章的每一句都能读出"至极之标准"的含义。例如，"若箕子之言有曰'皇建其有极'云者，则以言夫人君以其一身而立至极之标准于天下也"。又如，"其曰'惟时厥庶民于汝极，锡汝保极'云者，则以言夫民视君以为至极之标准，而从其化"；"其曰'凡厥庶民，无有淫朋，人无有比德，惟皇作极'云者，则以言夫民之所以能有是德者，皆君之德有以为至极之标准也"，如此等等，"至极之标准"是这篇短文的常用语。做此翻案文章的真实目的，当然不仅仅是为了经籍训诂，而是要树立一个政治和文明的绝对原则，以克服为政苟且的现实积弊。《皇极辨》说："其弊将使人君不知

1　《文渊阁四库全书》第54册，台北商务印书馆1986年影印本，第579a页。

修身以立政，而堕于汉元帝之优游，唐代宗之姑息，卒至于是非颠倒，贤否贸乱，而祸败随之，尚何敛福锡民之可望哉。"而先儒带动社会情绪，"不谨乎至严至密之体，而务为至宽至广之量"，用放弃"至极之标准"亦即严密法度的原则性妥协，换取彼此宽容的苟且情状。朱熹这样的论调，很容易让人联想到石介的《明四诛》，而儒者若偏执，其严苛固不稍逊于法家，同样让人不寒而栗。[1] 当然，较之石介，朱熹毕竟要宽厚些，而且所依据的经典不同，朱熹所依据的《洪范》是讲王道的，石介所依据的《王制》是讲王法的，所以朱熹需要考虑严密法度的推行中有一个宽容尺度的问题，"人之气禀，或清或浊，或纯或驳，有不可以一律齐者。是以圣人所以立极乎上者至严至密，而所以接引乎下者至宽至广。虽彼之所以化于此者，浅深迟速，其效或有不同；而吾之所以应于彼者，长养涵育，其心未尝不一也"。因为人就是千差万别的，所以严密法度的推行不能迫于一时，不能采取一刀切的方式，要容忍有一个教化改造的过程。这表明宽容只是方式，而严密法度、"至极之标准"才是目的。《洪范》中"无偏无陂，遵王之义；无有作好，遵王之道；无有作恶，遵王之路；无偏无党，王道荡荡；无党无偏，王道平平；无反无侧，王道正直；会其有极，归其有极"一段，历来被当做儒家追求宽容、公平、公正的源头活水，而朱熹的解释是："以

---

[1] 《明四诛》不仅重申《礼记·王制》的"四诛"之说，列举现实社会触犯"四诛"的罪恶种种，最后甚至总结性地感慨："夫天下皆干乎四诛而不诛，吾故明之。"（石介：《徂徕石先生文集》卷6，陈植锷点校，中华书局1984年版，第71页）

言夫天下之人，皆不敢徇其己之私，以从乎上之化，而会归乎至极之标准也。"[1] 委婉点说就是，所有人都放弃个性之"私"，接受教化，最终同化到"至极之标准"上来。

朱熹自认为他对"皇极"章的政治学诠释顺理成章，我们或许也可以这么认为。但政治学上的顺理成章，放到政治哲学中来看就可能出现问题。其中的一些或许可以视为小问题，例如义训"皇极"之皇为君王，而实际上的君王，自非开国元勋，绝大多数都是纯粹生理学意义上"生"出来的，"生"出来的君王，即如《皇极辨》所看到的，"人君以眇然之身履至尊之位"，[2] 如何保障他能够作为"至极之标准"？这类小问题姑置不论，还有一个大问题，即君王依据什么来制定"至极之标准"？换言之，社会文明和政治的绝对原则，其终极来源究竟是什么？如果说君王专指被列为圣人的尧舜禹等先王，与那些窃天下权柄的霸主没有关系，那又该站在什么样的立场、根据什么样的理由要求这些霸主遵循"王之义""王之道"？怎么可能指望这些霸主以身作则地树立"至极之标准"？如果相信《洪范》的叙述，这个"至极之标准"出于"天乃锡禹《洪范》九畴"，那么这个"至极之标准"是否属于天启神学之类的东西？以天启神学的信仰为基础，按照历史经验，对政治文明建构的作用只能是间接的，只有对包括庶民教养在内的、广义的社会文明建构才可能发

---

1 朱熹：《皇极辨》，曾枣庄、刘琳主编：《全宋文》卷 5645，第 251 册，第 324—326 页。

2 朱熹：《皇极辨》，曾枣庄、刘琳主编：《全宋文》卷 5645，第 251 册，第 324 页。

挥直接的作用，而且需要长期的神学诠释以维护其信仰的公信力。而包括朱熹在内的儒家，不仅关注的焦点在造士以上而非庶民教养以下，而且从内在的思想到外在的理论表述都倾向于人文理性，以神学诠释为鬼神之事，罕言之。即如《洪范》的来源，也只有孔安国做了个简单的解释，"天与禹，洛出书，神龟负文而出，列于背，有数至于九"，[1] 即世所传戴九履一的洛书。《洪范》的来源也就是"至极之标准"的来源，只能算马马虎虎有个说法，并不具体，一幅从一到九的纯数学图表，如何获得《洪范》九畴既丰富又翔实的政治学内涵？排在第五位的"皇极"虽然居中，如何就代表了"至极之标准"的绝对原则？这些都没有历史与逻辑两方面的义理敷释，直接用天启神学的神圣性加冕现实政治，就会产生许多可能被扭曲的空间，诸如用"奉天承运"来遮掩现实权力的来源和法理基础等等，于是，朱熹试图用"至极之标准"来塑造、规范君王的良苦用心，最好的结果也就是付诸东流，最坏的结果甚至是资敌。

三　先王法则与自然原则

庄子思想中也有一个合理性预设，即所谓"道"。但"道"泛在于万物之中，既非凌驾于万物之上，更不是站在万物的对立面，所以这个合理性预设的本质含义，是万物的本然状态就是合理的，不是按照某个标准经过改造才获得合理性，与朱熹的"至

1　《尚书正义》卷 12，阮元校刻：《十三经注疏（清嘉庆刊本）》，第 398 页。

极之标准"，思想逻辑甚至是相互否定的。正因为"道"就泛在于万物之中，所以由任何一物都可以认知"道"的存在以及如何存在，其中当然包括一己之身。虽然由于生命短暂而生存的环境又缚累重重，一己之身是卑微的，局限性很大，但就认知"道"而言，却又是最真切也最具有可能性的途径。而且，首先确认自然自由的主体——自，事实上也是庄子思想逻辑的内在要求，不管"自私"与否，庄子探寻所谓"道"，都注定要以个体之"自"为出发点，就像朱熹注定以"至极之标准"为出发点一样。

确认个体之"自"的存在以及如何存在，对于许多人来说都是直观当下就可以解决的问题，而一旦进入哲学的思维状态，问题就很复杂。庄子在哲学的思维状态下思考个体之"自"的问题，可以分为两个层面。其一是《齐物论》纯粹自我的反思，也就是在经历"吾丧我"的精神体验之后，追问一身之四肢五官、百骸九窍中，"吾谁与为亲"。这种关于个体之"自"的反思是精神纯粹而形质抽象的，所以最终结果不确定，"若有真宰，而特不得其朕"。其二是个体之"自"在与外物的关系结构中如何存在。因为在物我的关系结构中，自我的真实性和确定性，通过知与行两方面清晰地朗显出来，所以继而需要关注的，是如何在知与行中不失其"自"。这个层面的观察与思考，便从《养生主》开始。

《养生主》开篇第一个话题，就是自我在面对知识世界时如何不失其自我。"吾生也有涯，而知也无涯。以有涯随无涯，殆已。已而为知者，殆而已矣。"如果单纯从字面上来理解，这段表述可算是典型的只有常俗之近情而无文明之远略，既不符合现代的科学精神，也不符合古代的士君子修养。现代科学将知识当做征服未知世界的力量、从自然走向自由的通道；中国古代的士君子修养，如《中庸》所说，要"博学之，审问之，慎思之，明辨之，笃行之"，古代的博物学家，甚至能做到"一事不知，深以为耻"；而庄子却不愿意花费有限的生命去追求无限的知识，多了分计较得失之心，少了股宏大无畏之气，所以说符合常俗之近情，却缺失为文明发展而高瞻远瞩的大谋略。但《养生主》的最后一句，"指穷于为薪，火传也，不知其尽也"，这句话与通篇究竟有什么关联，历来未见很惬意的解释，要么附会老聃之死，引申为道家之学薪火相传，很牵强；要么以薪火喻形神，薪尽即形已灭，火传则神不死，以敷释养其生主之义，受道教影响的痕迹很明显。现在看来，这最后一句的正解，应该就在开篇第一句，首尾呼应，整体的意思就是——"吾"个体面对知识世界虽然很无奈，甚至很悲观，但知识世界是由人类整体共同建构的，所以要将无限的知识世界交给无限延续的人类整体，像薪尽火传一样，绵绵相续。不要试图由"吾"一己之身去穷尽知识，从而做出或者论证某个绝对的原则性判断，否则合乎逻辑的结局只有一个，"殆矣"，或者一次性"殆矣"，或者反复"为知"反复"殆而已矣"。郭象训"殆"为"困"。如果受困的只是一己之身，危害倒也不大，如果受困的是从合理性原则开始的全部文明，其危害就不能不引起哲学家的忧惧进而思考另类文明的可能。由此可以看出，围绕自由与秩序问题的两种思路，中间有霄壤之隔。朱熹从绝对合理性原则出发，可以鄙视庄子之自私而卑陋，试图以秩序的建构来引导自由，历来儒者所谓从名教中寻找孔颜乐处，哲学上的意义也就是从秩序的合理性中寻找自由基础；庄子从个体的有限性出发，忧惧其设定绝对原则的鲁莽灭裂，致思以自由为出发点形成自然秩序的可能性，个体则"无为名尸，无为谋府，无为事任，无为知主"（《庄子·应帝王》），将认知固有秩序放在设定合理秩序的前面，个体意气固然有些萧索，自由的状态像老子所说的那样"建德若偷"，但能够面对知识世界而不失其自我。

面对知识世界而不失其自我，需要保持自知其有限性的意识和心态；面对现实世界而不失其自我，需要保持同样的意识和心态。如何保持呢？当然不是呼之不来，挥之不去，而是言行吻合三句格言，受三则寓言启示，既深知现实世界比知识世界更复杂，因为知识世界纯粹是由人类塑造的，而现实世界一方面经过了知识的反哺性塑造，另一方面还有其"固然之理"，有知识所未尽的领域，因而要像两个"无近"那样审慎；同时又能如同庖丁解牛那样，与作为对象的现实世界始终处在契合的状态，不因已知而鲁莽，不因未知而畏缩，虽事物错综复杂，也自能游刃有余。

"为善无近名，为恶无近刑"两句，貌似成心说怪话，但放在庄子的思想逻辑里，其实也可以见怪不怪。因为所谓名与刑，统合起来说无非就是礼乐刑政。在以礼乐刑政为文明的社会体系里，一切行为非善即恶、不是便非，所谓"无善无恶"，只存在于行为发生之前的意识中。而判断出是非善恶，本身就是赏罚或劝沮，判断某个行为为善为是，是劝是赏，反之便是沮是罚。像

庄子那样谋求"无近名""无近刑"，在礼乐刑政的体系里事实
上是不可能的。这种是非善恶充斥现实世界的状态，庄子显然很
明白，所以举了两个奇怪的例子。其一是老聃之死，"有老者哭
之如哭其子，少者哭之如哭其母"，希慕眷恋不已。这是老聃受
了"近名"之累，"遁天倍情"，让他人的感情慕求背离了造化
实理，以至死都死了，还不能获得"帝之悬解"，不能从万物相
互纠缠的局限性中解脱出来。但实际上的老聃，是一个无意于名
的典型。第一，在名为刑名制度的意义上，《老子》说"名可
名，非常名"，并不认为刑名制度具有什么超越特定历史环境的
非凡意义；第二，在名为声誉的意义上，作为中国历史上"老子
第一"的哲学家，老聃的真实身份都不确定，《史记》的列传就
记载了四个疑似身份的人，老聃故里究属何处，到今天也还是个
乞无定论的话题，这不是一个历史大名人该有的状态，与并称的
孔子相去甚远。既然老聃是无意于名的典型，庄子为什么偏要编
段寓言将他作为"近名"的反面教材呢？可能的合理解释大概
是这样：真正做到"为善无近名"很难，即便像老聃那样也做
不到，但在自然自由的哲学中，"为善无近名"又很重要，所以
举证这样一个极富有张力的例子，用来彰显庄子自己的思想。
"为善无近名"何以如此重要？因为它与"为恶无近刑"一样，
站在礼乐刑政的立场上看，一切行为，要么为善而有益，要么为
恶而有害；而站在庄子的立场上看，行为若近名或近刑，后果对
于个体之"自"，不是有所增就是有所损，动摇了不失其"自"
的自然自由之基础；所以无论从哪方面看，都是"无近"为好。

　　在礼乐制度的社会里，一切行为不近名则近刑，而庄子一方

面说要"无近",另一方面又要逍遥地自由行,这很矛盾。矛盾的实质,是在现实世界中自由是否可能,逍遥是否可能。庄子认为可能性是存在的,但要像庖丁解牛那样采取"缘督以为经"的方式。

诚如朱熹所言,"缘督以为经"的"督",基本义为"中",而且,这个"中"也确实不是朱熹所强调的"至极之标准",而是"间"的意思,指间隙。"缘"是因任的意思。结合庖丁解牛的寓言来理解"缘督以为经"整句,大意就是因任事物之间隙可以游刃有余,个体在错综复杂的现实世界中可以保持灵活的、变动不居的适应性,从而无增无减地不失其"自",无膨胀无萎缩地不失其自由。那么,站在本文的角度进而要追问的问题就是,这样的自由能否生成合理的秩序?

合理秩序究竟是自然生成的还是人为设计并且安排的,儒道两家各持一说。儒家讲合理秩序,有"王政"的先王模式,有"王道"的理论体系,有尧舜禹汤等先王的历史依据,有人性善或者性恶的持续论证。而持自然生成论的道家,历来让人担忧其思想是否要废弃文明,道家所推阐的秩序可以由自然生成的义理,也远没有儒家称述先王所讲出的道理那么充分。而且逻辑上,道家讲合理秩序由自然生成,首先就意味着没有先验模式,除了朦胧的上古社会之外,也不可做出预见性描述,只能是生成什么样就是什么样,所以与儒家《六经》词义丰赡比较起来,道家虽未必理屈,却时见其词穷。当然,道家也自有其思想上的优胜处,工具论就是其中之一。

说庖丁寓言中隐喻了庄子的工具论思想,应该不算是什么很新奇的想法，因为《养生主》的叙事核心确实在那把刀，而刀也确实是工具。庖丁的刀何以值得如此关注？因为这把刀能够隐喻"治之具"。《庄子·天道》说："骤而语形名赏罚，此有知治之具，非知治之道。"将刑名制度、赏罚予夺等"治之具"当做为政的极致，正如梁惠王惊叹庖丁的技艺，而庖丁表述了庄子的思想，"臣之所好者道也，进乎技矣"。站在"道"的立场上看，刀是庖丁的工具，庖丁是梁惠王的工具，梁惠王是刑名制度的工具，刑名制度是相应社会群体的工具。这是正常而且合理的秩序结构。《逍遥游》中尧以天下让许由，说："夫子立而天下治，而我犹尸之。吾自视缺然，请致天下。""尸之"是仪式上尸祝代事主，"尸"天下也就是天子对于天下只有仪式上的代表性，是社会共同体及其制度的符号象征。然而社会现实不正常，刑名制度沦落为君王的工具，而且君王对于工具的使用，总是任性而粗暴，良庖罕见，而急切使用赏罚之权的劣庖比比皆是。于是岁更刀甚至月更刀，为政越勤勉，刑名制度等工具所承受的伤害就越大，社会因此大乱，像一堆被劣庖剁碎的肉。由此看来，社会真正需要忧虑的，不是有序或无序的问题，而是秩序是否合理的问题。因为天地万物生而有序，最广大也最根本的秩序是万物相互作用而自然生成的，而一切人为的秩序，总是从特殊的目的出发，特殊性和目的性越强，其刑名制度对于社会的兼容性就越弱，就越是需要将刑名制度当做工具暴烈地使用，而刑名制度在伤害社会的同时也自我毁灭，社会整体因此进入建构秩序与破坏秩序的恶性循环。而摆脱这种悲催的文明怪圈，第一就不能执着于先验的秩序设计，而要宽容所有人自信其然、自行其然，由此形成天下人之天下；第二要接受庖丁的再教育，虽然应时接物需要使用工具，但要遵循一项原则——"依乎天理"，采取一种行为方式——"因其固然"。"天理"虽然可依，但并不意味着"天理"尽在掌握之中，而是认识到对象之物中有"天理"存在，也就是物之"固然"，从而放下自我的偏好和预设。就庖丁解牛的隐喻而言，牛自有其肌理，"因其固然"则随方就圆，自然形成行动与变化的秩序。这种非模式化的秩序生成，与孔子"割不正不食"的儒家秩序要求，显然具有很强烈的对比性。

肆 《人间世》——介入社会的自由尺度

人注定生活在社会中，自非宗教式的静坐冥想，人的一切思想和行为，都必然与社会、与人的类生活世界发生关联。这种清晰而且简单的事实，让我们几乎在思议一切问题时，都不假思索地首先将自己置身于社会之中，以特定的社会角色展开思议或行为。然而撰写《人间世》的庄子，或者说至少在庄子撰写《人间世》期间，是个例外。《人间世》的"间"，作动词解，介入的意思，所以这篇由八则寓言组成的不规范的哲学论著，实际讨论的是个人如何介入社会的非常识问题。由其别具一格的问题意识来看，在庄子的思想逻辑中，人首先是独立的个体，然后以个体能动性自主选择其方式介入社会。这种思想逻辑显然比常识、比无意识的思维习惯更引人入胜，隐然将自主选择当做自由的可能性前提。因为人的社会活动，如果只有规定动作，没有自选动作，则自由不可想象，人类生活也不可想象，所以无论在哪个社会环境中，人都可以有限地自主选择其思想和行为，都可以程度不等地运用有限的自由以发挥其创造性。换言之，有限自由的可能性，实际上在任何社会都是存在的，只是我们无意识或者说不自觉而已。然而，这种自主选择的有限自由，在现实中又似乎只是一次性消费品，许多人在一次性选择之后，便陷入与物相刃相靡的恶性循环，必须用下一次选择来解决上一次选择所引发的冲突，以至众人焚和，自主选择的有限自由在彼此的自主选择中彼此消耗，始终不能生长为保障彼此自由的社会公共规则。那么如之何才能够摆脱这种恶性循环呢？王夫之评述《人间世》说："此篇为涉乱世以自全而全人之妙术，君子深有取焉。"[1] 所谓"自全""全人"之"全"，是不失其本来的自我，包括肉体和精神两个层面，不是简单的肉体苟活。因为没有精神指导的单纯肉体层面的"自全""全人"，既无意义，事实上也不可能，而苟活从来都不是自主的状态，是不"全"的，更当不上王夫之允为"妙术"。所谓"君子深有取焉"，也就是通常所说的"受用"。一种思想学说能够让他人"受用"，可见实践的指导意义很强，不是空想的自嗨、空泛的议论。那么，庄子究竟想出了什么样的自全而全人的"妙术"呢？

一 暴君当世的自由困境

"妙术"当然都在寓言里。八则寓言，第一则是思想核心，第二、三则为延展，其余五则属于示例或举证的性质。

第一、第三则寓言所设定的故事背景，很具有戏剧性冲突的张力，主角是孔子、颜回，反角是暴戾的卫君或卫灵公太子；情

---

1 王夫之：《庄子解》卷4，《船山全书》第13册，第126页。

节是颜回试图前往卫国，说服卫君，而孔子给颜回上了一堂情商课，话题类似韩非子的《说难》，分析其试图说服君王的各种困难，但立意不同，所认为的困难和说服的目的都不同。这种背景设计，应该只是出于剧情的需要，因为以孔颜的圣贤之智面对卫君之暴，具有典型人物创造典型案例的示范意义，可以阐明在极端社会环境下自由原则及其可能性，其间并无褒贬孔子之措意。但在朱熹看来，这种剧情设计泄露出其他的信息，如说："庄周是个大秀才，他都理会得，只是不把做事。观其第四篇《人间世》及《渔父篇》以后，多是说孔子与诸人语，只是不肯学孔子。所谓知者过之者也。"[1] 理解孔子的主张是怎么回事却又偏不当回事，不肯学，这在朱熹看来首先就是一种过失，其次才是过失的类型，属"知者过之"，是与"愚者不及"相反的另一个极端。而在本文看来，庄子理解孔子却不肯学孔子，不是或智或愚的问题，而是庄子抱持着不同于孔子的另外一种思想主张，就面对暴君而言，庄子认为儒家所赞同的汤武革命、所主张的道德教化，都行不通。

个人介入社会之所以成为一个严重问题，当然是因为有一个活着的暴君，造成了恶劣的极端环境。庄子在寓言中描述，"卫君其年壮，其行独，轻用其国，而不见其过。轻用民死，死者以国量乎泽，若蕉，民其无如矣"。卫灵公太子"其知适足以知人之过，而不知其所以过"（《庄子·人间世》）。显然，在庄子看来暴君之所以为暴君，之所以能够暴起来，核心在于握其权柄而

---

1   黎靖德编：《朱子语类》卷 125，王星贤点校，中华书局 1986 年版，第 2989 页。

独断专行。在一个暴君独断专行的国度里，什么样残酷的事情都可能发生，诸如轻用民死、视民过失如罪囚等等。而面对暴君，儒家的方略主要有两条，一是汤武革命，二是道德教化。这两条方略，前者是历史实际层面的，后者在人文化成的理想层面。

　　理论上，儒家并不主动鼓励对暴君采取革命行动，只是在事后从道义上同情、支持、肯定革命者。如据《孟子·梁惠王下》载："齐宣王问曰：'汤放桀，武王伐纣，有诸？'孟子对曰：'于传有之。'曰：'臣弑其君，可乎？'曰：'贼仁者谓之贼，贼义者谓之残。残贼之人，谓之一夫。闻诛一夫纣矣，未闻弑君也。'"这段表现孟子机变的对话，可能不仅仅是孟子的临场发挥，实际上暗合《六经》历史叙事所隐含的政治理念。《六经》"祖述尧舜，宪章文武"，是站在道义立场上所采择的政治文明史，符合道义的尧舜禹汤文武周公，代表了政治文明的方向，而桀纣背离这个方向，自作独夫，又以其权柄贼仁残义，沦为民贼，所以死于除暴安良的"诛"，而非以下犯上的"弑"。这是由孟子率先挑明的所谓儒家革命论。又如《史记·儒林列传》所载辕固生与黄生的那场著名争论："黄生曰：'汤、武非受命，乃弑也。'辕固生曰：'不然。夫桀、纣虐乱，天下之心皆归汤、武，汤、武与天下之心而诛桀、纣，桀、纣之民不为之使而归汤、武，汤、武不得已而立，非受命为何？'黄生曰：'冠虽敝，必加于首；履虽新，必关于足。何者，上下之分也。今桀、纣虽失道，然君上也；汤、武虽圣，臣下也。夫主有失行，臣下不能正言匡过以尊天子，反因过而诛之，代立践南面，非弑而何也？'辕固生曰：'必若所云，是高帝代秦即天子之位，非邪？'于是景帝曰：'食肉不食马肝，不为不知味；言学者无言汤、武受命，不为愚。'遂罢。是后学者莫敢明受命放杀者。"[1] 黄生属黄老学阵营，由于他作为反方的衬托，使儒家革命论的表述更清晰了，在道义上支持汤、武革命的立场也更明确了——只有永恒的道义，没有永远的君王；道义是衡量君王配不配位的尺度，而君王只是道义的政治代言人。表述清晰了，关于革命合理性的讨论却因此终结了，这是《史记》关于思想发展受制度大限的一次明确记载。制度的大限到了，则不管问题是否真实存在，是否需要讨论，全都不重要，全都要被封存起来，像暴君是否应该被推翻这样的问题，虽事关制度合理性与社会公共秩序的安全，是文明最当关切的关于最高权力设置的制度问题，但同样被捂在现实社会的重重矛盾中发酵，成了行为上可以复制而理性上不容思议的禁区，历史现实也因此演变成宏观上不可预测的"理有固然，势无必至"。

　　庄子不拥戴汤武革命，但出发点不同于黄生，不是要维护既有的尊卑秩序，而是他发现在君王或仁或暴的表象背后，隐藏着一条幽深的历史逻辑，即仁智的汤武与昏暴的桀纣，其实是互为因果的。一方面，汤武之所以显仁显圣，必以桀纣之昏暴为因；另一方面，与所有人一样不过一介匹夫的桀纣，之所以能够行其昏暴，是因为前辈有汤武之仁圣，社会因而将文明的一切期待都寄托在君王身上，同时也就将绝对的权力集中在君王身上，以此来保障社会期待的可能实现。而在权力集中的文明体制内，出现昏暴的桀纣是必然的，无可避免的。这层互为因果的历史逻辑，

1　　司马迁：《史记》卷 121，中华书局 1959 年版，第 3122—3123 页。

也就是《在宥》所说的"焉知曾、史之不为桀、跖嚆矢也"，君王既然被作为文明的唯一期待，那么一切文明最终沦为君王的工具，君王又因强大的文明工具而昏暴，就是历史与逻辑的必然。所以，问题的根源在于将一切期待都寄托于仁圣君王的文明体制，这个体制不改变，则一切追求文明的恩怨情仇都只是徒劳的，做无用功而已，无论汤武革命，还是拥戴或者反对其革命，都同样束缚在这根历史逻辑的链条之中。正是基于对文明史的深邃洞察，庄子反对暴力，尤其反对以文明意志为托词的大规模的政治暴力。如《人间世》说："昔者尧攻丛枝、胥敖，禹攻有扈，国为虚厉，身为刑戮。其用兵不止，其求实无已，是皆求名实者也。"尧攻胥敖等国的故事，其他文献未曾见，但《庄子》中出现了两次，另一次见于《齐物论》："昔者尧问于舜曰：'我欲伐宗、脍、胥敖，南面而不释然，其故何也？'舜曰：'夫三子者，犹存乎蓬艾之间，若不释然，何哉？昔者十日并出，万物皆照，而况德之进乎日者乎？'"唐尧攻伐胥敖等国，意图当然不是攻城略地，图谋其财帛子女，而是受到自身文明意志的催发，不忍胥敖等国生活在蓬艾之间，沉滞于蛮荒的状态。然而，将这样的文明意志与有组织的政治暴力结合起来，结果是灾难性的，"国为虚厉，身为刑戮"，所谓文明，充满了血腥。受这个逻辑链条所支配的宏观历史，只如《盗跖》所说："尧舜作，立群臣；汤放其主；武王杀纣。自是之后，以强凌弱，以众暴寡，汤武以来，皆乱人之徒也。"这样的文明，以扰乱秩序的手段建构秩序，只是自我意志的外放而已，给社会带来无妄之灾而已。所以《大宗师》说："与其誉尧而非桀也，不如两忘而化其道。"

淡化对于君王品德、用权等问题的关切，放下对于圣君明王救世
治世的幻想和期待，以万物同化的"道"为最高规则，就是庄
子不同于儒家的基本主张，也是庄子所发现的走出仁圣与昏暴互
为因果之历史逻辑的可能道路。

正是基于淡化对君王的期待，淡化对王权的关切，庄子也不赞
同伯夷、叔齐以自残自虐的方式抗议政治暴力，因为这种方式过度
将君王核心化甚至唯一化。在这个问题上，庄子与儒家的立场又不
一样，而庄子的所谓"化其道"，可以从中获得更深入一层的理解。

伯夷、叔齐的故事并不复杂，但由其故事所诱发的思绪很复
杂。《史记》将他们的故事放在"列传第一"的位置，但有意思
的传记内容其实就一件事，他们试图劝阻周武王伐纣的以暴易
暴，因劝阻无效，便隐居首阳山，"义不食周粟"，饿死。故事
与《庄子·让王》所述大体相同，只是多了一首轶诗《采薇》，
而故事叙述没有《让王》那么生动、情节化，却又满篇散发着
愤懑的感慨和议论，其中包括对孔子赞美伯夷、叔齐的犹疑。[1]

孔子赞美伯夷、叔齐的精神品格，其一曰："伯夷、叔齐，

---

[1] 《史记·伯夷列传》："孔子曰：'伯夷、叔齐，不念旧恶，怨是用希。''求仁
得仁，又何怨乎？'余悲伯夷之意，睹轶诗可异焉。"引《采薇》诗后设问：
"由此观之，怨邪非邪？"进而大发感慨，"或曰：'天道无亲，常与善人。'
若伯夷、叔齐，可谓善人者非邪？积仁絜行如此而饿死！且七十子之徒，仲
尼独荐颜渊为好学。然回也屡空，糟糠不厌，而卒蚤夭。天之报施善人，其
何如哉？盗跖日杀不辜，肝人之肉，暴戾恣睢，聚党数千人横行天下，竟以
寿终。是遵何德哉？此其尤大彰明较著者也。若至近世，操行不轨，专犯忌
讳，而终身逸乐，富厚累世不绝。或择地而蹈之，时然后出言，行不由径，
非公正不发愤，而遇祸灾者，不可胜数也。余甚惑焉，傥所谓天道，是邪非
邪？"（司马迁：《史记》卷61，第2122—2123页）

不念旧恶，怨是用希。"（《论语·公冶长》）这应该是指伯夷、叔齐对待商纣王的态度。商纣王是个恶人，伯夷、叔齐不因其旧恶而主张施暴，自身也因此不被仇恨所绑架，不因环境而易其操守，值得赞美。其二曰："不降其志，不辱其身，伯夷、叔齐与。"（《论语·微子》）这应该是指他们对待周武王的态度，他们不因周武已经胜者为王就改变自身反对暴力的立场，精神品格是高尚的，也值得赞美。孟子对于伯夷、叔齐的评价，与孔子有些不太一样。一方面，孟子赞赏伯夷、叔齐对待商纣王的态度，"居下位，不以贤事不肖者，伯夷也"（《孟子·告子下》）。这种不立暴君之朝的精神品格，孟子认为因其历史影响而具有极高的价值，"圣人，百世之师也，伯夷、柳下惠是也。故闻伯夷之风者，顽夫廉，懦夫有立志。闻柳下惠之风者，薄夫敦，鄙夫宽。奋乎百世之上，百世之下闻者莫不兴起也"（《孟子·尽心下》），能产生令后生击节、懦夫增气的精神感染力。另一方面，孟子又说："伯夷隘，柳下惠不恭。隘与不恭，君子不由也。"（《孟子·公孙丑上》）所谓伯夷狭隘，大概也只能理解为对待周武王暴力伐纣的态度，因为伯夷、叔齐反暴力的立场，与孟子唯分辨正义与否的立场不在一条道上，所以孟子建议"君子不由"，也就是不要追随，受其影响。

《庄子》对伯夷、叔齐的理解和评价，也同样话分两说，但着眼点不是个人的精神品格、社会的道德影响等，而是政治问题。

一方面，《庄子》借助伯夷、叔齐的历史形象，指斥现实政治赏罚以行权、以谋其大利的卑琐，将伯夷、叔齐塑造为那个暴力革命时代的理性英雄。如《让王》作寓言说："昔周之兴，有士二人，处于孤竹，曰伯夷、叔齐。二人相谓曰：'吾闻西方有人，似有道者，试往观焉。'至于岐阳。武王闻之，使叔旦往见之，与之盟曰：'加富二等，就官一列，血牲而埋之。'二人相视而笑曰：'嘻，异哉！此非吾所谓道也。昔者神农之有天下也，时祀尽敬而不祈喜其于人也，忠信尽治而无求焉，乐与政为政，乐与治为治，不以人之坏自成也，不以人之卑自高也，不以遭时自利也。今周见殷之乱而遽为政，上谋而下行，货阻兵而保威，割牲而盟以为信，扬行以说众，杀伐以要利，是推乱以易暴也。吾闻古之士，遭治世不避其任，遇乱世不为苟存。今天下暗，殷德衰，其并乎周以涂吾身也，不如避之以洁吾行。'二子北至于首阳之山，遂饿而死焉。若伯夷、叔齐者，其于富贵也，苟可得已，则必不赖高节戾行，独乐其志，不事于世。此二士之节也。"这种对周武伐纣毫无敬意的故事描述，放在任何时代、任何君王身上可能都合适，不必针对周武、周公兄弟，只不过伯夷、叔齐刚好生活在那个后世信为神圣的经典时代，又刚好抗议过以暴易暴，所以被《庄子》拈出来，虽然未必能增其信重，若"重言"云云，但确实可以讲个故事以提点关注政治问题的角度，启发思路。按照《庄子》所理解的合理政治，按时祭祀以召集民众，不必示好；本着忠信去治理，不必刻意追求效果；民众乐意让你执政，你就执政；乐意让你治理，你就治理；不利用他人的失败来成就自己，不利用他人的卑微来抬高自己，不从时代的苦难中谋取利益。而现实的政治很现实，因而也很粗鄙，拉盟友的方法是画饼，"加富二等，就官一列"；做饼的方法则是"推乱以易暴"，利用社会矛盾来发动暴力革命。这样的政治，不过是仁圣与昏暴的又一轮循环。《庄子》从历史中观察到这样一些政治操作与规则的秘辛，伯夷、叔齐适合被塑造为观察者，于是观察的结果就成为他们拒不与姬周合作的理由。

另一方面，对于伯夷、叔齐"义不食周粟"，饿死于首阳山，《庄子》的批评同样发人深省。如《大宗师》说："圣人之用兵也，亡国而不失人心，利泽施乎万世不为爱人。故乐通物，非圣人也；有亲，非仁也；天时，非贤也；利害不通，非君子也；行名失己，非士也；亡身不真，非役人也。若狐不偕、务光、伯夷、叔齐、箕子、胥余、纪他、申徒狄，是役人之役，适人之适，而不自适其适者也。"《骈拇》说："夫适人之适而不自适其适，虽盗跖与伯夷是同为淫僻也。余愧乎道德，是以上不敢为仁义之操，而下不敢为淫僻之行也。"又说："伯夷死名于首阳之下，盗跖死利于东陵之上。二人者所死不同，其于残生伤性均也。奚必伯夷之是而盗跖之非乎？天下尽殉也。"诸如此类的议论，表面上看似乎没有是非观，因而也没有正义感。但《庄子》是站在"化其道"的立场上来看问题的，其所谓殉名伤生，不是舍命去立一座牌坊，为个人名誉而牺牲，而是人被社会的名位框框所束缚，争竞名位以生，履行名位以死，集体无意识地形成这种"天下尽殉"的文明体制。至于伯夷与盗跖，同样都只是不健康文明体制的祭品而已。

比较而言，对于"化其道"的健康文明，伯夷的危害甚至更大。因为第一，伯夷代表了道义正确，被当做正确方向上的牵引力，发挥影响力作用是公开的，堂堂正正的，但所产生的危害却极其隐蔽，是无迹可求的；第二，伯夷"义不食周粟"而饿死，示意了一个糟糕透顶的制度模式，即所谓"普天之下莫非王土，率土之滨莫非王臣"。在这个制度模式里，君王可以剥夺其他人的一切，不仅仅是土地等财产，还包括人身。围绕《诗经》里这句话的出处，历史上有不同的说法，《吕氏春秋》说属虞舜所作，《古史考》说诗句的意思出自某村妇。经历代学者研究，《吕氏春秋》之说不尽可信，[1] 可以姑置不论。倒是这句诗与伯夷、叔齐"义不食周粟"的关联，历代学者颇多关注，甚至有人脑补出村妇说义理的故事细节，即如三国谯周《古史考》所载："夷、齐采薇，野有妇人曰：'子义不食周粟，此亦周之草木也。'于是饿死。"[2] 将这个戏剧化的细节说得更符合史志规范一些，则如明人毛晋说："伯夷采薇于首阳山，其歌曰：'登彼西山兮，采其薇矣。'其后说者以为普天之下莫非王土，食其土之所出即为之臣，于是不食而死。"[3] 这种带有戏说色彩的历史，用伯夷、叔齐饿死的实例为榜样，来诠释《诗经》那句带着牢骚情绪的怪话，正如后世"君要臣死，臣不得不死"的魔咒一

---

1 《吕氏春秋·慎人》："舜自为诗曰：'普天之下，莫非王土；率土之滨，莫非王臣。'所以见尽有之也。尽有之，贤非加也；尽无之，贤非损也；时使然也。"（陈奇猷：《吕氏春秋校释》，学林出版社 1984 年版，第 802 页）按《韩非子·忠孝》："诗云：'普天之下，莫非王土；率土之滨，莫非王臣。'信若诗之言也，是舜出则臣其君，入则臣其父，妾其母，妻其主女也。故烈士内不为家，乱世绝嗣，而外矫于君。朽骨烂肉，施于土地，流于川谷，不避蹈水火。使天下从而效之，是天下遍死而愿夭也。此皆释世而不治是也。"（王先慎：《韩非子集解》卷 20，中华书局 1998 年版，第 467 页）是则战国时有舜自为此诗之说，而韩非子已不信。陈奇猷校释引"胡承珙曰：'此当是不韦之时，经师道绝，六籍榛芜，门下食客因咸邱蒙事而遂误托于舜耳。'"（陈奇猷：《吕氏春秋校释》，第 806 页）

2 转引自李锴：《尚史》卷 24，《文渊阁四库全书》第 404 册，第 416 页。

3 毛晋：《陆氏诗疏广要》卷上之上，《文渊阁四库全书》第 70 册，第 30 页。

样，让人惶惑、不安。或许也是意识到"义不食周粟"的话题有些沉重，当真弄成一切都是君王的，不服就饿死，则天下有灵智的生灵情何以堪？所以程颐相信伯夷、叔齐只是拒绝俸禄，不是绝食。《二程遗书》载："问：'伯夷叩马谏武王，义不食周粟，有诸？'曰：'叩马则不可知。非武王，诚有之也，只此便是佗隘处。君尊臣卑，天下之常理也。伯夷知守常理，而不知圣人之变，故隘。不食周粟，只是不食其禄，非饿而不食也。'"[1]显然，程门师生之间状态闲适的对话，固然需要学术积累，但关注的焦点却不在历史考证，而主要是以情理推测来表达一种态度，一种不接受天下一切尽归君王所有的立场。

不让天下成为君王的专利，是程颐的立场，也是庄子的立场。但如何才能够让君王收敛其专利天下之心、制约其专利天下之手？庄子与儒家的方略不同。儒家如程颐，主张"格君心之非"，也就是教化君王克服私天下的小心思，包括学习尧舜等先王"大中至正"的王道，培养"道心惟微"以克制"人心惟危"的道德意识；或者像孟子引导梁惠王那样作义利之辨，让君王明白只有讲义才能够获利，否则，像梁惠王这样以身作则、示范天下人各谋其利，则士农工商哪样都不会的君王，终将一无所有。如此这般地致君尧舜，可以治疗将天下当做君王专利的癫狂。但庄子却发现一个既怪诞又真实的递增数列，即世人关于君王的品德、才智等方面的设想越多，将君王的标准哄抬得越高，则君王的权力越大，越集中，抽象的神圣性越强烈。因为现实中的君

1　程颢、程颐：《二程集》，第 217 页。

王，不是按照这些设想和标准选拔出来的，也不能按照这些设想和标准予以有序的罢免，开国之君都像汤武一样"打天下"，更多的继体之君则由汤武们在纯粹生理学意义上造出来，所以那些关于君王的设想和标准，最终所发挥的作用，不是准确地衡量出天下究竟有谁可以为君，而是一件谁穿谁合适的衣裳，就像历代奏折所称述的那样，任何君王表示或者暗示的都是"圣裁""圣意"，所有穿上君王衣裳的都是"圣人"，都能够复制抽象的名位神圣性。要跳出这个怪圈，庄子认为只有一条出路，即《人间世》的核心表述"入游其樊而无感其名"，大意就是介入社会时，不要首先在观念上受名位藩篱的束缚，不要执着于君君臣臣的名位设计从而谋求致君尧舜，否则，君王就是一只猛兽，以任何理性或意志去干预他，都像以活物饲养猛兽一样，激发其兽性而已。《人间世》说："汝不知夫养虎者乎？不敢以生物与之，为其杀之之怒也；不敢以全物与之，为其决之之怒也。时其饥饱，达其怒心。虎之与人异类而媚养己者，顺也。故其杀者，逆也。"尽管庄子不像孔子那样游历丰富，孔子走访过七十余国君，庄子只与梁惠王或许还有鲁君打过交道，但庄子却最早说出"伴君如伴虎"的环境感受。这种特殊的敏感，大概基于庄子内在的自由精神，所谓春江水暖鸭先知吧，在自由的道路上勤于试水的，最能感受到环境的不自由温度。因为君王的存在方式就是剥夺他人的自由，暴君当世则自由尤其艰难，自由的思想只是望梅，而庄子不愿放弃自然的自由，所以对待君王，采取的态度很另类，即不围观，不对抗，无设想，无敬畏，这样不以名位看君王，则君王的存在只是"下知有之"，而"人间世"的自由，在暴君当世的时代才具有可能性。

二 心斋——自然性自由的自律修养

庄子生活的时代，纵横家摩肩接踵，奔走道途，他们不仅讲纵横捭阖的国际战略，也讲飞箝、揣摩的心理战术，讲忤合、符言的语言艺术，益之以名家的辨名析理，儒家的慎思明辨，整体上就形成战国时代的独特士风，不仅能诘善辩，而且善于揣摩世道人心。苏秦、张仪等纵横家如此，孟子、庄子等不同流派的思想家也莫不如此。《庄子》的表述风格因此带些战国时代的烙印，自属情理之常。例如庄子与惠施相诘辩，又如《养生主》《人间世》揣摩世道人心等等，不乏例证。但若因此就以诘辩、揣摩的眼光看《庄子》，却又不免流于表象，而在表象的层面，可能滋生出对于庄子的两种极端看法。一种极端如荀子说："庄子蔽于天而不知人。"[1]以为庄子的思想悬挂在形而上的"天道"高处，看不清人性善恶的真实相。南宋林希逸试图扭转这种理解和评价的偏失，而办法很简单，只需要读《庄子》书更仔细些，如说："此篇名以人间世者，正言处世之难也。看这一段曲尽世情，非庄子性地通融，何以尽此曲折。说者以庄老只见得'道心惟微'一截，无'人心惟危'一截。此等议论，果为如何？但读其书未子细尔。"[2]然而这样一扭转，却又扭出另一个极端，仔

---

[1]　王先谦：《荀子集解》卷 15，第 464 页。
[2]　林希逸：《南华真经口义》卷 6，《道藏》第 15 册，第 718 页。

细读《庄子》书所"揣摩"出来的，不是庄子的哲学，而是从中发现了一套对于人情世态的揣摩之术。如明代人薛瑄说："《庄子·人间世》篇，揣摩之术也。"[1] 又说："《庄子·人间世》篇，揣摩人情世态，曲尽而无遗。言当察受否，识微者知之。"[2] 受否即接受与否。事情临头了，省察并且预判一下利弊，从而做出接受与否的判断，应该不算是什么很微妙的揣摩之术，只不过是许多人的生活日常。如果庄子技穷于此，那么充其量也就与纵横家不相上下，并没有什么值得认真对待的微妙奥义。而事实上，庄子不是纵横家，即便风格模仿纵横家套路的《庄子·说剑》，也显然是一个智者为了大音能入俚耳所采取的技术性处理方式，有纵横家的技艺，没有纵横家的用心。大概说来，庄子、孟子等学者与纵横家的区别，不在诘辩、揣摩的能力上，而在其用心即立论的宗旨或思想目的上。

《人间世》的立论宗旨，显然不是要说服君王干些什么，甚至也不是要说服君王不干什么，比如放弃暴力之类。就其立论宗旨而言，庄子是独具一格的，不仅与纵横家不同，而且与儒家、法家也不同。因为纵横家以及儒家、法家，都试图劝说君王干些什么，只不过纵横家讲军事联盟以及攻伐策略等具体的事情，法家讲治国的大政，儒家讲引导大政的文明方针，而庄子"不为谋府"，摆脱谋士的角色定位，只讲究个人的主体性及其应对世事世情的心态和行为准则。简单的比较，可以让我们更清晰地看到

1　薛瑄：《读书录》卷7，《读书录　读书续录》，孙浦桓点校，凤凰出版社 2017 年版，第 153 页。

2　薛瑄：《读书续录》卷2，《读书录　读书续录》，第 254 页。

这种富有立体感的思想史画面，同时也看到庄子非同一般的思想精深处。

《孟子·告子下》"宋牼将之楚"一章，与《人间世》的第一则寓言具有很强的可比较性。其一，都是说客将行，孔子或孟子预为谋划，故事情节相类似。庄子讲故事，称颜回将游说卫君，意图化解卫君的暴戾，孔子为之谋划；孟子说实事，宋牼将游说楚王，意图阻止将要爆发的秦楚战争，孟子为之谋划。其二，都是孔子或孟子主动询问游说的计划，然后审度其计划的得失或可行性，庄子寓言中孔子问颜回"若必有以也，尝以语我来"，孟子向宋牼表示"愿闻其指，说之将何如"，都是主动过问。由此看来，话题和事件的相似性程度很高，都是游说之事的谋而后动。但谋划的方略不同，庄子寓言的方略是"心斋"，而孟子的方略是"仁义"。

针对宋牼"我将言其不利"从而规劝双方罢兵休战的原计划，孟子提出一个原则性的修正案："先生以利说秦、楚之王，秦、楚之王悦于利，以罢三军之师，是三军之士乐罢而悦于利也。为人臣者怀利以事其君，为人子者怀利以事其父，为人弟者怀利以事其兄，是君臣、父子、兄弟终去仁义，怀利以相接，然而不亡者，未之有也。先生以仁义说秦、楚之王，秦、楚之王悦于仁义，而罢三军之师，是三军之士乐罢而悦于仁义也。为人臣者怀仁义以事其君，为人子者怀仁义以事其父，为人弟者怀仁义以事其兄，是君臣、父子、兄弟去利，怀仁义以相接也。然而不王者，未之有也。何必曰利。"（《孟子·告子下》）以义利之辨游说诸侯，孟子见梁惠王时亲身实践过，是他解决战国时代社会问题的基本思路。而庄子认为以仁义游说君王行不通，因为双方的意志本来就相互抵触，所以仁义就像活物、全物，以之饲虎，结果只是激发其狩猎的兽性而已，"王公必将乘人而斗其捷"，改造君王谈不上，训练君王的斗争精神和技能倒有可能。

《韩非子·说难》[1]与《人间世》，也有可比较之处。其一，《人间世》寓言中，颜回三说而孔子三否，描述游说之难可谓淋漓尽致，而这也正是《说难》所要表达的主题。其二，《人间世》中孔子反复警示颜回"若将往而刑耳"，"若殆以不信厚言，必死于暴人之前矣"；《说难》中列举游说的主张和情状，七次用到"如此者身危"，对于游说者时常身临险境的危机意识也相同。其三，《说难》说："贵人有过端，而说者明言礼义以挑其恶，如此者身危。"这样的判断未必有具体的事例依据，例如孔孟以礼义游说诸侯，虽不遇其人以行其道，以至穷陌愁困，却也未曾因礼义能鉴照出诸侯之恶就身临直接的危险。事实上，判断以礼义为宗旨的游说有挑逗君王之恶的危险，是庄子自由精神的特殊敏感，《人间世》的寓言盛言其事，所以不能排除韩非子之说有来源于庄子的可能性。当然也只是可能，不必然，因为放在战国时代的背景里来看，韩非子与庄子一样感受到游说之艰难，于情于理都并不奇怪。战国时代百家争鸣，各派的思想主张都得到充分的表述，不同的流派之间既相互了解，又相对骈立而形成各自的立场甚至思想逻辑，这种格局使各派之间相互沟通和理解都不难，但达成共识很难，各派之间大概都持同一种态度，即我

1　《说难》全文，见梁启雄：《韩子浅解》第十二篇《说难》，中华书局1960年版，第89—97页。下引不注。

知道你在想什么，但我坚持自己的立场，甚至是正因为知道你在想什么，所以我要更加坚持自己的立场。至于君王，面对目不暇接的各种思想主张，出现选择性障碍是必然的，竞争的过程中被纵横家牵着鼻子走是必然的，最终的王权大势，站在权力利己主义的立场上选择法家也是必然的。但即便法家的思想主张最有利于掌权者，也还有韩非子所感受到的种种游说之艰难。思想不能让思想家获取自身的生活资源，思想家甚至要为其思想付出沉重的代价，在中国似乎也是古已有之的，不局限时代。

　　当然，《说难》与《人间世》有所同只是一方面，与之相对的有所不同的另一方面，可能更有趣，也更具有启发思想的价值。产生不同的根源，在于法家如同儒家一样，都试图将自己的意愿变成君王的意志，期待以这个意志行使权力，从而达到改造社会的目的。而在庄子看来，通过王权的途径将自我的意愿扩张为社会的公共规则，就摧毁了合理秩序的自由基础，种下强权的文明病因，后果将是一场永无穷期的循环劫难。这是庄子独具只眼所看到的历史深处。至于韩非，则可能与其入秦后的不幸遭遇有关，因为入秦后即遭囚禁，秦王、李斯窃用其说而废弃其人，[1]

---

[1]　《史记·老子韩非列传》："秦王见《孤愤》《五蠹》之书，曰：'嗟乎！寡人得见此人与之游，死不恨矣！'李斯曰：'此韩非之所著书也。'秦因急攻韩。韩王始不用非，及急，乃遣非使秦。秦王悦之，未信用。李斯、姚贾害之，毁之曰：'韩非，韩之诸公子也。今王欲并诸侯，非终为韩不为秦，此人之情也。今王不用，久留而归之，此自遗患也，不如以过法诛之。'秦王以为然，下吏治非。李斯使人遗非药，使自杀。韩非欲自陈，不得见。秦王后悔之，使人赦之，非已死矣。"（司马迁：《史记》卷 63，第 2155 页）又，梁启雄解《难言》篇题曾推测："说不定《说难》《难言》二篇都是韩非入秦时写的，似是用来抒写孤独愤闷的心情的作品。"（梁启雄：《韩子浅解》，第 20 页）

所以韩非详细剖析君王心态及其与各种环境因素的相互影响，致
使君臣合议中最应该发挥作用的理智，陷入事实上最不能发挥作
用的困境，韩非为此而孤愤，而伤感。如《说难》的开篇就说：
"凡说之难，非吾知之有以说之之难也，又非吾辩之能明吾意之
难也，又非吾敢横失而能尽之难也。"既然游说的艰难，既不在
于认知和表述道理的理智，也不在于辨析道理与实事之关联的个
人能力，还不在于放开思议而无顾忌的胸襟胆魄，那么究竟难在
何处？"凡说之难，在知所说之心，可以吾说当之"，意即难在
揣摩游说对象的心思并以一套说辞与之相适应。这种以迎合为潜
规则的交流格局，首先就注定游说必须顺从某人，而不是顺从认
知事实和道理的理智。既然以迎合为能事，那么游说本身除了谋
取利禄，也就失去了其他的意义，尤其不能发挥解决社会问题的
作用。其次则所谓君心难测，由于君王垄断了主要的社会资源和
利益，因而也就积聚了各方面的利益纠葛，成为社会矛盾的焦
点，君王的心思，在各方利益要求和谋算的交攻下，具有严重的
不确定性。《说难》列举有好名的，好利的，也有"阴为厚利而
显为名高"的，君王心思不同，对于以名或者以利入说的，就会
做出各种表里阴阳、前后不一的反应。再次，君心难测的背后，
还站着一个天威难测的现实威胁，君王一怒便伏尸流血，说客们
又有多少时间和空间去寻求事实与道理的真相？《说难》列举七
种说客身临险境的游说状态，一是语涉君王心中隐秘，二是洞悉
君主言行的所以然，三是奇谋而当却事泄于外，四是与君王交浅
而言深，五是明言礼义以挑剔君王之恶，六是君王得计欲自以为
功而说客参与并且知晓，七是勉强君王去做他做不到的，戒除他

欲罢不能的。合而言之，游说过程就是与游说对象的心理博弈，"凡说之务，在知饰所说之所矜而灭其所耻"。"所说"指所要游说的对象。帮助游说对象搞好心理建设的重要性，远远大于认知事实和道理的重要性，而君王的心理，像宋国的某富人一样，"宋有富人，天雨墙坏，其子曰：'不筑，必将有盗。'其邻人之父亦云。暮而果大亡其财。其家甚智其子，而疑邻人之父。此二人说者皆当矣，厚者为戮，薄者见疑，则非知之难也，处知则难也"。君王的取舍，不看事实与道理究竟如何，只看事实与道理由谁所说，亲近者所说的都是道理，疏远者怎么也说不出个道理。在这种本质属性并非公共秩序规则的政治体制下，政治安全是与私情而非公理捆绑在一起的，君王私心信任的就是政治安全的，而讲究公共规则会让君王大权旁落，不安全。这是站在法家立场上观察现实政治，最容易发现的积弊。

韩非所谓"处知则难"，也就是作为一个智者如何安排自身知识和见解的艰难。这是一个很古怪却又很真实的问题，古怪之处在于，许多人都向往做一个既有经验知识又有道理见识的智者。积累知识，培养知性，最终因开显"良知"而通达其涵盖自然以及社会的普遍原则、终极合理性，几乎是所有人致力于学习的目的。但这种以追求合理性为目标的学习生涯，在越是接近目标时就越是与不合理的社会现实难以兼容，智者不是因其知识和智能就能生活得更幸福，反而是忧患交错，出于自身的忧与来自外界的患，因其自身的知识和见识，注定在智者的人生中如影随形。于是，如何安顿自身的知识和见识，就成为智者社会生活的一大安全策略问题。对于智者的社会处境问题，韩非只以其切身经历就能感受到问题的真实存在，但法家的思想主张，必须依赖君王去实现，离开君王则一切知识和见识都只是屠龙术，所以韩非"孤愤"。但也只是"孤愤"，因为他没有解决问题的哲学，甚至连基本的思路都没有。而庄子《人间世》的哲学，如王夫之所说，能够"自全而全人"，可以提供对于这个问题深入思考的思路。以庄子思想与孟子、韩非子略作比较，很能显现出庄子思想上的特殊深度。

《人间世》寓言为游说所设想的出发点，正是颜回的儒者良知："回尝闻之夫子曰：'治国去之，乱国就之，医门多疾。'愿以所闻思其则，庶几其国有瘳乎。"用"医门多疾"来形容儒家频繁地面对那些问题君王，很贴切。因为第一，儒家关切现实的治乱兴衰，政事上很活跃，如孔子周游列国等，当面鉴别过的君王，自然就基数大而有问题的人物多；第二，按照儒家尧舜文武的王者标准来鉴别，活着的君王都是有问题的，都需要治疗，所以在庄子的理解中，儒家很忙。对于问题君王，儒家的方略当然不是直接解决有问题的人，如汤武革命，而是用仁义礼乐对问题君王进行改造，像颜回这样"以所闻思其则"，也就是用颜回所学习的仁义礼乐引导君王去思考合理原则，通过分享仁义礼乐的哺育让君王回复健康或正常。这样由治疗一君遂能挽救一国的事情，想想都让人激动，作为游说的动机，足够了，而且很高尚。然而君王不会配合这个近乎完美的计划，"嘻，若殆往而刑耳。夫道不欲杂，杂则多，多则扰，扰则忧。忧而不救"。说儒家之道杂而多端，以至庸人自扰，忧患自伤，当然是庄子对儒家的悲观观感。司马谈也发表过类似的看法，即《论六家要指》所谓

"儒者博而寡要，劳而少功"。[1] 这类说法，或许只是道家对于政治有所偏见，因而对儒家也产生偏见。政治管理社会，而社会本身是复杂的，所以政治就不能像道家所认为的那样简单，必须有仁义礼乐等名目，否则不足以为治。西晋裴𬱟著《崇有论》，讲的就是这个观念。而道家的"偏见"是，既知社会如此复杂，又如何可能做出一揽子的文明规划呢？《庄子·外物》说："夫不忍一世之伤，而骜万世之患，抑固窭邪？亡其略弗及邪？"采用一揽子的通盘方式去规划全社会的文明，固然出于崇高的理想和人文情怀，但不自知其方略达不到，结果就小看了未来社会的文明问题，越界规划，因而遗患无穷。而颜回"所闻"的仁义礼乐，正是过去之人的越界规划，拿着这样的规划版本去规劝暴君，只引来庄子想象中的孔子，"嘻"了一声。

然而，世道不可不救，社会苦难不可漠视，生活在暴君当世的时代，庄子又能如何救世？庄子不像儒家那样拥有许多来自前人文明规划的办法，诸如礼乐刑政、纲常名教等等，但他有一条思路，即不从任何预设的既定规划出发，而以现实中个人的本我意识、自主选择为基础。《人间世》说："古之至人，先存诸己而后存诸人。所存于己者未定，何暇至于暴人之所行？"个人的本我意识、自主选择或圣人的预设规划，是建构思想体系甚至文明体系的两种不同前提，这个问题我们在第三章中已经有过讨论，立足于个人的自主意识和选择是庄子的基本立场，只是在不同的语境下，表述有所不同。《人间世》的语境是暴君当世，所

1　司马迁：《史记》卷 130《太史公自序》，第 3289 页。

以他预估以仁义礼乐的预设规划去规劝暴君，将有三种反应。

第一，激发暴君的斗志，而暴君必将以威势临人，面对暴君的说客则处境大为不妙，"而目将荧之，而色将平之，口将营之，容将形之，心且成之"。这种情形在《庄子》中有一个更生动的寓言例子，即孔子试图劝诫盗跖，被盗跖一通狂怼，痛斥孔子所信奉的尧舜文武的所谓政治文明，以至"孔子再拜趋走，出门上车，执辔三失，目芒然无见，色若死灰。据轼低头，不能出气"。如果我们将《盗跖》篇的这番描述，理解为《人间世》的脚注，似乎颇有益于对《庄子》的理解。只是《盗跖》的那番痛斥太火爆了，揭露政治文明的问题太直接也太彻底了，所以历代学者往往不忍直视，如郭象、王夫之等人注解《庄子》，都跳开《盗跖》，不置一词，致使庄子认为文明可以有另类模式的思想真相，始终如镜花水月，既看不清，更摸不着。

第二，说客自身的思想和策略，将困疲在名与实之间。"且若亦知夫德之所荡而知之所为出乎哉？德荡乎名，知出乎争。"郭象注："德之所以流荡者，矜名故也。知之所以横出者，争善故也。"[1] 所谓"名"，如君臣佐使、公侯勋卫等，出于前人的规划，后人拿着规划文本按图索骥，必然发现满眼都是伪劣甚至假冒产品，暴君与僭主瓜分了华夏。坚持规划标准的儒家很焦虑，所以孔子说施政要首先从"正名"开始。但"名"实际上已经被君王窃据了，即如《庄子·胠箧》所说："所盗者岂独其国邪？并与其圣知之法而盗之。"名由君王掌控，正名的权力也由

---

[1]　郭庆藩：《庄子集释》卷 2 中，第 135 页。

君王掌控，儒家虽然都是淑世君子，也坚信按照尧舜文武的规划可以重建"彝伦攸叙"，但又能从哪里获得"正名"的机会呢？于是，有权"正名"的绝对不愿意"正名"，因为那不符合其自身利益。无权"正名"的儒者，一方面著书立说，"《春秋》以正名分"，总结前代圣王规划社会秩序的"形名度数"，编织出社会的等级秩序之网，用心无限美好，但由于解决不了君王凌驾于社会之上的根本问题，所以实际结果是，秩序之网只对君王之外的其他人有效，君王则站在法网之上，予取予舍，恣睢任意。另一方面，儒者为"正名"奔走呼号，却四处碰壁，结果不是为了"正名"的诸般努力挽救了道德，而是道德在强化名分的理想中愈益流于形式，正名的标准越抬越高，君如尧舜文武，臣如伊尹周公，而社会现实每况愈下。史称春秋无义战，但征战毕竟还要奉周王的名义；而战国的诸侯自立为王，只遵循兼并的竞争需要，所以发动战争更任性，战争更频繁，也更残酷，名分的规划蓝图，约束力越来越虚幻。

第三，名与善的背后，不仅隐藏着实际利益的冲突，还隐含着执政之权不容竞争的冲突。"而强以仁义绳墨之言术暴人之前者，是以人恶有其美也。"在一个暴君当世的社会中正名而行善，虽然有踩着君王之恶以自积美名的便利，但同时也会让君王意识到与之争夺民众、争竞政治影响力的威胁。例如，"且昔者桀杀关龙逢，纣杀王子比干。是皆修其身以下伛拊人之民，以下拂其上者也，故其君因其修以挤之。是好名者也"。不管正名行善的人主观意愿如何，都会被君王视作争夺民众的政敌，并利用正名的规则从精神甚至肉体上予以摧毁。在集权体制下，出现这种结

局是必然的，因为集权体制只鼓励效忠权力的竞争，绝不能容忍
执政权力的竞争。

所以显然，前代圣王规划的路线走不通，就应该回到本我意
识、自主选择的另一个起点上。

本我意识、自主选择即所谓"先存诸己"。按照《人间世》
的寓言情节，庄子的这个思想体系的前提、基础，是经过颜回三
说而孔子三否之后，不得已所做出的另类选择。颜回第一说即游
说卫君的出发点，被孔子否了；第二说是调整游说的态度，"端
而虚，勉而一"，不以自持文明规划的骄傲俯视暴君，也被孔子
否了；第三说："我内直而外曲，成而上比。内直者，与天为徒。
与天为徒者，知天子之与己皆天之所子，而独以己言蕲乎而人善
之，蕲乎而人不善之邪？若然者，人谓之童子。是之谓与天为
徒。外曲者，与人之为徒也。擎跽曲拳，人臣之礼也。人皆为
之，吾敢不为邪？为人之所为者，人亦无疵焉，是之谓与人为
徒。成而上比者，与古为徒，其言虽教谪之实也，古之有也，非
吾有也。若然者，虽直不为病，是之谓与古为徒。"这很儒家，
既内在地坚持文明规划的原则，又适应暴君当世的环境，言行合
乎礼仪，功成归于先王。但依然被孔子否了，因为这一套做派
"犹师心者也"，还是在自己的先入之见中盘旋，只能规免罪罚，
"胡可以及化"？经过这样的三说三否，颜回所代表的用"正名"
的方式来规划秩序的路线，也就完成了所有的推衍，并且都走不
通。于是寓言中的颜回表示，"吾无以进矣，敢问其方"，而庄
子的"心斋"，因此成为进一步的思想主题。

如果仅就字面表述来看，所谓"心斋"很有些道家的玄虚，

看不出切实的手段。其说云："若一志，无听之以耳，而听之以心；无听之以心，而听之以气。听止于耳，心止于符。气也者，虚而待物者也。唯道集虚。虚者，心斋也。"面对君王，不用耳目去捕获信息，不用心思去判断状况，这种非对策性的阔论，对于亟待对策的人来说，确实太迂远了，正如《庄子》本身的寓言，是引东海之水以救涸辙之鱼。而且，这种将暴君当空气的态度，真的就安全吗？所以仅就对策而言，庄子并不比儒家高明，甚至更没招，于是他要反复隐喻其"无用之用"的哲学，如下文。但现在是讲对策的时间，庄子既否定了儒家的对策，那么他自己是否就应该做出另类的对策示范？事实上，"心斋"还真是一个对策示范，只不过要按照庄子的思路来理解。因为在庄子的思路中，个人真正要思考的、社会真正要应对的，不只是某个特定的君王。一个问题君王的问题解决了，还会有其他的问题君王出现，只要胸怀天下的人都围绕、围观在君王身边，为之热切，为之谋划，为之焦虑，那么任何君王都可能由于集权积威而变成暴君。所以应对暴君的办法，不是从仁义或利害等角度去规劝，而是不为暴君营造暴戾的机会、铺垫施暴的台阶，也就是消解暴君的社会环境。这种冷处理的办法，固然能取得针对性的效果，但核心思想却不是针对，而是将关注点从君王转移到自身。《人间世》用颜回的寓言角色表达对于"心斋"的理解："回之未始得使，实自回也。得使之也，未始有回也。"从准备出使之有我，到出使期间之无我的蜕变，是一种面对君王时欲辩已忘言的状态，不知有我，不知有君，彼此既没有角色化的期待，也就没有角色化的束缚。将这样的"心斋"表述为对策，就是"入游其樊而无感其名"。这表述很能表现庄子的思想特色。因为举目所见的现实世界，人都必然生活在社会中，而社会是由各种名位编织起来的藩篱，所以庄子将个人介入社会称为"入游其樊"，而不像许多人那样一受冠礼就亢奋，就乐观，似乎征服世界在即。而且，通常人的想法，人既然在社会中生活，就要知忌讳然后知所趋避，然后才可能活得更自在，更少受伤害，但庄子显然不这么认为，他所想的，不是了解并且利用社会规则以获取自身的利益，而是人生如何可能在社会中游弋，不必守着名位，活成社会藩篱的一根桩。

"游其樊"之游，如"逍遥游"之游，是精神不受名位等社会藩篱的束缚，保持着自由的活性，绝不是无所事事的逛荡、没有精神归宿的流浪。因为活着的人，注定要做些与活着相关联的事情，讲"无为"的道家也不例外。道家之所谓"无为"，不是不做事，而是不瞎做事，瞎搞事，要讲究契合事理，管控任性，所以《人间世》的第二则寓言，就讲如何应对世务。寓言的大概情节是，叶公子高将代表楚国出使齐国，楚国对这次外交寄予厚望，而齐国故意拖延。这本来是谈判的惯用伎俩，但使者很忧虑，"事若不成，则必有人道之患；事若成，则必有阴阳之患"。完不成外交任务，楚王必然责难；要完成外交任务，使者首先就要受身心煎熬。针对这种临事心态，《人间世》发表了一通令历代注家都很受感动的正言谠论："天下有大戒二：其一命也，其一义也。子之爱亲，命也，不可解于心。臣之事君，义也，无适而非君也，无所逃于天地之间。是之谓大戒。是以夫事其亲者，不择地而安之，孝之至也。夫事其君者，不择事而安之，忠之盛也。自事其心者，哀乐不易施乎前，知其不可奈何而安之若命，德之至也。为人臣子者，固有所不得已，行事之情而忘其身，何暇至于悦生而恶死。"这是庄子难得正常地谈论一回人间风月，所以注家如林希逸，立即抓住机会重塑庄子形象："此一段却是十分正当说话，其论人间世至有此语，岂得谓庄子为迂阔大言者。"其实，"行事之情"亦即按照事情本身规则和状态做事情，是道家一贯的立场，而悦生恶死以至废百业不为，与强行己意一样，都不符合这一立场，不符合"无为而无不为"的真意。道家的这种思想，理论上是自洽的，而且蕴养成不以私智自谋的道家风骨，那么在应对具体事务时，在"知其不可奈何"的处境中，又如何"无感其名"，体现本我意识、自主选择而不受名位藩篱的束缚？

就庄子思想体系本身而言，《人间世》与《逍遥游》是两条相向互动的思维进路。《逍遥游》由天之人，首先"设对独遭"地预设一个"逍遥"的理念，然后通过不同角色的鸟和人的寓言，即由鹏与斥鷃等什么样的鸟、宋荣子与子列子等什么样的人，推阐鸟或人在什么样的状态下可以逍遥。其状态，可以理论性地概括为自是而不相非之"自然"。这样的"自然"，第一要有恰如其本来的本我意识，不抑不扬；第二要能够自主选择，毋枉毋纵，从而实现"逍遥"亦即自然性自由。《人间世》则由人之天，从人的现实生活状态出发，推阐在社会生活中实现自由的可能性。这个可能性的基础，同样是本我意识和自主选择。比较而言，如果说《逍遥游》所推阐的是自然人的本我意识，纯粹而独立，那么《人间世》所推阐的就是社会人的本我意识，具有与他者的相对性。前者在表述上清新高远，后者则带些人间烟火气，但思想的核心不出其本来宗旨，依然是在应对世务时如何不抑不扬其本我。这个需要慎思明辨的庄子思想，可以从以下几个方面展开。

首先分析叶公子高的焦虑、忐忑，仅就情绪而言很自我，将自我放在了思考的中心，但这样的自我，是因担忧完成使命的前景所引起的，所以实际的思考中心不是人，而是事，其自我也就不是庄子"自然"之所谓"自"，而是功利得失的一个载体，逻辑上说是由衡量功利得失所倒推出来的自我存在，焦虑、忐忑的情绪也就不是本我意识的表现。对于这种因事功而迷失自我的状态，庄子曾表现出思想上的高度警觉，如《山木》中那段著名的螳螂捕蝉的故事："庄周怵然曰：'噫，物固相累，二类相召也。'捐弹而反走，虞人逐而谇之。庄周反入，三月不庭。蔺且从而问之：'夫子何为顷间甚不庭乎？'庄周曰：'吾守形而忘身，观于浊水而迷于清渊。且吾闻诸夫子曰：入其俗，从其俗。今吾游于雕陵而忘吾身；异鹊感吾颡，游于栗林而忘真；栗林虞人以吾为戮，吾所以不庭也。'"蝉被树荫吸引，不知螳螂在后；螳螂被蝉吸引，不知黄雀在后；黄雀被螳螂吸引，不知庄周在后；庄周被黄雀吸引，不知护林人在后。这个在现代人看来堪称教科书式的生物链观察，在庄子眼中却是由逐物丧我所引发的连环案。而叶公子高所焦虑、忐忑的，只是如何做好这连环案中的一环，以至进退失据，本我意识被湮灭在事功成败、祸福回报的衡量之中，既做不到"行事之情而忘其身"，只据国交事理见在之实，不谋一身祸福未来之虚，也做不到忘却功名利禄之身而澄显精神主宰之身。

其次，在追逐事功的驱动下，纵横家式的委托外交时常不负责任，传话添油加醋，将自我的意愿和谋划放得很大。《人间世》告诫说："凡交，近则必相靡以信，远则必忠之以言。言必或传之。夫传两喜两怒之言，天下之难者也。夫两喜必多溢美之言，两怒必多溢恶之言。凡溢之类妄，妄则其信之也莫，莫则传言者殃。故法言曰：传其常情，无传其溢言，则几乎全。"夸大其词的传话，即使不出于特殊的利益目的，怀着善意，也同样会由于放飞了传话者的自我而引发纷争，道理正如日常所习见的一样，"且以巧斗力者，始乎阳，常卒乎阴，泰至则多奇巧。以礼饮酒者，始乎治，常卒乎乱，泰至则多奇乐。凡事亦然，始乎谅，常卒乎鄙，其作始也简，其将毕也必巨"。日常经验中，以技击为游戏的角力，开局都是很阳光的，如竞技体育的开幕式，鲜花铺满道路，音乐充满欢乐，但随着竞争情绪和胜负舆论的滋生，注意力就会转移到搏击的技巧上，从心理到手段，都不免出现阴暗面。聚会饮酒也一样，开始讲礼仪，最后惹是非。外交官的机心和口辩，比这些日常现象更能产生蝴蝶效应，所以说："言者风波也，行者实丧也。夫风波易以动，实丧易以危。故忿设无由，巧言偏辞。"带着谋略意图、利益冲突、意志对撞的不实言论，就像濒临死亡的野兽，"兽死不择音，气息茀然，于是并生心厉"，连日常状态都不能维持，更遑论澄显的本我意识。

最后，人以外交等手段介入社会，必然有交流，交流就必然有目的，但如果目的性太强太精细，像是在桃核上雕刻山水，"克核太至"，就必然会生出日常所没有的心思，潜移默化，不知不觉，"必有不肖之心应之，而不知其然也"。对于心思的变化既缺乏自我知觉，无意识，又哪里会知道变化的终点？所以对于介入社会事务的目的，要"无迁令，无劝成"，不要为了达成目的就自编自演一套说辞，那样弄出的烂摊子将一发不可收拾，所以说："美成在久，恶成不及改，可不慎与？"庄子的所谓审慎，当然不是要弄得社会生活提心吊胆，瞻前顾后，而是不背离人生活在社会中的最根本目的，"且夫乘物以游心，托不得已以养中，至矣，何作为报也"。相对于是非成败、功名利禄的回报而言，人本身才是人生的根本目的，而物质、事务世界的种种，只是承载人生的舟车，内在的精神世界才是且载且游的主体。

承上所述，同样的一颗心，既要"心斋"，又要"乘物以游心"，庄子的心似乎也挺忙。而其实，按照庄子的思想，"心斋"的修养就发生在"乘物以游心"的过程之中，是应对世务时无私无谋、无畏无害的精神状态。寓言中孔子与颜回的答问，已经廓清了"心斋"与祭祀之斋的本质区别，祭祀之斋不饮酒、不茹荤，是仪式性的他律，即所谓"斋戒"，按仪式的要求在参与祭祀活动之前及活动期间戒洁身心；而"心斋"澡雪精神，是思想观念的自我沐浴，涤除内在的意愿、外在的名位等沾染，澄显出纯粹存在的本我。这样的本我，不是在坐忘沉思时才存在才纯粹，而是朗显在"乘物""托不得已"之中。"乘物"者容身在万物的大化迁流之中，如大鹏积厚风"怒而飞"，如子列子御风而行；"托不得已"是作为社会人的义务和责任，如"天下有大戒二"等等。这两个方面，在个人感受上当然是对自由意愿的制约，但也唯其有所制约，自由才具有建构公共秩序之基础的意义，非同于支遁之逍遥义。而自由之所以应该成为秩序的合理性基础，在于自由能够发挥个体的创造性活力，避免万马齐喑，因建构或维持公共秩序的需要，劳心费力地培植服从，打压创造。但个体的创造性活力对于他人、对于社会整体，又具有正负两方面作用。正面作用是个体创造与他人不相伤，发光但不炫不耀，从而形成社会整体的合理秩序；负面作用是个性化扩张，试图将个性化的选择拓展为他人甚至社会的公共规则。要发挥正面、规避负面作用，就需要经过"心斋"自律修养的洗练，需要"乘物以游心"的非对抗能动性。《庄子·应帝王》说："游心于淡，合气于漠，顺物自然而无容私焉，而天下治矣。"适应万物自知其所然、自行其所然的无私，就是规避自我意志的膨胀，不任己意以一言而决天下之是非，将一点私意消弭在廓然大公之中，像《天下》篇叙论庄子之学，"上与造物者游"。

三 "无用之用"可为另类文明之路径

"无用"，是惠施给庄子思想学说所下的一个断语，也可以说是为庄了之学量身定做的标签。如《外物》"惠子谓庄子曰，'子言无用'"，这是面折，当下直断，无所委婉；又如《逍遥游》"惠子谓庄子曰，'吾有大树，人谓之樗。其大本臃肿而不中绳墨，其小枝卷曲而不中规矩。立之涂，匠者不顾。今子之言，大而无用，众所同去也'"，这样的嘲讽本无恶意，但很辛辣。"无用之用"则是庄子的自辩，如《外物》接上文有庄子回

应："知无用而始可与言用矣。"就庄子而言，这已经算是夸赞
惠施了，因为惠施可以"与言用"，也就是可以讲讲"无用之
用"的哲学。

　　《人间世》的叙事环境，表述上本来与惠施无关，惠施的名
字也未曾在此篇出现，但比较《庄子》的前后诸篇，却可以发
现"无用之用"的话题，其实从庄、惠"无用"之辩延伸而来。
《逍遥游》中惠施绘声绘色描述"大樗"，借以嘲讽庄子的思想
学说如此这般地"无用"，类似的描述，可以在《人间世》中再
次见到。《人间世》关于"无用之用"的五则寓言，就有三则以
树木为主题，即栎社之树、商丘之木、荆氏楸柏桑，而以树木隐
喻"无用"与否，应该是惠施的发明；尤其是商丘之木，与
《逍遥游》里惠施的嘲讽，如出一辙，"仰而视其细枝，则拳曲
而不可以为栋梁；俯而视其大根，则轴解而不可以为棺椁"，还
有栎社之树，"匠伯不顾，遂行不辍"，连修辞方式都两相仿佛。
所以，将此五则寓言看做庄子持续回应惠施以自辩，应该不算是
过度诠释。然而，与惠施就"无用"之说的互嘲、自辩，已经
在《逍遥游》中时过境迁了，庄子也无恶意但同样辛辣地回敬
了，又何以如此放不下，还要在《人间世》里找补一番？《天
下》篇评议惠施，曾批评"以反人为实，而欲以胜人为名"，
惠施锐意辩论，在庄子看来或许有些玩物丧志了，那么庄子自
己又何以在诘辩的问题上这般纠结呢？或许，庄子也有与惠施
争一日之短长的胜负心，所以互嘲的力度并不稍逊于惠施，双
方的每场辩论似乎都势均力敌。但如果因此就将庄子视同辩者
之流，那可能只是读《庄子》书之前的误会，正如郭象已经发

现的那样。[1]而郭象之所以有此发现，不仅仅是由于他认真仔细
读了《庄子》书，整理了文本，做出了解注，还由于他和庄子
一样站在哲学的高度，认识到庄子的著述之意，是要推阐一种
"经国体致"，并且表示，"吾意亦谓无经国体致，真所谓无用之
谈也"。所谓"经国体致"，可以广义地理解为社会文明体制。
郭象与庄子有所不同的是，郭象认为围绕文明体制问题的学术才
有用而且也都有用。庄子则认为，有用无用，要看站在什么样的
文明之"体"上，像惠施那样站在现实文明体制的立场上，可
以断言庄子的思想学说无用；而庄子站在个体首先独立而且自由
然后才有合理秩序的立场上，也可以断言惠施的辨名析理以及其
他学派的礼法名教等，要么无用，要么因用自伤，他自己的思想
学说则有大用，因为那是形成另类文明体制的可能道路。换言
之，有用与无用的分判，关节点在所认同的文明体制不同。

　　庄子之学在现行的文明体制内"无用"，是逻辑的必然，因
为庄子选择"入游其樊而无感其名"，而现行的文明体制总是按
照其文明之"名"来取用各种思想学说的。这注定庄子的自辩
方向不是其学说如何"有用"，而是"无用之用"，意即对于现
行的文明体制固然"无用"，但跳出此情此景却别有用处，即如
《逍遥游》所说："今子有大树，患其无用，何不树之于无何有
之乡、广莫之野？彷徨乎无为其侧，逍遥乎寝卧其下。不夭斤

1　郭象《庄子注》最后一条，或类似跋语："昔吾未览《庄子》，尝闻论者争夫
　　尺棰连环之意，而皆云庄生之言，遂以庄生为辩者之流。案此篇较评诸子，
　　至于此章，则曰其道舛驳，其言不中，乃知道听涂说之伤实也。"（郭庆藩：
　　《庄子集释》卷10下，第1116页）

斧，物无害者。无所可用，安所困苦哉？"因为在现行文明的体制中、语境下，庄子之学无用可言，所以将"无用之用"说到实处，难免有些恓惶，只是苟全性命而已，这可能让某些人进一步坚信，庄子学说就是一种苟活哲学。如栎社之树代为庄子的自辩，就有很大的见仁见智的差异空间。"若将比予于文木邪？夫柤梨橘柚果蓏之属，实熟则剥则辱，大枝折，小枝泄，此其以能苦其生者也，故不终其天年而中道夭。自掊击于世俗者也，物莫不若是。且予求无所可用久矣，几死，乃今得之，为予大用。使予也而有用，且得有此大也邪？且也若与予也，皆物也，奈何哉其相物也？"字面上理解，果树可以满足人的口腹之欲，有用，但也正因为有用，所以在果实成熟时遭了殃，以至熬不到寿终正寝的那一天。这样来看庄子，不仅以能否苟活论是非，而且还为此伤春悲秋，与大化无私的道家精神不相协。站在大化无私的立场上看，万物互用的自然法则，既不是人为设定的，当然也就不是人力所能阻止的，种果树食果实，大化流行中的一种事态而已，合理性岂容质疑？确实，庄子哲学在某些地方，会遇到言难尽意之处。按《庄子·寓言》说："万物皆种也，以不同形相禅。始卒若环，莫得其伦，是谓天均。天均者，天倪也。"万物相互生成，彼此代谢，从而形成生生不息的循环体系，在庄子看来就构成了物理世界的均衡和生力基础（天倪），而种果树食果实之类的事，不正在这样的生成代谢的循环体系之中吗？庄子又要反对个什么呢？也许，庄子所反对的，只是将外物当做利用的对象，并根据利用价值来判断外物自身的价值，如有用无用等。当庄子说"奈何哉其相物也"的时候，显然意识到某种凌驾于所用对象之上的特殊意志，而这种凌驾的意志，正是物与物之间自是而相非的心理基础。

在现行的文明体制内，"无用之用"或许也并非全然地杳无音尘。如栎社之树，庄子的关注点与孔子之徒大不同，孔子之徒的关注点是"神道设教"式的用，庄子的关注点则是无用之用。《论语·八佾》载："哀公问社于宰我，宰我对曰：'夏后氏以松，殷人以柏，周人以栗。曰使民战栗。'子闻之曰：'成事不说，遂事不谏，既往不咎。'"宰我的说法，也许是事实，也许只是推测。为什么会有这样的推测？朱熹推测说："岂以古者戮人于社，故附会其说与？"因为用栗树为社从而让民众有所畏惧的解释，与儒家塑造的西周推行仁政的温情主义形象不符，所以从孔子到朱熹，都觉得宰我话多了。至于孔子的三句话，究竟是针对宰我呢，还是针对周人以栗为社恐吓百姓，大概率是个两可理解的事。不管怎么说，孔子之徒更关注以栗为社的社会功能，同时也关注这类功能的文化解释，应该是可以确定的。至于朱熹引尹氏辩解说："古者立社，各树其土之所宜木以为主也。"[1]这种历代儒者以备一说的辩解，[2]实在很牵强，各地所适宜生长的树木非必一种，夏商周三代更没有那样的地域差别，所以不管如何正名辩解，都只是关注文化解释的表现而已。庄子的关注点则大为不同，他让匠石的弟子问了个奇怪的问题："趣取无用则为

---

[1] 朱熹：《四书章句集注》，第 67 页。

[2] 如宋赵顺孙《四书纂疏》卷 2 引"孔安国注云：'凡建邦立社，各以其土所宜之木。'孔颖达《正义》云：'夏都安邑，宜松；商都亳，宜柏；周都丰镐，宜栗。谓用其木以为社主。'"（《文渊阁四库全书》第 201 册，第 255 页）

社,何邪?"所谓"趣取无用",大意应该是说各方面都无用,"趣"是栎树自身无用,"取"是他人取材无用。这样的无用之物,怎么会被作为社群的象征呢?答案当然就在设问之中,适宜作为公共、普遍性象征的,是没有特殊用处的无用之物,社或社会是其中之一。而保持社或社会没有特殊用处因而不被特殊的人所利用,是庄子进一步所要关注的,于是又让匠石告诫弟子说:"密。若无言。彼亦直寄焉,以为不知己者诟厉也,不为社者且几有翦乎。且也彼其所保与众异,而以义誉之,不亦远乎。"站在栎社之树的角度看,作为社或社会的象征物可以增加一层保护,规避莽汉因其无用所施加的无端伤害。这样的自保之术,与众人所关注的功能、工具性作用截然不同,是庄子另类文明之"体"的无用之用,所以不能放在众人所在意的眼底世界里来衡量。而社会或者国家等人类的集合组织,在庄子看来大概就应该是这样一种存在,既无特殊用处,也不应该被特殊的人所利用,唯其如此,社会或国家才能够终其天年而不中道夭。

荆氏楸柏桑、支离疏寓言,寓意都在于说明现实社会中有用即因用自伤,无用之用则可以全生,与上述寓言的寓意大旨相同,不复赘述。倒是假口楚狂接舆而讽谏孔子的"凤兮歌",颇有些义理值得玩味。

其一,歌曰:"来世不可待,往世不可追也。"意思当然是要面对现实,那么究竟是谁未能面对现实呢?站在儒家的角度看,正因为现实礼崩乐坏,秩序大乱,所以才需要克己复礼,再现文武周公的政治辉煌。而站在庄子的角度看,现实是由文武周公的政治延续而来的,既然现实已经大坏,那就表明文武周公的政治不可延续，只是古老的传说，又能有什么现实意义呢？反过来站在惠施或者儒家的角度看庄子之学，那种化之以道、无用之用的另类文明，现实中音信杳无，历史上也无迹可求，又有什么来世可待呢？而站在庄子的角度看，既然已知的文明模式从历史到现实再到来世都看不到希望，为什么不尝试着思考另类文明的可能呢？而且，另类文明的可能性也不须凭空捏造，只需要看透彻现实文明的病根在于秩序的基础乃是规划、安排而非自由，规划、安排的文明之"名"可以为私意所用，那么人各自由，自行掌握其无用之用，不就已经形成合理的新秩序了吗？不待来世。

其二，歌曰："迷阳迷阳，无伤吾行；吾行却曲，无伤吾足。"迷阳的指意，注家的解释多种多样。一是本义，王夫之说是"野草也"，并引"朱子以为薇，东坡以为大巢菜"。[1] 二是隐喻或引申义，郭象注："迷阳犹亡阳也。亡阳任独，不荡于外，则吾行全矣。天下皆全其吾，则凡称吾者莫不皆全也。"《释文》引司马彪云："迷阳，伏阳也，言诈狂。"郭象的解注，显然在其独化论玄学体系之内；司马彪的解注没有什么忌讳，但从者寥寥，也没有人顺着话头继续说。产生历史影响的是北宋陈景元的解释，"迷阳谓晦明，晦明则行完。却曲谓退身曲全，安于分内"。南宋以后的解《庄》各家，颇多受此影响，如林疑独注："迷阳则晦其明，而无伤吾全生之行；空却其心，曲顺于物，则各足乎性分矣。"赵以夫注："晦其明，则吾行全矣。"林希逸

---

[1]　王夫之：《庄子解》卷 4，《船山全书》第 13 册，第 142 页。

注："迷阳喻失本性之光明，曷行于世。却曲言回护避就，必至于伤吾足。言其不可行也。"[1] 王夫之注引明人唐顺之，也说"迷阳，晦其明也"。[2] 训迷为晦，训阳为明，是较为一致的意见。但究竟是谁"迷阳"了呢？注家似乎都在刻意回避诗歌的创作背景，这支歌是庄子让楚狂接舆为孔子创作的，"孔子适楚，楚狂接舆游其门曰"云云，所以显然，"迷阳"的人是孔子。孔子既光明智慧，又被文武周公的文明之"名"蒙住了智慧之光，急于仁义礼乐之用，让"入游其樊"的楚狂接舆或者庄子行动大感不便，所以有"无伤吾行"的要求。"吾行却曲"也就是"无感其名"的行为方式，但如果名位藩篱太密集，也说不好会"伤吾足"。

其三，歌曰："人皆知有用之用，而莫知无用之用也。"这最后一句话，致思当然悠远，而且是拿孔子所知的"有用之用"，与庄子所想的"无用之用"对举，则庄子意在另类文明的可能性，也就澄显出来。

---

1 褚伯秀：《南华真经义海纂微》卷 10，《道藏》第 15 册，第 248 页。
2 王夫之：《庄子解》卷 4，《船山全书》第 13 册，第 142 页。

伍 《德充符》——"自然"的日常修养

修养实践及其理论，是观察先秦诸子百家思想学说的一个有趣角度。强调或者不强调修养，修养的方式方法如何，这些都不仅表现出各家在安身立命问题上的立场和态度，而且表达出各家对于合理文明模式的不同设想。有两个极端，反映出在修养问题上的思想张力，即儒家最讲究个人修养，法家对于个人修养最不以为意。因为在这种以修养与气质来表现孰为士君子的表象背后，其实蕴含着儒法两家关于合理文明模式的思想张力，所以修养可以看做中国思想史的一个固有的议题。

如果笼统些来说，儒家全部的思想学说，都可以概括为从士到君王的修养教程。孔子之教包含四个方面，文行忠信；儒者课业有六艺，礼乐射御书数；士的品德修养有典范，如孔子说"君子无终食之间违仁，造次必于是，颠沛必于是"（《论语·里仁》），又如曾子说"吾日三省吾身"（《论语·学而》），而一部《论语》，全是孔门师生的修养经历，如切如磋，如琢如磨；至于君王教养，则有历代先王的典谟训诰等等。关于修养，儒家无疑是资源丰富、体系完备的。孔子儒家的这些特征，人所共知，所以在现代中国，称孔子为教育家最能得到广泛的理解和接受，不同于哲学家、思想家、史学家等等，即使不争议，指意也每有不同。然而，在那样一个诸侯争天下、学者争文明何去何从的大时代，儒家将注意力放在修养上，算不算是起不急之务，周详雅正得有些不合时宜？这个问题，不是现代人好奇才想到的，孔子时代就已经有人提出来了。《论语·为政》载："或谓孔子曰：'子奚不为政？'子曰：'《书》云："孝乎惟孝，友于兄弟，施于有政。"是亦为政，奚其为为政？'"培养从政者的亲情和道德修养，是《尚书·周书·君陈》的古训，"孝恭惟孝，友于兄弟，克施有政"，本意还只是说对于从政者也要进行道德教化。孔子说"是亦为政"，就属于述而广之了，认为这样的教化就是从事于政治，此外还有什么政治都是问题。孔子这种非同一般的政治学视野，应该如何理解？是否太将政治美术化，过滤了立法执法、权力责任等许多难以协调的颜色？至少与法家比较起来，孔子儒家的政治学似乎没有那么专业，不像法家那样专讲法度的确立、执法的保障等，用更纯粹的政治学方式来谈论政治问题。

　　法家如韩非，也讲教化，但教化的方式是"以吏为师"，教化的目的是推广法规认知，而不是道德意识、礼乐文明的修养，即如其《五蠹》所设想的，"明主之国，无书简之文，以法为教；无先王之语，以吏为师"。[1] 对于法家来说，强调修养所包含的价值观念错综复杂，往往与一齐于法的社会管理目标相冲突，诸如"儒以文乱法"之类，所以，彻底的法家不需要讲究法度

1　王先慎：《韩非子集解》卷 19，第 452 页。

之外的所谓修养，而依赖修养与否，因此也就可以作为衡量法家纯粹与否的一个标志，任法而治的思想越是纯粹，对于修养就越是无所依赖。如荀子与韩非子，荀子亦儒亦法，既强调法度的重要性，也强调礼的修养的重要性，作《修身篇》，讲"治气养心之术"，其术"莫径由礼，莫要得师，莫神一好"，将修礼看做行法的最有效途径，法与礼同类，如果能由法治向修礼深化，那么社会的秩序管理就可以更和煦从容。如说："好法而行，士也；笃志而体，君子也；齐明而不竭，圣人也。人无法，则伥伥然；有法而无志其义，则渠渠然；依乎法而又深其类，然后温温然。"[1]由法治的紧张进而达到社会秩序的温然和粹，需要礼的修养来蕴积社会文明，所以在荀子的思想中，礼法同类而礼为法的更深层次。至于韩非，则将荀子的修礼谋划从法治体系中剔除出去，追求法治的唯一性。

　　如何评价儒法二家在修养论上的极端差异，可能需要以历史理解为基础，否则可能生出许多无根的是非。按欧阳修在《新唐书·礼乐志》的叙论中说："由三代而上，治出于一，而礼乐达于天下；由三代而下，治出于二，而礼乐为虚名。古者，宫室车舆以为居，衣裳冕弁以为服，尊爵俎豆以为器，金石丝竹以为乐，以适郊庙，以临朝廷，以事神而治民。其岁时聚会以为朝觐、聘问，欢欣交接以为射乡、食飨，合众兴事以为师田、学校，下至里闾田亩，吉凶哀乐，凡民之事，莫不一出于礼。由之以教其民为孝慈、友悌、忠信、仁义者，常不出于居处、动作、

1　王先谦：《荀子集解》卷1，第38页。

衣服、饮食之间。盖其朝夕从事者，无非乎此也。此所谓治出于一，而礼乐达天下，使天下安习而行之，不知所以迁善远罪而成俗也。"[1] 概括言之，夏商周三代以上，生产与生活全都囊括在礼中，而礼又不是什么装腔作势的奇怪言行，只是流露在衣食住行、公私交往、社会组织及动员、朝堂议事以至坛庙祭祀等各类活动中的风俗习惯，此外没有什么高高在上的专业政治与法律。欧阳修的这种历史感，并非在反思礼乐的历史流变时所产生的特殊感受，《庄子·天下》也有类似的反思式描述，所以有理由相信，欧阳修所谓"治出于一"并非想当然耳的历史乌托邦，而是古人对于三代社会的一种历史认知，带有基本观念或者常识的性质。只不过《庄子·天下》称之为"古之道术"，比欧阳修"礼"的概念更宽泛，并且观察到"旧法世传之史，尚多有之"，历史文献保留了这种浑然一体的文明模式的记录，其中包括广为人知的《六经》。由《庄子》和欧阳修的历史反思来看儒家政治、法律的非专业化，事情可能并不复杂，儒家所信仰并且推行的，就是"古之道术"或者说三代"治出于一"的文明模式。在这种模式里，《尚书》《春秋》已经建立了法度，《周官》等礼经以及《诗经》，演示了遵循法度的行为方式，《周易》推衍其承传转合的变化原理，不仅自成体系，而且比诸侯按照自身的利益需要来立法施法更"大中至正"得多，所以由士以至于君王，只要按照这个体系进德修业，不需要自作聪明，自私而用智，就可以达到治国平天下的目标。

1　欧阳修、宋祁：《新唐书》卷 11，中华书局 1975 年版，第 307 页。

由以上简单的比较不难看出，儒家之所以特重修养，是因为儒家所信仰和推行的文明模式需要修养，否则不能养成三代以上的人曾经养成的习惯，以公序良俗达成社会的治理；法家反之，是因为法家所信仰并且推行的法治体系，不需要甚至不兼容人各不同的修养。按照法家的思想逻辑，既然有修养与无修养一样要齐同于法，又有什么理由不集中所有的智力资源去推进法治体系的建构和执行？这样两个极端，都可以说持之有故，言之成理，儒家具有文化保守主义的底蕴，法家代表新秩序建构的方向，注定谁也不能说服谁，而中国的历史实践，长时期就是礼与法、社会自生秩序与政权规划秩序的拉锯战。那么讲"自然"的道家需不需要修养呢？道家以庄子为代表，在修养论上又曾给出什么样的思想启示？

竹林玄学曾以口号的方式表达过关于修养的立场："越名教而任自然。"[1]结合魏晋之际的政治变故，这口号不仅代了倾向于道家的思想立场，与嵇康另一句"非汤武而薄周孔"[2]的口号相呼应，从而产生迭加效应，崇道而非儒，同时也是行为方式，即由阮籍、嵇康的放旷，到胡毋辅之等人的放荡，所以通常的理解，"任自然"既可能是嵇康放旷从而与谨守"名教"的儒家修养对立起来，也可能是胡毋辅之等人放任本能，无所拘检地活出动物属性来，但从哪个角度看都不可能是修养。有了这次思想文化上的重大经历，一般的印象中，道家讲"自然"是不需要也

1 嵇康著，戴明扬校注：《嵇康集校注》卷6《释私论》，中华书局2014年版，第402页。
2 嵇康著，戴明扬校注：《嵇康集校注》卷2《与山巨源绝交书》，第198页。

不主张修养的，"自然"这个概念本身就带有排斥修养的指意。

然而，这是个很大的误会，道家虽然没有儒家四教六艺那样的教程科目，但不是不修养，只是修养的目标与儒家不同，即不是"为学日益"，而是"为道日损"。因为站在道家的立场看，个人和社会所面临的问题，不只是尧舜禹汤等先王的文明设计已经遭到并且还将继续遭到破坏，而是僭越的诸侯们何以能够如此这般地利用同时又破坏文明设计，独一无二的文明既然在独一无二的历史进程中发生病变，那就说明由先王们设计的这套文明存在体质缺陷。而且，先王非一代，如孔子所说，夏商周之礼递相损益，修修补补的工程一直在持续，但问题却越来越严重，可见问题的根子不在于如何设计又如何修补，而在于秩序出于设计的文明性质本身。那么离开先王的设计，个人与社会又将如何，能否形成共同生活的有效安顿？道家的修养实践及理论，因为这样的问题意识，而具有探寻合理文明模式的形而上意义，是形成另类文明可能性的开端。修养的目标，可以形象地描述为清静无为、复归于朴等等，而其哲学的含义，就是发现并且运用个体的"自然"，以人各具有的"自然"而非以先王或后王的人为法则，作为文明秩序的合理性奠基石。而"自然"是需要修养的，如果没有修养，则生活在社会中的人，没有谁还能记得自己的"自然"是什么。社会人所能记得的，都是社会经历及其是非得失，"自然"被这些记忆所覆盖，不能成为应对社会生活的主体自觉和精神主宰，个人在被设计与被破坏相循环的现行秩序中，就难免陷于或者服从或者逆抗的颠簸。在修养中发现"自然"，由"自然"形成人与人的相处相安模式，大概就正是《德充符》寓言所要演示的思想主题。郭象解释"德充符"篇名说："德充于内，应物于外。外内玄合，信若符命，而遗其形骸也。"[1]德充于内是修养的境界，应物于外是与社会生活的适应性，外内玄合则适应性非出于特殊意志。据此看来，《德充符》之"德"，大义同于《老子》之所谓"常德"，与儒家圣人特别高尚的特殊之"德"不同。《老子》说"常德不忒"，老庄之所谓"德"存在于各色人等的"自然"中，没有特别正确的，也没有特别错误的，具有无须义理推衍、无须政教贯彻的普遍性，所以称之为"玄合"，不必拈花微笑，更不必三令五申，自然而然地形成人各自得的默契。

《齐物论》有"坐忘"，《人间世》有"心斋"，对于修养，庄子也可以说是如琢如磨地在慎思明辨了，似乎在他的观念中，非如是不足以发现"自然"。不仅如此，"心斋""坐忘"还存在仅限于玄思冥想的不足，还只能以纯粹精神的沉思方式澄显出"自然"的存在，处在一种有体而无用的状态，还需要向日常生活的层面延展，否则可能只是自了汉的感悟，不是具有社会文明意义的哲学。于是《德充符》在"心斋""坐忘"之后，讲"自然"在日常生活中的呈现。构成《德充符》全篇的，凡五则寓言，虽不至于重沓，但也有一些重合或者说共同的特征，围绕"自然"在日常生活中的呈现而展开。

第一，五则寓言的情景结构是相同的，都有三个角色，一个是代表"常因自然而不益生"的话题人物，一个是挑开话题的

1　郭庆藩：《庄子集释》卷 2 下，第 187 页。

提问者，还有一个评述人。[1] 显然有趣，这种情景结构与现在流行的学术会议很类似，虽然不一定真的方便讨论，但至少避免了自说自话的无问题表述，让"自然"与社会的间性张力得以展开，而"自然"在社会人的视野中究竟如何，"自然"能否作用于社会从而形成未见于现实世俗的另类秩序意识或共同默契，也就成了一个不言而喻的关注焦点。

第二，五则寓言中都各有一个以上刑戮致残的人或者恶人，严复概括为"三刑余，二恶人"，虽然不一定很准确，[2] 但由此可以接近庄子的著述大意。庄子寓言常见刑戮致残之人，首先当然表达了庄子对于现实残酷与人生苦难的关注，这种强烈的关注奠定了庄子批判现行文明的情感基础，以至嘲骂儒墨攘臂于桎梏之间是无愧而不知耻。其次就本篇而言，以刑戮致残的人为寓言人物，其一即历代注家所强调的"遗其形骸"或"忘形"，也就是看淡形体，凸显不受形体局碍的精神。但由于伤残描述太触目惊心了，所以结果有时适得其反，许多读者的目光都被吸引到人物形象上，怀疑庄子观察社会有什么特殊的偏好，看到的都是伤残人，思想情绪太悲观，反而忽略了庄子重点在描写精神的本意；

1　即第一则寓言的三个角色分别是兀者王骀、常季、孔子；第二则分别是伯昏无人、子产、兀者申屠嘉；第三则分别是至人或老聃、孔子、兀者叔山无趾；第四则分别是哀骀它、鲁哀公、孔子；第五则分别是阐跂支离无脤及瓮㼜大瘿、惠施、庄子。

2　评点马其昶《庄子故》，《严复全集》卷9，第114页。第五则寓言的话题主角其实是两人，而据王夫之《庄子解》，阐跂支离无脤也是刑余之人，"阐跂，跂而守城门。脤音拯。按邵子，脤即肾也。盖刖而宫者"（《船山全书》第13册，第152页）。

其二是"自然"之人都从社会生活中来，经历了现实的磨难，不是思维世界中因抽象而纯粹的生命，所以本身就蕴含了"自然"与现实社会的真切关联，是从现实经验中走出来的精神勇者。例如第二则申屠嘉与子产的寓言，同时就学于伯昏无人，子产是郑国相，杰出校友，地位崇高，而申屠嘉是受过刖刑的兀者。子产对于名位的悬殊很介意，要求申屠嘉放学后回避，不得同时离校，申屠嘉恍若未闻，子产的名位感受到挑战，于是发生这样一场对话："子产谓申徒嘉曰：'我先出则子止，子先出则我止。今我将出，子可以止乎？其未邪？且子见执政而不违，子齐执政乎？'申徒嘉曰：'先生之门，固有执政焉如此哉？子而说子之执政而后人者也。闻之曰：鉴明则尘垢不止，止则不明也。久与贤人处则无过。今子之所取大者，先生也，而犹出言若是，不亦过乎？'子产曰：'子既若是矣，犹与尧争善。计子之德不足以自反邪？'申徒嘉曰：'自状其过以不当亡者众，不状其过以不当存者寡。知不可奈何而安之若命，唯有德者能之。游于羿之彀中，中央者，中地也，然而不中者，命也。人以其全足笑吾不全足者众矣，我怫然而怒。而适先生之所，则废然而反。不知先生之洗我以善邪？吾与夫子游十九年，而未尝知吾兀者也。今子与我游于形骸之内，而子索我于形骸之外，不亦过乎？'"对话很生动，而核心就一个，既然人与人只是在形骸之内交往，无关精神，那又凭什么要求我的精神屈服于你的形骸呢？申屠嘉认不认可子产的名位，是申屠嘉自己精神上的事，而在精神上，申屠嘉并不认为名位有什么值得在意的，因为名位并非由社会公正所产生，相反，现实社会中自我衡量过失因而自认为不应当遭灾的人很多，不衡量自身过失因而自认为不应当幸免的人却很少，现实社会中的人，都生活在后羿神箭的射程之内，中与不中，只是侥幸的运气而已。因侥幸所获得的名位，怎么就比人本身更重要？怎么能成为特权要求的理由？这场"自然"精神与世俗观念的冲突，出现在庄子寓言里是偶尔的，而随时随地发生在现实世界中却是必然的。按照子产所代表的世俗观念，申徒嘉应该屈服，但申徒嘉本着伯昏无人的"自然"精神，坚决反抗，可见"自然"精神具有批判性，并非一切尽可息事宁人的乡愿哲学。

第三，代表"自然"精神的话题人物都是隐形的，只是被评述甚至被猜想，不在寓言中出面。从第一则的王骀到第五则的瓮盎大瘿，无一例外，就像开会研讨庄子，但庄子从不到场。而根据评述，到不到场其实都一样，话题人物都不会有什么表示。如王骀，"立不教，坐不议"，践行的是"不言之教"，却取得"无形而心成"的效果，也就是不借助形色而实现精神世界的共建或同构。又如哀骀它，"未尝有闻其唱者也，常和人而已矣"，虽然是群体聚议的核心，但不操控方向，不设定目标，不试图对他人施加引导，只是随机应和，感召力却如同异性相吸一样纯天然，"且而雌雄合乎前"，没有知识、意志等任何附加物的鼓荡，发生感召效应的方式如同一面镜子，每个人都从中照见自己，发现各自的"自然"。由此发现所带来的今是而昨非，如前引申徒嘉游学伯昏无人门下之前与之后的变化，从被嘲笑辄愤怒到虽受嘲也无感，则是批判精神由自我主导并且在自我的精神世界中完成。

　　第四，精神世界出现的这种"奇迹"，根基在话题人物的
"自然"修养。"自然"修养虽没有儒家四教六艺那样醒目的条
陈，但也自有其精神的"稠适而上遂"之路。如王骀寓言有一
个设问："其用心也独若之何？"这样的设问首先就肯定是有所
用心的。也唯其有所用心，非无心无意，所以才是修养，而且修
养首先是"心"亦即观念意识层面的，经历过"独"亦即不同
于常俗习见的方向性选择。如何选择呢？答案是一句名言——
"自其异者视之，肝胆楚越也；自其同者视之，万物皆一也"。
这是从特殊性和普遍性两个角度来看待万物。从特殊性的角度看
万物，很好理解，世界有多少个体之物就有多少差异，世界上没
有两片完全相同的树叶子。这个角度与孟子"物之不齐，物之情
也"的论述是相同的，但推绎出的结论不同。按照孟子的思想逻
辑，可能的推绎是，因为有差异，所以有尊卑之序；按照庄子的
思想逻辑，可能的推绎则是，既然物物有差异，又如何可能做出
合理的统一安排，哪个个体之物又能合理完成从其特殊恰当到普
遍适宜的安排。这是在思想上，庄子与孟子乘一样的风却能扬百
样帆的地方。从普遍性的角度看万物，形式上与特殊性角度相
反，但认知发生上却是相互关联的，即特殊性认知是从万物整体
的同一状态中所展开的辨异，辨异不能改变天地万物的固然有
序，正如特殊性不能扰乱整体同一性一样，所以还需要致思于整
体同一背后的普遍性原理，否则整体同一是不可理解的，甚至不
可想象其完整。但致思万物的普遍性，又可能是一个永远的哲学
陷阱，从理性假设开始，到本质论独断终结，普遍性论述很难真
正离开其假设的起点。庄子似乎没有追求本质论深邃的哲学情

结,《齐物论》说"若有真宰,而特不得其朕",大概就是庄子
思考本质问题的思维上限,也是他"知有所至"认识论的自我
验证。既然不从本质论的论域断言万物本质上是同一的,那就只
能着眼于现象,庄子所谓"自其同者视之",虽然锐意于普遍
性,但"万物皆一"的结论却不是本质论性质的,而是现象甚
至举目可见的万物表象。甚至,庄子所指述的万物之所"一",
也不是西哲所说的物质存在,因为在中国哲学中,称之为"万
物"就已经包含了物质存在的意义,所以"万物皆一也"的普
遍性,只能是《齐物论》所阐明的"自是""自然"。万物莫不
自信其是、自行其然,是可以直观感知的,也是百家争鸣正在印
证的,不需要抽象思维的深度加工,但可以有情感的真切体贴,
因为"自是""自然"之中,蕴含着万物各有的生存意志或意
愿。既然认识到"自是""自然"是万物所具有的普遍性,那么
分辨人我是非就没有必要,因为被"我"看做对立面的他者,
首先在精神上就与"我"一样,也正在分辨彼此,既然精神上
所在如一,那么形骸的分辨就毫无意义,因为分辨形骸的是精
神;其次在万物大化中,被此我作为对立面的他者,转过身去就
是自我,此我与彼我,都是大化的呈现,乍生乍灭,生生灭灭中
贯穿的真我,则与大化同在,不生不灭。由此看待是非、生死、
自不自、然不然、可不可等等,"万物皆一也"。这一套思绪,
也就是王骀寓言所说的,"死生亦大矣,而不得与之变。虽天地
覆坠,亦将不与之遗。审乎无假,而不与物迁。命物之化,而守
其宗也"。死生、天塌地陷、大化迁流,都不能改变真我,真我
与"宗"同在。所谓"守其宗",也就是《天下》篇所说的"不

离于宗",是万事万物"皆原于一"的造化生成根本。同样的意思,在第三则叔山无趾寓言里,就表述为"以死生为一条,以可不可为一贯"。死生不再是常习所认为的终点和起点了,而是大化无穷的两个节点,则真我在大化中其乐无穷,"夫保始之征,不惧之实,勇士一人,雄入于九军。将求名而能自要者而犹若是,而况官天地,府万物,直寓六骸,象耳目,一知之所知而心未尝死者乎!"这也就是"自然"精神的大勇,既没有对于特殊性他者存在的畏惧,也没有因辨异而引起的排斥性伤害。

第五,"自然"精神的魅力如何产生。五则寓言,大抵都有关于精神魅力的描述或暗示。如王骀与孔子,追随者"中分鲁"。又如申屠嘉说伯昏无人,"先生之洗我以善"。哀骀它的故事更鲜活,"丈夫与之处者,思而不能去也。妇人见之,请于父母曰'与人为妻,宁为夫子妾'者,数十而未止也"。卫灵公见过闉跂支离无脤之后,甚至看健全的人都不对了,"其脰肩肩"。至于叔山无趾嫌弃孔子"蕲以诚诡幻怪之名闻,不知至人之以是为己桎梏",则从反面暗示至人的魅力。这样的魅力当然很重要,因为它正是"自然"修养的价值之所在,是由"自然"修养可能形成社会秩序新模式的表征。那么这种神奇的魅力,如何可能发生呢?由于庄子的表述方式是寓言,既非引述先王先圣的正言说论,也不是经验世界的事例举证,所以如何取信于人就是个问题。虽然庄子借重孔子、子产等,但这种以历史人物作寓言的创作方式,真实的作用是引人关注,方便参与时代议论,但不可能增其信重,反倒有可能逗引怀疑,因为寓言故事在事实的层面显然是假的。为什么要用那么明显的造假来著书立说呢?或许逗引怀疑本来就是庄子预留的一个后门，提示读者分辨其著述真意，不在于历史人物或事实，而在于寓意，从而由起疑情进入哲学思考。语言还在时代的语境之中，意思却在时代的语境之外，那么庄子要证明或者说清楚"自然"产生精神魅力的可能性，就只能采取独特的方式，不摆事实，只讲道理。这个道理在《齐物论》中已经现身过，即风之于天籁，风本身没有声音，但可以让众窍发挥各自的性状特征，发出各自不同的声音。用哲学的语言来表述，真正含括各种特殊性的普遍性，可以让各种特殊性都朗显出来，在创造中呈现其"自然"。这是庄子哲学的核心思想，许多篇章都有所描述，而《德充符》正是庄子这一思想的随机阐发。只是由于《德充符》的叙事风格，是以有形之卑陋凸显无形之精神，所以列举了一些卑陋的例子，不像"天籁"那么清雅，如狌子食死母，"少焉眴若皆弃之而走。不见己焉尔，不得类焉尔。所爱其母者，非爱其形也，爱使其形者也"。哺乳的乳猪瞬间逃离其死母，是因为死母有其形而无其神，与己不同类。此外还有"战而死者，其人之葬也不以翣资""为天子之诸御，不爪翦，不穿耳"等等，道理都一样，精神上的类认同才是相互不排斥、自愿融聚的根源。因为世界上任何有形质之物都只能是特殊的，都不可能引发广泛的类认同，不具有普遍性，因而只有精神才会产生寓言所描述的魅力。而精神要具有普遍性，就不能局碍于各种偏见，不能在意志上与他者形成排斥甚至对立。这两个方面，在《德充符》中被概括为"才全而德不形"。所谓"才全"，当然不是知识和能力方面的，任何人的知识和能力都有其局限性，都不能奠定普遍性基础，所以只能是思想观念或见识层面的。"死生存亡、穷达贫富、贤与不肖、毁誉、饥渴、寒暑，是事之变，命之行也。日夜相代乎前，而知不能规乎其始者也，故不足以滑和，不可入于灵府。使之和豫，通而不失于兑。使日夜无郤而与物为春，是接而生时于心者也。是之谓才全。"显然，这样的"才全"不是人与人的比较，而是人以见识与造化形成默契，在日夜无间隙的大化迁流中，与春意般的生生不息之机同化，以此待人接物，就不会出现《齐物论》所描述的世俗生活"与接为构，日以心斗"的困扰，而能让心思与时间的推移同步，怡悦在造化无穷之中。所谓"德不形"，与老子"上德不德"大意相仿，简言之就是不以自己的道德准则、道德意志施加于人。"何谓德不形？曰：平者水停之盛也，其可以为法也。内保之而外不荡也。德者成和之修也，德不形者物不能离也。"像水一样德不外溢，是不以己意施加于人为德，不以一己之自或不自，去衡量他人是否然于当然。这样的德像一面不动的镜子，不将不迎，物来则应，能帮助不同的人重新认识不同的自我。《德充符》说："人莫鉴于流水而鉴于止水，唯止能止众止。"又说："幸能正生以正众生。"一种与造化同时迁流的德，怎么还能"止"呢？因为水停之貌的譬喻，很容易让人产生寂然不动的联想，但譬喻毕竟是譬喻，德之"止"，只能是止于造化，也就是安顿于生生不息的造化之机，至于现实，任何人作为载体都是不充分的、临时的，所以水停的譬喻，适宜引导意义理解，诸如充盈而不外溢、清澈而不炫耀等等，不宜耽滞于具象的联想。也只有在安顿于造化之机的意义上，才能够理解"唯止能止众止"。

最后是在与惠施的辩论中,庄子所表述的"德充符"宗旨,"常因自然而不益生"。"因"是因循,"自然"不仅指自己的,也指他人以及万物的。但庄子并不预设某种秩序然后行使公权,有什么必要谈论因循他人以及万物之"自然"?庄子说:"圣人有所游。而知为孽,约为胶,德为接,工为商。圣人不谋,恶用知?不斫,恶用胶?无丧,恶用德?不货,恶用商?四者天鬻也。天鬻也者,天食也。既受食于天,又恶用人?"呈现"自然"之德的圣人,并非宅居在某个特定的地方,保持在某种特定的状态,像殿堂里的神像一样,而是生活在社会中,拥有逍遥游的自由,与他人以及万物,随机发生无障碍接触,所以因循"自然",就不是自了汉式的自己解决自己的问题。但在因循他人以及万物之"自然"的过程中,又很容易动摇、损益自己的"自然",干一些施加于自己或者他人的"益生"之事。这是个潘多拉魔盒,一旦打开就身不由己,所以"自然"修养要在自己的精神世界做好四门功课。其一以智谋为妖孽,如《大宗师》说:"今大冶铸金,金踊跃曰'我且必为镆铘',大冶必以为不祥之金。今一犯人之形,而曰'人耳人耳',夫造化者必以为不祥之人。"因为有智谋,悉至生出偷袭造化的特殊意志,"自"受智谋的感染而膨胀为社会人之"我",站在庄子哲学的角度看大概就是自作孽,所以说圣人不刻意谋划,用不到智谋。其二以约誓为胶固,由于约誓本身就是凿开人我的行为,由约誓所导致的结果之"然",未必还是本"自"之"然",所以说圣人不刻意凿开人我,不需要胶固。其三施德以连接人际关系,这样的德只是利益的工具,服从得失谋算的需要,圣人安顿于造化的川流不息，没有特别的所得所失，所以也不需要此所谓德。其四工于技巧不过以备商贾，而圣人不是货物也不在意货物，所以也用不到为交换做预备。这四门功课是"自然"的修养，也只有"自然"如其本来的样子呈现，才可以作为因循的基础，因为因循本身就是形成甚至建构秩序的行为方式。

陆 《大宗师》——文明向导与方向问题的哲学思考

旧注家对于《大宗师》题旨，做出过各种阐释，主要围绕两个问题，第一是以谁为"宗"，以明精神归属；第二是为谁作"师"，以言文明作用。而且，按历史先后的顺序来看，诸家阐释还隐约呈现出一种趋势，即从品味文章到勾勒思想宗旨，再到推绎其思想理路之所以然。

王夫之之前，注家释题大都围绕第一个问题。早期如魏晋时崔譔说："遗形忘生，当大宗此法也。"[1]"遗形忘生"是《大宗师》一些寓言所描述的生死态度，"大宗此法"意即以遗形忘生为法。这显然是品味《大宗师》文章的读法，很直观。其次如稍晚的郭象说："虽天地之大，万物之富，其所宗而师者，无心也。"[2]又如北宋王雱说："夫德之充者入于道。道者，天下莫不由之也，虽天地之至大，万物之至多，

---

1 陆德明：《经典释文》卷26，《文渊阁四库全书》第182册，第835页。
2 郭庆藩：《庄子集释》卷3上，第231页。

皆同归而一致。此庄子作《大宗师》之篇,而次之于《德充符》也。"[1]南宋林希逸说:"大宗师者,道也。犹言圣法天,天法道,道法自然也。"[2]这都是试图勾勒其思想宗旨的阐释。郭象说"所宗而师",宗与师是等阶的,都归结为"无心"。王雱、林希逸二人认为《大宗师》的题意,核心在"道"。王雱的关注点,在于天地万物"皆同归而一致",也就是在一个"宗"字上,强调万物的同一性。这是荆公新学派的一贯立场,符合其推衍"万物莫不由是而之焉者道也"的思想体系,对于表述万物同一性的思想资源,常表现出超越常人的敏锐。林希逸的阐释很简洁,但引《老子》的名句为连类,意味深长,尤其是以老子之所谓"法"解释庄子之所谓"师",将《大宗师》的文明作用之义钩沉索隐出来,很醒目。合而言之,郭象以"无心"为宗师,王、林二氏以"道"为宗师,有个主观与客观、具体与宽泛的差别存乎其间;王、林二氏同样以"道"入说,又有着眼点或在同一性或在效法上的差异。三家所勾勒出的思想宗旨虽不尽同,但较之崔譔,阐释更深入了一步,关注点都在孰为宗师的思想内涵上;但较之后来的王夫之,又都省略了为谁或为什么事作师的问题。

王夫之推绎其思想理路之所以然,对"大宗师"立意的理解更清晰。其说云:"凡立言者,皆立宗以为师。而所师者其成心,则一乡一国之知而已,抑不然,而若鲲鹏之知大,蜩鷽

1　王雱:《南华真经新传》卷5,《道藏》第16册,第181页。
2　林希逸:《南华真经口义》卷6,《道藏》第15册,第728页。

之知小而已。通死生为一贯，而人于'寥天一'，则'儵、忽'之明昧，皆不出其宗，是通天人之大宗也。夫人之所知，形名象数，是非彼此，吉凶得失，至于死而极。悦生恶死之情忘，则无不可忘，无不可通，而其大莫圉。真人真知，一知其所知，休于天均，而且无全人。以阒虚生白者，所师者此也，故唯忘生死而无能出乎宗。此七篇之大指，归于一宗者也。"[1]

这是联系内七篇，解"大宗师"所云然。其中有这样三点意思值得关注。第一，王夫之说"立宗以为师"，与郭象说"所宗而师"，都是将宗与师两个字分开来读，这种读法不将"宗师"当做一个称谓，而是当做一种意义表述，显然更能展现庄子的思想张力，以见《大宗师》的思考对象，不是个人或者超人如何如何的问题，如《老子》所谓"古之善为士者"云云，而是有一个宗旨可以效法，可以为师。第二，郭象说"无心"，王夫之说不是人各自师其"成心"，都将《大宗师》的论旨归结在观念意识、知识见识方面，"无心"是洗涤以前的观念意识，不自师其"成心"是脱离观念意识的旧习惯、旧格局，以此发明《大宗师》之意，可以解释其中的寓言隐喻。第三，对于为谁或者为什么事作师的问题，包括郭象在内的许多旧注家都省略了，王夫之虽然也没有明说，但从他的推绎里，可以看出些端倪。其说"凡立言者，皆立宗以为师"，意若《老子》所谓"言有宗，事有主"，而《老子》的言之宗，是建构一套以

1 王夫之：《庄子解》卷6，《船山全书》第13册，第156页。

"道"为核心的思想体系，同样，《庄子》内七篇在王夫之看来"归于一宗"，也自成体系，通过立言呈现出自立一宗。这个宗与老子的继承和发展关系，我们姑置不论，就其相对于儒家而言，既然自建体系、自立一宗，那就表明撇开了尧舜以来的典谟训诰，与儒家"祖述尧舜，宪章文武"亦即以尧舜文武为宗的文明体系截然不同。弃尧舜文武之宗不用，那么又是要为谁作师呢？许多旧注家在释题时都省略了第一个"大"字，似乎当成了可有可无的形容词，这样的省略或许会导致某种意义的遗漏，而王夫之明确《大宗师》之意在于"通天人之大宗"，意味着其立意很"大"，虽在尧舜文武为现实文明开宗立教的体系之外，但不在其格局之下，是为通贯天人的大本大宗之文明体系做"师"。明确这一点，对于理解《大宗师》的思想内涵很重要，因为《大宗师》所思考的，本来就不是个人的问题，而是社会整体的问题。如果仅仅是刻画某种超凡的人格以树立个人的精神榜样，应该像老子那样讲讲"古之善为士者"，或者像《庄子·刻意》那样讲讲山谷之士、平世之士等等就够了，何必夸大其词讲什么大宗师？如果将"大宗师"作为"应帝王"的铺垫，那么庄子的哲学岂非又回到了塑造圣君明王的儒家老路上，《天下》篇的"内圣外王"又何必从"原于一"的文明起源讲起？由此看来，一些旧注家对于上述两个问题各有所省略，并非由于视之为常识便可以省略，而是由于旧注家习惯在现行文明的畛域内解读《庄子》，因此忽略另一种可能性，即庄子所思考、所审视的，其实是整个文明的合理性问题。换言之，所谓"大宗"，指的是整个社会文明；所谓

"师"，就是以"真知"为整个社会文明作"师"，探寻另一种文明生成基础、向导或方向的可能性，引导文明别开生面。这可能是庄子被遮掩在强烈的批判精神背后所蕴含的深沉的建设意识，也是庄子的"祈向"。《庄子·天地》说："三人行而一人惑，所适者犹可致也，惑者少也。二人惑则劳而不至，惑者胜也。而今也以天下惑，予虽有祈向，不可得也，不亦悲乎！"大概说来，庄子立足于现实而致思人类文明的可能性，既不像佛教那样以宗教的形式说个彼岸世界的故事，因而容易被理解也容易被接受，又必然放在尧舜文武创发唯一文明的现实及其观念世界中，不被理解情有可原，时或误解也无足深怪。至于本文的解读尝试，只是借助王夫之的推绎，重新思考文明的另一种可能性而已。

一　分章的尝试

解读《大宗师》，我们可能还需要为这篇议论宏富、思想复杂的哲学论著分分章节，否则不容易看清其叙事结构，因而也不容易看清其思想主题。这方面，《庄子》不像其他经典的历代注解那样方便借鉴。如《老子》，自汉代河上公作《老子章句》，八十一章的体例就基本固定下来了，文字有版本差异，但章节体例相沿弗革；又如《四书》，朱熹作《四书章句集注》，最终确定的章句成为通行的范式，是标准化的教科书。《庄子》的注解历代也不少，其中也有影响较大的，如郭象注，历史上甚至流传过"庄子注郭象"的说法，但主要是指义理阐释尤其是对于寓言精当的义理归纳方面，¹没有章节划分可资借鉴。传世的郭象注有两种文本形式：一是与唐初成玄英疏的合本，夹注不分章；二是南宋褚伯秀《南华真经义海纂微》所收，虽然褚伯秀分了章，郭象注依据褚氏分章重新裒辑，但后人并不沿用，所以这个文本的价值主要体现在文献方面，录存了南宋以前各家的《庄子》注释。其他的注家如林希逸、王夫之等，所分章节也互不尽同，所以尽管《庄子》书历来注解极繁富，但章句无定本，不便借鉴。既然如此，本文就按照自己的想法姑且为《大宗师》做一个分章尝试，只为了方便理解其叙事结构和思想主题。

一、自开篇至"所谓人之非天乎"为第一章。本篇大纲性

1　《五灯会元·资寿尼妙总禅师》："平江府资寿尼无着妙总禅师，丞相苏公颂之孙女也。……师曰：'曾见郭象注《庄子》，识者曰，却是庄子注郭象。'"（普济：《五灯会元》卷20，苏渊雷点校，中华书局1984年版，第1348页）又，元刘埙《隐居通议》解其说云："郭象注《庄子》，议论高简，殊有义味。凡庄生千百言不能了者，象以一语了之。余尝爱其注混沌凿七窍一段，惟以一语断之曰：'为者败之。'止用四字，辞简意足，一段章旨，无复遗论。盖其妙若此，世谓庄子注郭象，亦一说。"（《文渊阁四库全书》第866册，第166页）又明杨慎《丹铅总录》释其说之意云："昔人谓郭象注《庄子》，乃庄子注郭象耳。盖其襟怀笔力，略不相下。今观其注，时出俊语，与郑玄之注《檀弓》，亦同而异也。洪容斋尝录《檀弓注》之奇者于《随笔》。予爱郭注之奇，亦复录于此。如《逍遥篇注》云：大鹏之与斥鹦，宰官之与御风，同为累物耳。《养生主注》云：向息非今息，故纳养而命续；前火非后火，故为薪而火传。又：以生死为痡寐，以形骸为逆旅。又云：多贤不可以多君，无贤不可以无君。又云：通彼而不丧我，即所谓惠而不费也。又云：天性在，天窦乃开。又云：尧有亢龙之喻，舜有卷偻之谈，周公类之走狼，仲尼比之逸狗。又云：律吕以声兼形，玄黄以色兼质。又云：生之所无以为者，分外物也；知之所无奈何者，命表事也。此语尤精，可比于荀、孟。又云：草不谢荣于春风，木不怨凋于秋天。李太白用为诗语，而人不知其本于子玄也。"（杨慎撰，丰家骅校证：《丹铅总录校证》卷24，中华书局2019年版，第1127—1128页）

质，摆明了是要在天人关系的层面讨论"真知"问题。站在天人关系的层面，也即郭象所谓"设对独遣"的一种表现，表明不是在典谟训诰亦即先王法则、神秘启示亦即神明法则的基础上讨论问题。而谓之"真知"，就必有其针对性，广义的可以理解为对于现行知识体系的全面怀疑。也唯其是要推敲整个知识体系的合理性，所以才需要提升到天人关系的形而上层面。这也是对篇题"大宗师"的定位，意即以整个知识体系或曰文明体系为"大宗"，追索其"师"也就是向导和方向的合理性。

　　二、从"且有真人而后有真知"至"天与人不相胜也，是之谓真人"，为第二章，凡五节。四句"古之真人"开头的各为一节，"以刑为体"之后单成一节，是对以上四节的归纳，但角度一反一正。前四节从反亦即超越常俗习见的角度探讨产生真知的条件，后一节从正亦即建设性角度说明真知可以成为文明的基础。由于庄子不信也不言天启神学之类的说辞，所以真知的发生必不离人；又由于庄子看到从先王"作之君，作之师"到现实苦难的文明史关联，所以这个"人"必不能是具有许多治理意志之特殊性的先王，而是体现天道普遍性的"真人"。"真人"有人的能知之灵智，无用智为谋的特殊意图，可以作为天人之际的可能媒介。这是本章与开篇大纲基本的义理关联。

　　三、从"死生命也"至"又况万物之所系而一化之所待乎"，为第三章，在《大宗师》全篇中是个起承转合的枢纽。大意是说现行文明离天道而任人力，致使泉源枯竭，生活在这个文明里的人都像涸辙之鱼，因此可以相信另一种文明模式，相忘于江湖。

四、从"夫道有情有信"至"参寥闻之疑始",为第四章。试图以历史叙事说明另类文明的可能性,只是不同于唐虞夏商周的文明史观,大要是个道固然一致而历史其实多元的格局。形成这种格局的内在逻辑,就是道可传而不可受。

五、从"子祀"至"乃入于寥天一",为第五章。列举真人真知文明内不同人的不同反应,有正反两方面例子,正面的例子以造化看生死,反面的例子以礼仪看生死。前者乐天知命,后者怀是非之忧。

六、从"意而子见许由"至篇末为第六章,大要讲由现行文明躯壳走向另类文明的可能性。

如上六章,由于以天人之辨推阐另类文明可能性的思想主题,在现实中既无所取证,在思想界又没有约定俗成、相互默契的话语环境,所以只能以寓言与议论递相发明,形式上就稍显繁复。但思想主题是集中而且清晰的,即以天人之辨的理性思维,慎思合理文明的可能性及其生成路径;大体结构也是不难理解的,前三章为理论推阐,后三章为寓言阐释或举证。本文就按照这样的分章来讨论《大宗师》的思想。

二　天人之辨的哲学意义

《大宗师》开篇说:"知天之所为,知人之所为者,至矣。知天之所为者,天而生也;知人之所为者,以其知之所知,以养其知之所不知,终其天年而不中道夭者,是知之盛也。虽然,有患。夫知,有所待而后当,其所待者特未定也。庸讵知吾所谓天之非人乎？所谓人之非天乎？"

开篇就辨天人关系，意图当然不是追求哲学思辨极高明的专业形式，古人著书立说，就算道家思想海阔天空，大开大合，也断不会无聊地讲一些没有问题背景的玄言奥义，而必言有宗事有主，就庄子的天人之辨而言，就是要确立一个审视文明合理性的角度，为文明反思找到一个依据。不特庄子，儒法各家也同样言有宗事有主，如果站在先王先圣何思何为的角度，以《六经》为依据，那就是儒家的经学；如果站在当世君王孰利孰弊的角度，以现实利益为衡准，那就是法家的政治学。所有学派的思想学说，最终都可能指向社会的文明模式问题，但层面不同，法家的法治，儒家的礼治，道家的道化，在天人之际错落有间，笼统地都可以称为天人之学，但并非所有的学派都有明确的天人之学的自觉意识，都站在同一个理论层面。比较而言，墨家讲天人关系最保守，思想基调是商周之际的古老信仰；法家最就新，借助"道生法"以解决法理基础问题，消解天与君王的权威二元化。墨家复古，法家就新，将天人之辨的思想空间撑开得很大，儒家和道家都属于这个思想空间内的中间路线，不偏向极端的任何一端，但思想上存在由学术渊源所形成的亲缘关系，即儒墨二家同尊尧舜文武，都属于思想和信仰上保守传统的阵营；道法二家以老子之"道"为思想基础和方向，属于思想和信仰的革新阵营。而且，儒道二家虽同走中间路线，走法却又不同。儒家因其敏感性对于天人之辨其实有所回避，如子贡说"夫子之言性与天道，不可得而闻也"，孔子之所以不言天道，第一是儒家认为"惟天为大，惟尧则之"，天道就体现在尧舜等圣人的王道政治中；第二是脱离圣人别言天道，会出现天道与圣人的二元法则，与"祖述尧舜，宪章文武"的立场相违背，所以不是不能言，而是不可言。道家相反，其言天道，深作天人之辨，思想理论的意图有深浅两层。浅显的一层是找出古今一贯之道，如老子"执古之道以御今之有"，如庄子辨"治之道"与"治之具"，由之引申，就出现"道，岁也；圣人，时也"[1]的论断；更深的一层就是以天道重新审视现行的文明，慎思建构另类文明的可能性，如庄子之"祈向"。这是围绕天人关系问题，先秦四大主要学派的对话图谱，庄子的天人之辨就发生在这个图谱中，《大宗师》的纲领，当然也应该放在这个图谱中来理解，可以表述为两个层面，其一是天人分之知，其二是天人合的不确定性。

　　先说天人分之知。就认知发生而言，天人分要先于天人合，因为天人合有两种状态，首先是人类认知发生之前的原始状态，人与万物混处，懵然无知，然后才是分而后合的思维状态。既然首先的原始状态是懵然无知，也就无所谓分与合，不进入知的视野，不可思议，则"存而不论"可也。《大宗师》的纲领叙述将天人分放在前面，或许正由于这个缘故，并且认为能知天人之分则"至矣"。这个"至"，大概有起点和终点的双重含义，不过不在同一条线路上，起点指认知发生而言，终点指认知能力而言。"知天之所为者，天而生也"一句，郭象的解释很绕："天者，自然之谓也。夫为为者不能为，而为自为耳；为知者不能

―――――――――――

[1]　如宋林疑独注《庄子·秋水》："拘虚者不能背境，笃时者不能趋变，束教者不能循道。道，岁也；圣人，时也。执一时而疑岁者，终不闻道矣。"（褚伯秀：《南华真经义海纂微》卷51，《道藏》第15册，第440页）

知，而知自知耳。自知耳，不知也。不知也，则知出于不知矣。自为耳，不为也。不为也，则为出于不为矣。为出于不为，故以不为为主；知出于不知，故以不知为宗。是故真人遗知而知，不为而为，自然而生，坐忘而得，故知称绝而为名去也。"[1]由于郭象将能知与所知、能为与所为分开，前者是主体，后者是主体的作用或行为，用符其独化论的思想逻辑，所以有这样一番形式颇繁复的推绎。虽然繁复，但以"天"指谓物理之"自然"，则有助于从概念上明确庄子的思想立场，庄子之天不带任何意志色彩。王夫之的解读要明决许多："未生而使生，已生而使死，天之为也，不可知者也。"[2]天之所为不能按照人类的情感去揣度其所以然，所以理解天之所为的人不管遭遇什么，都能安之若命，如《大宗师》篇末子桑的感叹："吾思夫使我至此极者而弗得也。父母岂欲吾贫哉？天无私覆，地无私载，天地岂私贫我哉？求其为之者而不得也，然而至此极者，命也夫。"明白天之所为非出于情感、意志，也非我的情感、意志所能改变，所以生命、生活只能安顿于物理自然，即"天而生也"。人的"自然"或选择性自由的可能性，在"知人之所为"方面，从可能到现实的路径，就是"以其知之所知，以养其知之所不知"。这句话是庄子思想中很让人提神的一个断见，以不同的表述时常出现在《庄子》书中。其大意是说，一切已知的都只是工具，只有未知的才是世界，人类的处境，不过是掌握有限的知识工具，生活在无限

1　郭庆藩：《庄子集释》卷3上，第224页。
2　王夫之：《庄子解》卷6，《船山全书》第13册，第156页。

的未知世界之中。而且，有限的知识工具是把双刃剑，既可以是利器，也可能是囚笼。打开囚笼的唯一办法，就是意识上始终明白，人只能生活在已知与未知之间，用已知的方式开创未知的生活。所谓天人之际，在庄子思想中有此独到的含义，而且庄子认为社会文明不可规划的认识论根源，同样也在这里。实践中，则要既审慎又从容地对待已知与未知的接触面，如庖丁的刀。审慎是对未知的敬畏，不能由于拿着知识的刀就自信心爆棚，横劈竖砍；从容是理解未知世界才具有无限的可能性，即如《徐无鬼》篇所说："故足之于地也践，虽践，恃其所不蹍而后善博也。人之于知也少，虽少，恃其所不知而后知天之所谓也。"未知而无限的"天"，才是人类开创自身生活的无限空间，所以人类没有理由将自己拘缚在还很狭隘的知识空间里，哪怕这些知识都是圣人教导的，也同样达不到绝对真理、完全真理的状态，不能成为人类自我拘缚的理由。这是庄子天人之辨的基本思想内涵，与自信其体系圆满的儒墨法诸家，对话或许可能，但达成共识的希望很渺茫。

其次说天人合的不确定性。如果说在天人分的层面庄子与儒墨诸家的思想差别是隐性的，须做一番辨识然后可见，那么在天人合层面的思想差别则很明显。同一个天人关系的话题，何以在两个层面出现这样的隐显之不同？原因大概在于天人分属于认识论问题，庄子的见独之处，为诸家所未及，只是属于庄子个人的理论务虚；而天人合则是文明建构的合理性前提，诸家都高度关注，表明立场，急于时用，而庄子慎思不厌，强调关于天人关系的认知有待实践检验的不确定性，依然在理论务虚的思想状态，与诸家直接关涉操作的务实，也就对比明显。

当然，庄子思想与其他各派的这种差异，是我们站在今天的角度所看到的思想史现象，而在当时，庄子的思想学术很边缘化，社会影响甚至不及稷下先生，所以并不能让思想界聚焦到他所慎思的问题上。春秋战国时具有聚焦能力的，首推儒家，天人关系议题也不例外，所以各家在这个议题上表明立场，各抒己见，都或隐或显地针对儒家，如《墨子·天志》。[1]《天志》三篇，充满辩义的热情，核心思想其实就一个，政治的最高管制权、义或曰仁义的社会正义原则，都来源于天。而游走诸侯之门的"士君子"不知天之大，所以是"知小而不知大"。所说的天大，当然不是指形体或视角效果，而是天对于社会文明秩序的权力与能力之大，视觉上发现或不发现天之高明广大，不值得墨子如此骄傲或者焦虑。如何理解天的权力？《天志》说："若处家得罪于家长，犹有邻家所避逃之。然且亲戚兄弟所知识共相儆戒，皆曰：'不可不戒矣，不可不慎矣，恶有处家而得罪于家长而可为也！'非独处家者为然，虽处国亦然。处国得罪于国君，犹有邻国所避逃之。然且亲戚兄弟所知识共相儆戒，皆曰：'不可不戒矣，不可不慎矣，谁亦有处国得罪于国君而可为也！'此有所避逃之者也，相儆戒犹若此其厚。况无所避逃之者，相儆戒岂不愈厚然后可哉？且语言有之曰：'焉而晏日，焉而得罪，将恶避逃之？'曰：无所避逃之。夫天不可为林谷幽门无人，明必

---

1   吴毓江：《墨子校注》卷 7，孙启治点校，中华书局 2008 年版，第 293—335 页。下引《天志》原文不注。

见之。然而天下之士君子之于天也，忽然不知以相儆戒，此我所以知天下士君子知小而不知大也。"天是天地万物的大家长，获罪于天便无处可逃，所以士君子有意于社会教化，首要的就是像亲戚朋友一样相互劝诚要敬畏于天。不能不知天，不思天，更不能越是知天思天就越是天不怕地不怕，天不是无人的林谷幽门，而是有意识的治理金字塔的顶端、秩序链条的总根源。"是故庶人竭力从事，未得恣己而为政，有士政之。士竭力从事，未得恣己而为政，有将军大夫政之。将军大夫竭力从事，未得恣己而为政，有三公诸侯政之。三公诸侯竭力听治，未得恣己而为政，有天子政之。天子未得恣己而为政，有天政之。"这是墨子所勾勒的天下六等级结构图——庶人、士、大夫、诸侯、天子、天，层级分明。但是，只有前五个层级是现实的，虽然生活中有许多层级隔离的规矩，但通过纳税、管控等一系列的社会措施，毕竟显现为一个生活共同体，而天不参与人类的生活，将天冠于五层级之首，有何凭证？墨子相信，祭天的古老传统可以为证，天是比天子更高的政治权威，从"三代圣王禹汤文武"以来，"明说天下之百姓，故莫不犓牛羊，豢犬彘，洁为粢盛酒醴，以祭祀上帝鬼神，而求祈福于天。我未尝闻天下之所求祈福于天子者也，我所以知天之为政于天子者也"。因为包括天子在内的所有人都祈福于天，所以天站在层级链的顶端，是为政的总根源。同样，以祭祀的行为和目的为证，"则义果自天出矣"，正义原则也来源于天。对于"不知亦有贵知夫天者乎"的问题，墨子的回答很干脆，"天为贵，天为知，而已矣"，没有比天更贵更知的。这种充满信仰色彩的论断，不仅与孔子"祭如在，祭神如神在"

的人文理性态度对比鲜明，而且与老子"天法道"的论断，也同样构成思想的两极对话。

将天作为政治权力以及社会正义的最高来源和原则，即所谓"天志"。对于墨家来说，这样的"天志"不仅是其自身的言之宗、事之主，同时还是衡量天下各学派的准尺。"我有天志，譬若轮人之有规，匠人之有矩。轮匠执其规矩，以度天下之方圜，曰：中者是也，不中者非也。今天下之士君子之书不可胜载，言语不可尽计，上说诸侯，下说列士，其于仁义则大相远也。何以知之？曰：我得天下之明法以度之。"这种超高强度的理论自信，与庄子之慎思确实不可同日而语，站在庄子哲学的角度来看，大概很无语。

儒家的天人之辨，由于孔子的审慎而展现出思想史的复杂。孔子既不像墨子那样无所怀疑地信仰商周人格之天，又要守护尧舜三代的文明传统，不像法家那样唯尧舜三代之陈言务去，还不一定能接受老子"天法道"的新原则，所以卡在了从历史经验到普遍原则的路上。孔子删述六经，大概删去了许多巫觋之术、怪力乱神之事，只保留了《尚书·洪范》中禹受洛书等少量的天启神学的痕迹，所以《六经》叙述的历史，比现代考古所发现的历史，文化上显然要纯洁典雅很多。而禹受洛书是《洪范》九畴的叙事楔子，神迹的痕迹抹不去，但后世儒者注经，也大都存而不议，所以如何由尧舜经验抽绎出普遍性原则，对于儒家来说确实是个建构理论以应对时变的大问题。好在还有部《易经》，可以帮助儒家走出这种理论的困境。但由《易传》发轫的易学"推天道以明人事"，依然保持着不离事而言理的原则，如

《系辞》，堪称先秦儒家形上学的巅峰之作，但《系辞》所讲的，其实是《易经》所谓"体例"，也就是为《易经》卦爻象和辞找到一个能够通贯的解释，方法论上属于仪象亦即模式化，而非意在最高普遍性的抽象。而且，为《易经》的全部卦爻象和辞找到某个解释的通例，事实上至今做不到。所以后世儒者要建构含括形上学的思想体系，要么借鉴其他学派，如玄学之借鉴老庄；要么放开四书五经及其传注，直面天人关系，如程颢。程颢说："吾学虽有所受，天理二字，却是自家体贴出来。"[1] 所谓"自家体贴"，意味着超越了传统以及传承，而一旦体贴出来之后，回头再看传统的经典就不一样了。《论语·公冶长》载："子贡曰：'夫子之文章，可得而闻也；夫子之言性与天道，不可得而闻也。'"朱熹注引"程子曰'此子贡闻夫子之至论而叹美之言也'"，子贡明说"不可得而闻"，怎么就变成了"子贡闻夫子之至论"？朱熹述而广之："文章，德之见乎外者，威仪、文辞皆是也。性者，人所受之天理；天道者，天理自然之本体，其实一理也。言夫子之文章，日见乎外，固学者所共闻，至于性与天道，则夫子罕言之，而学者有不得闻者。盖圣门教不躐等，子贡至是始得闻之，而叹其美也。"[2] 不躐等是教学循序渐进，符合孔子因材施教的风格，所以程朱的解释虽然别无所据，但自身很有道理，只是孔子终究未曾留下阐述"性与天道"的著述，所以他们的解释，只能理解为体贴出"天理"之后重新塑造传统的

---

1 程颢、程颐：《二程集·外书卷第十二》，第 424 页。
2 朱熹：《四书章句集注》，第 79 页。

结果。至于孔子不言性与天道，放在先秦的思想环境里来看，其实是做了个审慎对待天人关系的示范。就此审慎态度而言，可能只有庄子而非其他人与孔子最接近，差别在于孔子的审慎乃出于人文理性的立场，知之为知之，不知为不知，不为政治的功利目的开启怪力乱神之谈，也不为政治学目标将人性圈定在善恶的伦理层面，而庄子的审慎则是深邃思辨的必然表现。

　　法家以韩非子为代表，所关切的只是人事，确切地说是人事中的时事政治问题，并不就天人合议题与各派纠缠。如其名篇《显学》，批儒墨"明据先王，必定尧、舜者，非愚则诬也"，而其宗旨，只是要推行法家的"必然之道"，以满足君王治世之用。[1]但尽管如此，也并不意味着法家就能脱离时代的理论环境，尤其是法家缺失立法制度这个重要的环节，关于法理来源就不能不给出个说法，不为杜悠悠之口，至少也要厌君王之心。所以，如学界所共知，《鹖冠子》有"道生法"之说，而在学术史层面，自司马迁《史记》立《老子韩非列传》，法家解决其法理来源问题有所因据老子道家，就是一个学术史的通识。但法家因据老子道家，究竟是某种理性的狡计，方便其学派立论呢？还是法家思想对当时天人关系议题的一种回应？关于这个问题，可能由于对老子"天法道"论断的思想史意义持有不同的理解，会做出完全不同的判断。而理解老子"天法道"论断，则由于时代久远，像墨子那样以天为最贵最知的可参照的例子不多，而且如《庄子·天下》所说，"天下之治方术者多矣"，百家论道中微妙

1　详见王先慎：《韩非子集解》卷19，第457页。

的含义差别也不易甄辨，所以"天法道"的意义时常被后一句
"道法自然"所遮蔽。一个后世的例子，或许可以为我们理解
"天法道"论断提供些参照。据耶律楚材《玄风庆会录》记载，
丘处机答成吉思汗问长生之道时，做了一个具有明显针对性的响
应，"人止知天大，不知道之大也"。[1] 是道大还是天大，既是道
教与萨满教信仰不同的宗教问题，也是道的普遍性与长生天的特
殊神圣性孰为基本原则的哲学问题。同样的问题，先秦必然也存
在，墨子强调天最贵最知"而已矣"不是无的放矢，商周以来
"敬天法祖"的信仰体系，虽因周室式微而缺乏最高的仪式象
征，但诸侯们的宗庙祭祀依然要行礼如仪。放在以天代表特殊神
圣性、最高秩序原则的社会信仰环境里，老子"天法道"无疑
是一个石破天惊的论断，凸显出普遍性是比特殊神圣性更高的秩
序原则，较之天有人格而人须服从的传统天人之辨，毋庸置疑是
深刻的思想变革，哲学从宗教中脱胎而出。法家借鉴其思想变革
的成果，即使不纠缠，也依然处身在时代天人之辨的思想环境
中。不过，韩非子与老庄道家的思想差别也很显著，老庄将天人
都同等视为道的载体，通常称为"天之道""人之道"，都是道
之普遍性的特殊显现，而韩非子满足于天人分，偶尔以天与人对
举，要么就是天人二分的意思，如《扬权》"天有大命，人有大
命"云云；要么就是天所表征的自然律可以为人所用，如《解
老》说："聪明睿智，天也；动静思虑，人也。人也者，乘于天

1　耶律楚材：《玄风庆会录》，《道藏》第 3 册，第 388 页。

明以视，寄于天聪以听，托于天智以思虑。"[1]《用人》说："古
之善用人者，必循天顺人而明赏罚。循天则用力寡而功立，顺人
则刑罚省而令行。"[2]借助道家"天法道"，法家走出了天人关系
的蒙昧主义，但道的普遍性意义，时常又会给法家带来另一种极
端的理论自信，即普遍性的道可以衍生出普适性的法，而忽略了
道家认为其所谓"道"，始终不能被人类完全、绝对认知。老子
"道可道，非常道"是这样的意思，庄子说天人合具有不确定
性，也是这样的意思。

通俗地讲，庄子慎思天人合的不确定性，只是由于理论与实
践不同步，即一切理论，事实上都只能是过去的经验总结，当我
们用某个理论去规划未来时，理论本身只能是一种假设，真理与
否不确定。道家从《老子》第一句开始就明白表示，一切理论
都只是假设，而儒墨法各家却坚称各自持守的理论就是真理，如
《庄子·天下》所说，"皆以其有为不可加矣"，各种独断论相持
不下，以致"道术将为天下裂"，庄子因此究极而思，对天人合
这个文明的基础前提产生质疑。质疑的核心在于，天人合之所谓
"天"，原本就是人类认知的结果，正如孔子所说："天何言哉！"
（《论语·阳货》）而作为认知结果的"天"必然带有人类认知
能力的局限性，所以这个"天"究竟是属于天还是属于人，就
具有独断论所不可夺的不确定性。天人合之所谓"人"，当然就
是哲学所讨论的人性问题，中西哲学关于人性的复杂探讨以及观

---

1   王先慎：《韩非子集解》卷 6，第 138 页。
2   王先慎：《韩非子集解》卷 8，第 204 页。

点分歧，也许就是庄子不确定论的最好佐证，不过庄子有他自己的思路，即相对于天而言的人是不确定的。不确定的根源，在于人的类意识出于分辨物我，而一切分辨都是认知活动，所以所谓人性，同样是认知活动的结果，必受到认知能力的局限。至于人的自主意识或意志，说到底像人自身一样，是造化洪炉的作品，人在造化旅途的自主企图，不过如大匠铸剑而人自祝必为莫邪一样，作妖而已。由天与人的双重不确定性来看，天人合这个文明的基础前提本身就是个假设，而假设的出发点，必然是人类的意愿和目的，从假设到实际的文明建构，只是人类意愿和目的的自我实现，文明的进程中因此具现出人类各种意愿和目的的相互冲突，足以警示人类去反思，天人合这个文明的基础前提是否真知。这也是庄子之所以作《大宗师》的根由。

三 "天与人不相胜"的真知

《大宗师》第二章阐述真知的可能性及其内核，大体上有一个思想的理路或叙事的结构，即以第一句"有真人而后有真知"为前提，以末句"天与人不相胜也，是之谓真人"为结论，思想叙述就在这两者之间展开。

"有真人而后有真知"的前提，大概也只有放在庄子自己的思想中才好理解——知是人的灵智之用，人能产生知，则真人能产生真知。语义上没毛病，但与通常的经验不符。因为庄子之所谓"真人"，是没有欲望，也不勉力强行的人，而在通常的经验中，知识是受欲望驱动、通过勉力求知所获得的，没欲望，则获取知识没动力；不勉力强行，则所获知识可能只是随机的耳学，未必真实，也难形系统。更重要的是，庄子这个思想前提与儒家的真知观念大相径庭。先秦儒家虽不用"真知"概念，却必定离不开"真知"的思想观念，而站在儒家的立场上看，如果说世界上有什么超越常俗经验之知的"真知"，那就只能是尧舜文武之道、仁义礼乐之教，[1] 而能发现或者发明这些真知的，是尧舜文武、周公孔子那样的圣人。孔子说："大哉尧之为君也！巍巍乎！唯天为大，唯尧则之。荡荡乎！民无能名焉。巍巍乎！其有成功也。焕乎，其有文章！"（《论语·泰伯》）只有唐尧能够效法于天，也只有唐尧能够以德配天，作天人合之楷式。《中庸》说："君子之道：本诸身，征诸庶民，考诸三王而不谬，建诸天地而不悖，质诸鬼神而无疑，百世以俟圣人而不惑。质诸鬼神而无疑，知天也；百世以俟圣人而不惑，知人也。是故君子动而世为天下道，行而世为天下法，言而世为天下则。"朱熹注"此君子，指王天下者"，[2] 也就是唐尧那样的圣人。唯圣人可以知天知人，为世世代代制定通行法则。由此看来，孔子儒家既已陈大义在前，而庄子尤以"真人""真知"的新概念另起炉灶，其理论意图如何，也就不言而喻。

　　既然以天人关系之"真知"为目标，探寻文明发生的合理

1　《孟子·尽心下》："万子曰：'一乡皆称原人焉，无所往而不为原人，孔子以为德之贼，何哉？'曰：'非之无举也，刺之无刺也，同乎流俗，合乎污世，居之似忠信，行之似廉洁，众皆悦之，自以为是，而不可与入尧舜之道，故曰德之贼也。'"可见尧舜之道不仅是政治原则，也是知的原则，与常俗之知绝殊。

2　朱熹：《四书章句集注》，第37页。

前提，那么思想的焦点就应该放在何为"真知"或"真知"如何的问题上，然而这种哲学上的前提，如果不作预设，就实在无从谈起，即便庄子善思善议，也一样无能为力。于是庄子推演获得"真知"的更高前提——"真人"，让"真人"去朗显"真知"。"何谓真人？古之真人，不逆寡，不雄成，不謩士。若然者，过而弗悔，当而不自得也。若然者，登高不栗，入水不濡，入火不热，是知之能登假于道也若此。"之所以托古，称"古之真人"，大概意思是说曾经有过，以明其可能性，不必指实什么时候什么人，也不是说以前才有现在就没有。这样的真人，不侵凌弱势，不依恃强势，不谋划事功，所以既没有需要懊悔的过失，也没有自以为得意的功业。所谓不栗、不濡、不热，是说没有这些知觉、知识概念，不是修炼成了超人。也正因为没有世人习以为常的概念，跳出了知识工具的拘缚，所以能够由真知的路径"登假于道"，也就是与道相契合。成玄英疏："登，升也。假，至也。"[1] 王夫之解："假音格。登假，升合也。"[2] 无论训假为至还是格，都表明真人既与道契合又非即是道，存在主观与客观、能知与所知的差别。这是庄子言道从不绝对的思想缜密处，人对于道可以趋近、相符，但永远不可能取代道。

进一步说真人什么样，依然是一连串的"不"——"其寝不梦，其觉无忧，其食不甘"；"不知悦生，不知恶死。其出不欣，其入不距"；"不忘其所始，不求其所终"。为什么频繁说

1　郭庆藩：《庄子集释》卷3上，第234页。
2　王夫之：《庄子解》卷6，《船山全书》第13册，第157页。

"不"？因为"不"是一把将"真知"从世俗知识囚笼中剥离出来的解剖刀，庄子常用、善用而且也不得不用。不梦与无忧联系在一起，所谓梦当然就不是什么励志的梦想。《庄子·骈拇》说："意仁义其非人情乎！彼仁人何其多忧也？"最典范的仁人当然是孔子，《论语·述而》："子曰：'甚矣吾衰也！久矣吾不复梦见周公。'"按照朱熹注及注引二程之说，孔子盛年时期寤寐常存志推行周公之道，到年老体衰时依然不见成效，也不再梦见周公了。[1] 儒家的圣人多忧多梦，庄子的"真人"无忧无梦，这两种人连睡觉时的无意识状态都相反，意识清醒的时候就更不同，"真人之息以踵，众人之息以喉。屈服者，其嗌言若哇"。焦虑使人呼吸急促，曲体时说话如鲠在喉，而真人"其息深深"，不是刻意深呼吸，而是习惯了。由这些寻常不过的呼吸经验，庄子发现一个道理，"其嗜欲深者，其天机浅"。嗜欲不能遮蔽事物的真相，但能够遮蔽人自身发现真相的认知能力。而嗜欲又不仅限于一身之衣食住行，还包括文明的或者野蛮的特殊意志。人的认知能力被无所不在的嗜欲所遮蔽，受欲望驱动的求知，终止于欲望的满足，于是真相被视而不见，真知被推到了异度空间。真人没有这些嗜欲，就连人类的生死大欲，也只看做出入造化之门的游历，"其出不欣，其入不距"，明白本我随造化以游无穷，精神上体验到极乐，则一次出入造化之门的游历也就不足为喜，不足为悲。只要不被现实的是非得失弄昏了头脑，"不忘其所始"，还记得此身从造化中来，"不求其所终"，不设

1　详见朱熹：《四书章句集注》，第94页。

定生命的终点必然如何，人类与万物造化也就没有必须分出个胜负的二元对立，这叫做"不以心捐道，不以人助天"，是"真人"的标志之一。

"真人"在嗜欲以至生死等自然面表现出超然，在功烈德勋等社会面同样也表现出超然。不过，既然到了社会面，称谓也就相应变了变，称圣人。"故圣人之用兵也，亡国而不失人心，利泽施乎万世不为爱人。"不失人心是因为只有公共事务，没有私人恩怨；利泽施乎万世是客观的效果，但主观上没有行仁施恩的意图。因为一切意图都意味着为社会做出选择，而一切选择正确与否都"特未定也"，是个未知数，所以《大宗师》的圣人不是设计师，不是规划师，也不会为了维护现行文明的各种"名"而充当祭品。"故乐通物，非圣人也；有亲，非仁也；天时，非贤也；利害不通，非君子也；行名失己，非士也；亡身不真，非役人也。""乐通物"是乐于设计、规划，搞宏观的资源调控；"利害不通"是由于对事物进行了分割，将一些视为有利的，另一些视为有害的，隔离开来；通与不通都否定，两句的表述似乎不一致，但思想立场是一致的，即反对个人意志的膨胀。同样，有所亲必有所疏，有所兴必有所废，依然是从特殊性出发的选择，所以说是非仁、非贤。至于务光、伯夷、叔齐、箕子等历来被称志士仁人的人，在庄子看来只是殉名者，为文明之"名"做了祭品。那么在社会面究竟应该怎么做？《大宗师》说："古之真人，其状义而不朋。若不足而不承，与乎其觚而不坚也，张乎其虚而不华也。邴邴乎其似喜乎，崔乎其不得已乎，滀乎进我色也，与乎止我德也，厉乎其似世乎，謷乎其未可制也，连乎其似好闭也，悗乎忘其言也。"这一系列的描述，大致就一个意思，作为政治乃至文明的领袖，不突出个人的意志。"义而不朋"大意若孔子所谓"君子不党"，也就是不搞特殊集团。"不足而不承"及以下两句，意犹《逍遥游》惠施之"大瓠"，是一种能用大的包容，领袖不要将自己弄成一把坚硬锐利的刀。"似喜"云云是一副随顺和乐的样子，不必事事有态度，处处持立场，以方便众人发挥创造力。这种浑身透着平庸的领袖会不会尸位素餐？《大宗师》说不会，因为社会治理有其体制，即"以刑为体，以礼为翼，以知为时，以德为循。以刑为体者，绰乎其杀也；以礼为翼者，所以行于世也；以知为时者，不得已于事也；以德为循者，言其与有足者至于丘也，而人真以为勤行者也"。刑是法律，法律能成为社会的"体"，当然就不是放任君王的一时喜怒而加人以其赏罚，而是宏观制度性的社会模式。以礼为羽翼"以行于世"，意即礼可以推广制度对于社会的覆盖面，以克服法度精英化的局限。"以知为时"与开篇"知有待而后当"的未定论相一致，旨在防范规划、预谋的模式僵化，思想也略同于《老子》"前识者道之华而乱之首"、《周易》随卦的象传"随时之义大矣哉"，都强调计划要适应变化，尤其不能违背变化。"以德为循"也就是以因循为德，不施加、不刻意树立正义延伸得失的标准。合而言之，公共法度比个人的意志力及聪明才智更可靠，时势的适应能力比谋求周全的规划能力更重要。

　　因为是借由"真人"来探寻"真知"，所以关于"人"的描述就比"知"着墨更多，但思想的核心毕竟在"知"上，而且是关于天人关系的"真知"。《大宗师》说："故其好之也一，其弗好之也一；其一也一，其不一也一。其一与天为徒，其不一与人为徒。天与人不相胜也，是之谓真人。"真人依然是人，有好与不好的正常情感，但不会由于情感便形成撕裂的世界观，而是保持着"类与不类，相与为类"的普遍性思维，理解万物的百虑而一致，即各信其所是、各行其所然的一致。既然都一致，为什么还有现实社会的纷纷扰扰呢？因为在天人关系问题上陷入了盲区，或者想以天治人，或者想人定胜天，文明的普遍性前提中掺杂了各种特殊性的想法，所以像不同宗教教派之间的分歧一样，在最高的信仰、最基础的理念上就不可调和，由此衍生的结果，并不一定都称得上文明发展，很可能只是理性能力不足以形成制度、协调利益的哲学贫困。庄子在这个问题上所做出的智力贡献，就是由"真人"推绎出作为文明前提的"真知"——"天与人不相胜"。大旨有两层意思，第一，天与人是两种存在，所以谓之"相"，即相对而立，不能人为地串联成一个大家族，而各种拿天志、天命来"倚威立命"[1]的说辞诡称，都是欺骗性的。第二，天与人虽然是两种存在，但既不相克，不构成对立关系，也不存在竞争并且最终由一方胜出的必然性。这样理解天人关系并非对天抱有某种温情的依赖，而是理所固然，因为人本身就是造化的产物，所以人的存在既符合造化之理，人的存在方式也只能在造化之理中，所谓"人定胜天"，不过是一句将天假设

1　《鹖冠子·泰录》："若上圣皇天者，先圣之所倚威立有命也。"北宋陆佃注："尧舜三代诰命未尝不称天者，盖以倚威立命而已。若夫致治之自，则岂可以取赖于天哉？是在我者也。此纣之矫诬上帝而无益于乱。"（黄怀信：《鹖冠子校注》卷中，中华书局2014年版，第245页）

得很小的励志口号而已，其价值在于强调人类自身的协调、安顿，是种群面对天所代表的造化之理的良好状态，但不是关于文明合理性前提的哲学思考。

四　道化与教化的不同道路

不同的天人关系前提，决定着不同的文明道路。对于许多人来说，思考文明问题的恰适思路，是以文明战胜蒙昧的宏观历史为依据，首先确认由悠久的历史所形成的、唯一的文明是合理的，然后才能够以文明史认知为基准，检校特定历史阶段存在什么缺陷，进而采取补偏救弊的相应措施；而庄子的问题意识显然定位在整个文明模式及其历史道路上。按照庄子的思路，现实是文明道路的历史结局，历来套在这个文明上的光环，都已经被现实结局冲撞得烟消云散，而由现实反思文明史，并不难发现问题的根源在天人关系这个文明前提上，那么要解决问题就应该从起源处探讨重新选择的可能。《大宗师》中有一则著名的隐喻："泉涸，鱼相与处于陆，相呴以湿，相濡以沫，不如相忘于江湖。与其誉尧而非桀也，不如两忘而化其道。"赞美唐尧，痛斥夏桀，历来是我们常规的正义感表达方式，但在这种正义感的背后，又何尝不隐含着我们对于圣君明王的期待。庄子显然很明白这种期待，而且洞悉期待的实质是将圣君明王看做勾连天人的纽带，既以德配天，代表人类自我升华以至与天复合为一；又替天行道，将高明广大的品德带到人间，以其天人复合的一体化来保障人间的根本幸福。然而，期待会让君王变得重要，重要会让君王变得集权，集权会让君王变得独断专行而暴戾，所以这是一条仁君与暴主不断循环的历史老路，正是在这条老路上，人都活成了涸辙之鱼，又如何能指望唐尧的恩泽提供相濡之沫？有什么理由不跳出期待的艰难与绝望的折磨，选择另一条道化之路？

在庄子看来，这样的重新选择不仅是应当的，而且是可能的。《大宗师》有寓言："意而子见许由，许由曰：'尧何以资汝？'意而子曰：'尧谓我："汝必躬服仁义而明言是非。"'许由曰：'而奚来为轵？夫尧既已黥汝以仁义，而劓汝以是非矣，汝将何以游夫遥荡、恣睢、转徙之涂乎？'意而子曰：'虽然，吾愿游其藩。'许由曰：'不然。夫盲者无以与乎眉目颜色之好，瞽者无以与乎青黄黼黻之观。'意而子曰：'夫无庄之失其美，据梁之失其力，黄帝之亡其知，皆在炉锤之间耳。庸讵知夫造物者之不息我黥而补我劓，使我乘成以随先生邪？'许由曰：'噫，未可知也。我为汝言其大略。吾师乎！吾师乎！齑万物而不为义，泽及万世而不为仁，长于上古而不为老，覆载天地、刻雕众形而不为巧，此所游已。'"这当然只是寓言，因为孔子儒家特别推崇唐尧，奉之为文明的历史源头，《尚书》叙述政治文明史就从唐尧开始，所以，尽管唐尧禅位虞舜时，只进行过"三载考绩"的考验，并未有仁义、是非之类的叮嘱，庄子依然时常将唐尧算作以教化开启文明的第一因，编进寓言里来充当自己反思文明问题的思想孵化器。按照本则寓言，意而子既然被唐尧施行过仁义、是非的教化，天然的精神生命已经被雕琢得残缺不全，像盲人一样不能分辨图案、颜色，那还能进入道化的世界吗？这是站在道化的角度追问积弊深重的现实文明还能不能回头，而回答这个问题，要看站在什么角度。如果站在孔子儒家的教化角度，对某个三观已经成型的人再进行思想改造，确实不容易，孔子说"三军可夺帅也，匹夫不可夺志也"，何况这个志还是历来被教化所认为正义的，要改变就难上加难。而站在道化的角度却可能没那么难，因为一切残缺、失去的东西都依然存在于造化洪炉之中，犹物理学所说能量守恒、无知不灭，造化会用时间抹平一切，其中包括教化所留下的仁义、是非等烙印，所以道化世界对于所有人都持同一种态度，来者不拒，往者不追。由此来看，道化与教化虽然是相对互显的两种文明理念，但并不对称，不是一左一右、一正一反，而是一方或左或右、或正或反，另一方无左无右、无正无反。这种非对称性，既是道化从教化的文明现实中脱壳而出的艰难困顿之处，也是其可能性所在。

　　另一则子桑户丧礼的寓言，则显示道化与教化可以并存于世，但很难达成无障碍的相互理解。这位子桑户，或说就是《论语·雍也》中的子桑伯子，如朱熹称引"胡先生说'《庄子》所载三子云：孟子反、子桑户、子琴张。子反便是孟之反。子桑户便是子桑伯子，'可也简'底。子琴张便是琴张，孔子所谓狂者也。但庄子说得怪诞'。但他是与这般人相投，都自恁地没检束"。[1]朱熹眼中的"没检束"，在庄子眼中大概就是大自在，所

1　黎靖德编：《朱子语类》卷32，第807页。道教又称庄子的老师叫长桑公子，
　　如陶弘景《真诰·稽神枢》载"庄子师长桑公子，授其微言"。陶弘景注云：
　　"长桑即是扁鹊师，事见《魏传》及《史记》。世人苟知庄生如此者，其书弥
　　足可重矣。"（《道藏》第20册，第576页）这个说法后来一直在道教中流
　　传，如成玄英、陈景元等人注疏《庄子》都延其说，但不知长桑公子与子桑
　　户是否指同一人。

以寓言中的子桑户等人，徜徉在道化世界里，以一种奇怪的方式相处，"相与于无相与，相为于无相为"，"相忘以生，无所终穷"，意即人固然相处在一起，也相互产生作用，但没有如何相处、什么用途的意识，一生共处却彼此不惦记，但生死循环中总在相伴。这种看起来"没检束"、少规矩的相处方式，其实有一个很宏大的精神世界，即彼此都意识到共同生活在造化大洪炉里，常俗用来分辨的彼与此、生与死等概念，在这个精神世界里不起作用，所以在子桑户的丧礼上，就发生了"或编曲，或鼓琴相和而歌"的非常事件。这让奉孔子之命前来参加丧礼的子贡很不解，责问："临尸而歌，礼乎？"对于这次冲突不大但思想立场分歧很大的事件，寓言以孔子的口吻给出一番评论："彼游方之外者也，而丘游方之内者也。外内不相及，而丘使女往吊之，丘则陋矣。彼方且与造物者为人，而游乎天地之一气。彼以生为附赘县疣，以死为决疣溃痈。夫若然者，又恶知死生先后之所在？假于异物，托于同体，忘其肝胆，遗其耳目，反复终始，不知端倪。芒然彷徨乎尘垢之外，逍遥乎无为之业。彼又恶能愦愦然为世俗之礼，以观众人之耳目哉！"方外人以道化的方式相处，将生死只看做造化洪炉里的一件小事；方内人以教化的方式相处，将生死看做人文化成的一件大事，有慎终追远的人文意义。双方像同一个世界的不同物种，各行其是则一别两宽，世界本来丰富多彩，彼此求同就狭路相逢，人间逼仄。就各自的思想特质而言，求同的必然是主张教化的一方，如墨家"尚同"，儒家"大同"；而主张道化的一方则必然存异，如道家之"玄同"，也就是抽象的"同"不排斥具体的"异"。

　　让子贡们不要站在自己的立场上谴责子桑户等人的生活方式"没检束",大概就是庄子所想到的社会妥协方案。但这个方案在"家天下"的体制里显然行不通,因为"家天下"体制内,家庭的紧密亲情被当做帝国严密秩序的模本和基础,长幼决定尊卑,干预天然合理,孝悌等个人的品德修养甚至被当做政治的根本,而道化的方外生活方式不仅与这个体制很违和,必然被视为挑衅威权、藐视规则的不安定因素,个人的率性作风被习惯性地拔高到严肃政治问题的高度,而且,生活方式差异的背后还有个世界观的冲突。对于差异和冲突,站在道化的立场上可以视而不见,像子琴张等人那样叨叨一句"是恶知礼意"作罢,大概在庄子看来,仪式繁琐而又沉闷、做作的丧葬之礼,只是消费死人来搞文化建设,很虚幻,出息不大,意义也不大,还骚扰了造化。但站在教化的立场上看问题却很现实,很严重。纯粹现实的层面,庄子大概也没有办法来化解不可穷举的差异和冲突,但在思想的层面却未必无解,《大宗师》所谓"藏天下于天下"就是一解,是实现妥协的路径。按照《大宗师》"藏小大有宜"的思路来理解,一切收藏都是短暂截留部分造化并挪移某处存放,人类的整体文明及其象征性符号"天下"也不例外。因为教化不容置疑的思想目标,正在于守护"天下"这个最大的藏品,仁义、是非等等,都是巩固"天下"藏品的锁链,而庄子认为这种守护之计很拙劣,只是为大盗做准备而已,《胠箧》篇主要就表达这个意思,所以庄子提出一个适宜的收藏方式,是将"天下"收藏在可以藏得下的广袤天下本身。这样以公天下化解家天下被偷被抢的安全隐患,"天下"以及天下人就都能像圣人一样

"游于物之所不得遁而皆存"，岂非更适当的安全策略？思想上能如此化解，则在道化与教化两种模式之间重新选择也就不难："彼特以天为父，而身犹爱之，而况其卓乎？人特以有君为愈乎己，而身犹死之，而况其真乎？"为了安全地活着，人们接受教化，愿意信天为父，奉君为尊，爱戴之，效忠之，以此摆脱人在天地之间的孤立难安，而道的生生不息之能比天更显著，尊显之处比君王更本真，如果没有其他的障碍，诸如君王直信一己之是非而加人以其赏罚、[1] 唐尧之黥以仁义劓以是非之类，则道化与教化之间，不存在选择性困难。

理论上合理而且可能的道化之路，在历史现实的层面是否也能有所表现？这类问题，历来让道家困扰。虽然如《汉书·艺文志》所说，道家出于史官，但流传后世的历史叙事却都出于儒家，即《六经》所叙述的唐虞夏商周，而道家托古，没有具体时代，没有特定的历史内涵，原始的自然和谐之理念而已，所以要拿思想学说征信于史实，道家的话语处境往往让人感觉到尴尬，《大宗师》就有这样的尴尬处。至于历史叙事背后究竟蕴含着什么样的历史意识之差异，确实是一个既发人深思又很难进行有效梳理的学术问题。

《大宗师》说："夫道有情有信，无为无形，可传而不可受，可得而不可见。自本自根，未有天地，自古以固存。神鬼神帝，生天生地。在太极之先而不为高，在六极之下而不为深，先天地

1　王安石《九变而赏罚可言》批评后世君王"直信吾之是非，而加人以其赏罚，于是天下始大乱"。王雱注《庄子·天道》亦用此说。详《南华真经新传》卷 7，《道藏》第 16 册，第 196 页。

生而不为久，长于上古而不为老。"从概念上说，这是道化之道与唐尧教化之道的区别，就是天道与人道、自然之道与人文之道的区别。如果一定要各叙优胜处，固然可以像《大宗师》这样强调道化之道是亘古常存常新的，既不可能被任何人所占有，也就不可能被任何人所破坏，可以永远地公平分享。但不管罗列多少优胜处，总归要面对一个问题，即自然之道如何进入人类生活，否则月自当空水自流，人与天只做隔空相望的邻居，且不说与人类生活在自然大化中的事实不符，单是思议自然之道本身就没有意义。而要完成从道的自然存在到为人所用的转化，就必须经过人类认知的途径，而人类认知不可能人人同时同步，所以就有一个先知觉后知、先觉觉后觉的教化过程，否则不能满足人类群居生活协调与共享的需要。这是人类生活的真实相，儒家谓之"极高明而道中庸"。然而道家发现，具有普遍性意义的自然之道固然是人文教化之道的本体，但任何人将其认知的自然之道引申到社会生活中，都必然带着自身的认知局限和立场偏见，如果社会文明只是固守前人的认知，将其带有局限和偏见的特殊性当成道本体的普遍性，那么社会文明的道路就注定越走越窄，从而引发生活空间和精神空间的冲突。所以，将亘古常存常新的道引申到社会生活中，必定不是一次性所能完成的，也不是一条途径、一个模式所能穷尽的，于是，庄子的多元史观，顺理成章地出现在《大宗师》中："豨韦氏得之，以挈天地；伏戏氏得之，以袭气母；维斗得之，终古不忒；日月得之，终古不息；堪坏得之，以袭昆仑；冯夷得之，以游大川；肩吾得之，以处大山；黄帝得之，以登云天；颛顼得之，以处玄宫；禺强得之，立乎北极；西王母得之，坐乎少广，莫知其始，莫知其终；彭祖得之，上及有虞，下及五伯；傅说得之，以相武丁，奄有天下，乘东维，骑箕尾，而比于列星。"旧注家如林希逸，也曾意识到这段文字可能旨在表达某种历史观，但大概由于太匪夷所思了，所以并未深说。[1] 就本文理解而言，这段文字确实是庄子多元史观的印象式表述，与儒家的一元论史观对照鲜明。以《尚书》为经典表述的儒家史观，质而言之是政治教化开启文明的一元论史观，即一个王代表一个时代，或尧舜文武，或夏桀商纣，各领风骚；一个"法统"，即政权实体与政治体制；一个"道统"，即先后承继的文明意志与准则；一个历史统绪，即唐虞夏商周。此外不是没有族群存在，而是存在也属蛮夷，不入文明系列。文明模式是唯一的，或者如唐尧"浚哲文明"，或者如桀纣反文明，不存在其他文明模式的可能性。这套一元论史观，对于推动春秋

---

[1]　林希逸先有《南华真经口义》解此文："自狶韦氏而下有十三个得字，皆言得此道而后能如此也。狶韦氏，古帝王也；挈天地，犹言整齐乾坤也。气母，元气也，袭，合阴阳之气而在我也，此又是修炼家之所祖。堪坏，山神；袭昆仑，有昆仑也。冯夷，水神。肩吾，太山之神。黄帝登云天，鼎湖之事也。玄宫犹今太清真境。禺强，北方之神也；少广，神仙之居也。人莫知始终八字意同，而句有长短，此文法也。十三句之中，却以日月斗入其间，又以彭祖、傅说证诸其后，此是其笔端逾越规矩处，不可以圣贤之书律之，当另作一眼看。"（《南华真经口义》卷8，《道藏》第15册，第732页）《竹溪鬳斋十一稿续集》卷28《学记》再及此事，云："《庄子·大宗师》所言狶韦氏得之以挈天地，至傅说得之以相武丁，十三个得字，余于本章已解之矣，然细思庄子之意，中间言日月斗，末后言西王母、彭祖与傅说，其垂示万世，更须具大眼目方看得破，不特鼓舞而已。若于此看得破，则大藏教可束高阁矣。"（《文渊阁四库全书》第1185册，第844页）大意以为《大宗师》此节由开天地而日月星、人世间，是一种大历史观，但不能用《六经》的历史叙事来规范。

战国以后中国在发展或者扩张中实现大一统，无疑发挥了精神引擎的作用，就其思想目标而言，其实与邹衍的"大九洲"说异曲同工。差别在于《尚书》以历史叙事，有文献可征，尽管文献经过了"删述"，但择取的部分是真实的，因而是可信的；而邹衍从地理入说，当时不可证实，所以只风靡一时，让诸侯们相信还有其他文明存在，因而心生惊惧，但不久便懈怠了。当晚清时普遍明白邹衍的猜想接近真实，世界确实很大，其他文明确实存在，但精神上准备不足的问题也就同时暴露出来。邹衍的"大九州"说破不了一元论史观的局，庄子的多元史观同样也破不了，但思想的价值总归存在。按照庄子的印象式表述，第一，由于道是亘古常在常新的，取之不尽用之不竭，所以由道启发文明，具有各种可能性，所谓"多元"不是甲乙丙丁某几种特定的模式，而是因应人类自身的创造力而异彩纷呈，如列举的十三例，内涵各不相同；第二，由道所启迪的文明，首要目标是获得人处天地之间的自在自由，并不衍生社会权力，所列举的十三例，没有一例是君王如何英明而天下如何大治的；第三，道化的历史呈现出递进的前后连续性，从挈天地、袭气母到日月山川、奄有天下而比于列星，但非环环相扣的链条式的继承，所以历史连续性不妨碍文明的开放性。

一元与多元两种历史观，究竟哪个更接近历史真相？这个问题对现代人来说也许值得反思，而在孔子儒家那里却可能不存在，因为孔子儒家认为大一统的文明意志和成就就是最大的历史真相。孔安国《尚书序》说："先君孔子生于周末，睹史籍之烦文，惧览者之不一，遂乃定礼乐，明旧章。删诗为三百篇，约史记而修《春秋》，赞易道以黜八索，述职方以除九丘。"所谓九丘，序中也说得明白："九州之志谓之九丘。丘，聚也。言九州所有，土地所生，风气所宜，皆聚此书也。"[1] 笼统些说，就是各地域各诸侯国的社会史记载，是孔子"删述六经"所删除的内容。当然，此所谓删除并不是说孔子垄断了所有的历史文献，而是说在他自己的历史叙事中舍而不取，至于各国能否保持其史志，不是孔子所能干预的。在《庄子·天下》篇的时代，"旧法世传之史尚多有之"，九丘文献依然存世，真正以实际行动予以销毁的，是秦始皇焚书坑儒，孔子儒家只是以历史大一统叙事来推动文明认同。由此看来，儒家一元论史观本身是文明建构性的，不是历史描述性的，其意义主要在于引导文明的历史方向。而庄子的多元史观，同样也不是要纠缠过去的历史真相，所针对的就正是文明方向问题。按照庄子的哲学思路来理解，本着一元论史观推行教化，宗旨是塑造人的共性，诸如仁义礼乐等，但这些共性相对于人各"自然"的普遍现象而言却是特殊性，如《天道》篇中老聃问孔子："请问仁义人之性邪？"又如《骈拇》篇等指仁孝为曾参、史鱼的特殊品格。以一元论史观为基础，以社会文明的一元化为目标，对不同的人进行同一的仁义礼乐等特殊性训练，让不同的人守着同一个尺度争长竞短，导致的结果必然是形式上同一而人性内容混乱。反之，以多元的道化引导社会宽容地自发生长，社会不必同一于形式却已经同一于人各"自

1　《尚书正义·尚书序》，阮元校刻：《十三经注疏（清嘉庆刊本）》，第237—238页。

然"。这样的方向性引导，大概就是《大宗师》的本旨。

　　如实说来，《大宗师》的思想主张，其实就是庄子的"设对
独遘"，个人想法，未必有什么历史依据。虽然庄子也托古以增
其信重，但方向正确的古人都不是先王，而以明显虚构用来完成
其哲学表意的寓言人物居多。《大宗师》有一个寓言之问："子
独恶乎闻之？"也就是何以得知道化的文明起源。这个问题的问
询对象，当然就是庄子本尊，回答的同样也不是别人："闻诸副
墨之子，副墨之子闻诸洛诵之孙，洛诵之孙闻之瞻明，瞻明闻之
聂许，聂许闻之需役，需役闻之于讴，于讴闻之玄冥，玄冥闻之
参寥，参寥闻之疑始。"疑似的开始大概也只能理解为有一个逻
辑起点，这个起点的认知基础，是"朝彻而后能见独，见独而后
能无古今"。说庄子的思想有所"见独"，应该不算夸张，所谓
"无古今"，应该也不是没有历史感，而是历史感只酝酿出问题
意识，酝酿不出解决问题的思想方向。而庄子思想对于现代人的
魅力，或许正在于他的主观思维"无古今"，客观的思想深度也
确实"无古今"。

柒 《应帝王》——勿扰人性的政治原则

　　围绕《应帝王》的论旨，出现过两种相对成趣的解释，一种说"如此应为帝王"，另一种说"帝王应为如此"。前者如郭象释题："夫无心而任乎自化者，应为帝王也。"[1]后者如林希逸释题："言帝王之道合应如此也。"[2]两家的差异，表面上看就是个鸡生蛋与蛋生鸡的问题，但在政治哲学中却有其特殊的含义。按照郭象的理解，首先需要有一个政治理念或原则，然后才有帝王政治，进路从理念到现实；而按照林希逸的理解，帝王政治是个既成事实，理念是针对事实提出的，进路呈现为从现实走向合理。这两种解释的思路究竟哪种更符合庄子的思想，不易断言，因为就《应帝王》单篇文本来看，郭象的思路更吻合，是相对纯粹的哲学思考，即关于政治合理性的前提批判；但从发生学的角度来看，这种前提批判无疑根源于现实观察，也就是说问题意识来源于现实，而且外杂篇的《在宥》《天地》等等，都由《应

1　郭庆藩：《庄子集释》卷3下，第287页。
2　林希逸：《南华真经口义》卷10，《道藏》第15册，第738页。

帝王》的纯粹哲学之思延伸到现实层面；所以两种解释思路，很难说哪种就是错的。或许对于庄子思想的理解，合起来看才会更完整。也正是有鉴于此，本文将兼顾《在宥》，探讨庄子关于政治勿扰乱人性之原则的思考。[1]

进而言之，帝王所应的"如此"究竟是个什么状态或含义，可能是更值得关注的问题。在这个问题上，清人宣颖明确归结为"民之性"，见解若有独到之处。其说云："天生民而立之君，自天言之，为天子必体天之心而后为肖子；自民言之，为民牧必顺民之性而后为良牧。……夫天之心何心也？民之性即其心也。一气所化，溥为芸生，芸生之数，莫可纪极，要未有不各具一天者也，故一民之性伤，则天心伤其一矣。为君者体天之心，惟在乎不拂民之性而已。"[2] 从人性问题出发谈论政治合理性，大概是战国时代的一种思潮，孟子性善论、荀子性恶论，为这股思潮的两边领军。《庄子》书中关于人性的思议更富赡，但思想与孟、荀不在同一个层面。在庄子的思想中，像孟、荀这样将人性断定为善或恶，以偏概全，关于人性的论断服从特定的政治目的，则无论其立说能否自洽，都不免扰乱、阉割人性，庄子所关注的，是这种理论独断背后的政治方向问题，不是在善恶之间如何综合、

1 　王夫之认为《天地》与《应帝王》的关系更密切，《庄子解·天地》释题："此篇畅言无为之旨，有与《应帝王》篇相发明者；于外篇中，斯为邃矣。"（《船山全书》第 13 册，第 218 页）但本文认为《应帝王》的思想核心不在"无为"问题，而在更根本的人性问题，《在宥》具有更深的思想关联，所以仅取《在宥》为连类。

2 　宣颖：《南华经解》，曹础基校点，广东人民出版社 2008 年版，第 61 页。引用时文字据《中华续道藏》本做了修改。

权衡的问题。《应帝王》以及相关联的《在宥》，就围绕人性不可独断、不可扰乱的政治原则展开。

一 人性内涵不可确定

《应帝王》的开篇寓言"啮缺问于王倪，四问而四不知"，话题由《齐物论》接驳而来，问题也一样。《齐物论》中，啮缺问了王倪四个问题，一、"子知物之所同是乎？"二、"子知子之所不知邪？"三、"物无知邪？"四、"子不知利害，则至人固不知利害乎？"四问的核心在第一问"物之所同是"，问题的实质意义是普遍性是否存在，是否有某个真理普遍被认同，可以从存在和认知两个层面来理解。存在的层面，"自其异者视之，肝胆楚越也；自其同者视之，万物皆一也"，普遍性就存在于特殊性之中；认知的层面，物各"自是""自然"，没有彼此认同的真理对象，但有各自为是的相同现象。合而言之，普遍性是存在的，但除了"自然"之外，没有其他可以确定的内涵，一如"道"是存在的，但内涵只是"道法自然"，至于虚无、无为等等，其实都是以否定内涵的方式来界定外延之广大。在认知的层面，物又无所谓是非，唯独人类才有，而人之所谓是非，又不过人类的物种偏好、偏见，所以"物之所同是"的终极真理以及选择的合目的性，不可知，不可思议。所可知的，是由人类的种群偏好、偏见，可以推绎人类在万物中有其特性，这个特性就人类自身而言却是共性，亦即人性，但人性的具体内涵不可尽知。因为人性介于天人之间，不仅呈现的空间张力极大，而且由于人

的灵智作用，还是生长型的，具有无限重塑的可能性。《应帝
王》关于人性的思议，就在天人之间展开。

王倪、啮缺等都是《庄子》寓言中的常客，多篇反复出现，
《天地》甚至排列出一个传承谱系："尧之师曰许由，许由之师
曰啮缺，啮缺之师曰王倪，王倪之师曰被衣。"这些寓言人物的
名号，或许就隐喻了庄子对于文明起源问题的看法，被衣是天人
始分，人从披毛戴角的物种中特殊化；王倪是人类形成种群社会
的开端，初生出某种群首领之王；啮缺是原始的混沌圆满被咬
开的缺口，像孵化的小鸡啄破蛋壳；许由大概是还应许自由的阶
段，到唐尧时就轫立规矩了。这是一个本来之大全日以远的裂变
过程，裂变得越远，对于天人关系的微妙处就越麻木，所以啮缺
因王倪四问四不知"跃而大喜"，好像有个什么了不得的大发
现，于是被蒲衣子也就是被衣开导了一回："而乃今知之乎！有
虞氏不及泰氏。有虞氏其犹藏仁以要人，亦得人矣，而未始出于
非人。泰氏其卧徐徐，其觉于于，一以己为马，一以己为牛，其
知情信，其德甚真，而未始入于非人。"与泰氏相对的有虞氏，
或许不必指实为虞舜，泰氏可以隐喻泰始，有虞氏可以隐喻谋
划，代表人产生类意识的两个阶段。[1]泰氏阶段民如野鹿，天人
浑然未分，"未始入于非人"，也就是人尚未产生排他性的类意
识，人对万物的感知是纯粹经验因而贴切的，所以能知或许不
多，但所知不会作假。有虞氏以"仁"凝聚人的类意识，将人

1　褚伯秀《南华真经义海纂微》："有虞喻多虑，泰氏喻无为。"（《道藏》第15
　　册，第309页）

从万物中分离出来，"未始出于非人"，始终保持着排他性的人的类意识，开启有谋划地塑造人性的模式，所以不及泰氏之本真。这是从由天之人开始的人性自我塑造之芽蘖，后来的一切政治乃至文明，极而言之就是顺延这条道路，不断地重塑人性，不断地铸造独立于自然的文明壁垒。

既然人性可以无限重塑，是否意味着通过塑造人性以推行政治、推展文明建构就必定合理呢？实际的文明史，大概就正是通过重塑或者重新解释人性，来解决自身的合理性问题，即人性既然可以如此塑造，则符合此塑造物之人性的文明就是合理的。这种内循环式的自证自洽，让许多人自信其对于人性的认知是深刻的，所指示的文明道路因此是正确的，如荀子批评庄子"蔽于天而不知人"，就显然基于其人性论的自信。而在庄子看来，对于人性的认知自信，一如神巫季咸，自信与他信相互烘托而已。季咸与壶子的寓言，本文认为其寓意在于演示人性之难知。寓言说，季咸会一手看相的秘术，断人死生存亡、祸福寿夭，精确到年月旬日，很多人信，郑国人见到季咸甚至要逃避。季咸也很自信，第一次看壶子就断言活不过十天。次日再看，看到的壶子变了，行将寂灭中别有生机，但季咸的自信不变，"幸矣！子之先生遇我也。有瘳矣，全然有生矣"。第三天再看壶子又变了，季咸看不明白，但依然没有产生自我怀疑，反而认为是由于壶子不斋戒，所以自己才看不清真相，"子之先生不齐，吾无得而相焉。试齐，且复相之"。第四天才见面，季咸就惊慌失措地跑了。以人去观察、判断另一个人，为什么会发生这种"测不准"事件？关键在于被观察的人是有主观展示能力的，即寓言中壶子所谓

"示之"，观察者所看到的，只是被观察者愿意让人看到的。而且，从第一次"示之以地文"，第二次"示之以天壤"，到第三次"示之以太冲莫胜"，再到第四次"示之以未始出吾宗"，从地下到天上，人的精神性自我展示的空间张力无穷大。不仅空间张力极大，而且内涵丰富，人类的精神创作，像各种宗教的"创世纪"一样能够创造世界，壶子所展示的，也是一个世界。第一次的"示之以地文"，内涵是"萌乎不震不正，是殆见吾杜德机也"，也就是放松到毫无存在感、无意识和意志的状态，以致被季咸看成了一副死相。第二次的示之以天壤，则"名实不入，而机发于踵，是殆见吾善者机也"，一切按名实概念才能看懂的表象都被遮蔽了，只留一线生机于"真人吸之以踵"，所以季咸又判断壶子还能活。第三次"是殆见吾衡气机也，鲵桓之审为渊，止水之审为渊，流水之审为渊"，也就是在生死之间找平衡，像大鱼常处的大渊一样，水静水流，情态不可预测，所以季咸自以为看不清真相。第四次示之以未始出吾宗，则表象为"吾与之虚而委蛇，不知其谁何。因以为弟靡，因以为波流"，这种状态不是老子深根宁极式的抱玄守一，而是不管观察者如何观察、试探、反应，被观察者都能顺适无碍，在逊伏的表象中展现出变化无穷的适应性。"弟靡"，成玄英和王夫之都训为"逊伏"。

　　壶子寓言的故事性很强，首尾完整，情节丰满，但寓意究竟如何，却不像故事情节那样清晰，且需寻味。王夫之对于这则寓言发表过一大段评论，大意将壶子当做君王的楷模："未始出吾宗，则得环中以应无穷，不蕲治天下而天下莫能遁也。"并且表彰这种君道之神奇："夫乃合万化于一心，无不知也，无不用也；

一无知也，一无用也；刑赏质文，民'自取'之，'自已'之，不竞于名，不争于实；帝王之任及于身，可应则应也，天下之待于帝王者无不应也。"[1]好像只要掌握了"合万化于一心"的帝王之道，就可以唯变所适，因应无方。宣颖的解读也以壶子喻帝王，但所理解的帝王之道与王夫之不同："季咸一段奇绝。帝王以一人立天下之上，下而百官，下而万姓，人人皆季咸也。何则？意指一有所向，其觇候之审，应验之速，虽神巫弗若也。故帝王一身之外，天下皆环而相之者。《诗》不云乎，'民具尔瞻'。若圣帝明王，所存者神，所过者化，旋转天下而无端，甄陶天下而无迹，孰得而相之哉？故为于无为，治于不治，变化因乎一心，机械泯于众志。吾安得如壶子者而奉之为君哉！"[2]一切都装在帝王的心里，帝王心术之运用像是变魔术。所以，两家的解读虽不尽同，但都有些讲究帝王"心术"的意味，所表述的思想可能更接近秦汉黄老学，而且都对帝王表现出极高的期待，与庄子不誉尧而非桀的思想难以吻合。在本文看来，壶子未必就直接隐喻帝王，而是给帝王政治一个警示，即人性具有极丰富内涵和极强大张力，轻易以其偏见独断人性，自信不疑地据之建政施政，可能的结果不是像壶子，而是像季咸，属于愚人者必将为人所愚，而社会的政治和文明，也就陷入斗智斗勇的老路。至于壶子的四次显示，也就是人在天人之间所特有的能力，是人性的一种具现。列子从壶子学，因为在人性这个大本大宗的问题上没

1　王夫之：《庄子解》卷7，《船山全书》第13册，第182页。
2　宣颖：《南华经解》，第61页。

有搞明白，所以，"然后列子自以为未始学"。在庄子寓言中，列子要向壶子学习的，肯定不是帝王之术。

人性是人所具有的无穷能力，如果按照特殊的政治意图将人性指实为善或恶、动或静等等，那么扰乱不可测之人性的结果，必然是社会生活陷入不可测的混乱。所以政治的合理状态是"在宥天下"，也就是有政治那么回事，但没有运用政治思路和方式去捏造人性的谲诡之谋。《在宥》说："闻在宥天下，不闻治天下也。在之也者，恐天下之淫其性也；宥之也者，恐天下之迁其德也。天下不淫其性，不迁其德，有治天下者哉?"一切治天下的图谋，本质上都是与人性展开博弈，战术上利用人性中的一些可能性去斗战另一些可能性，战略上既利用人性创造文明又利用文明限制人性，导致人性各种扭曲，而政治的赏罚只是一根搅乱人性的棍子，不足以矫正人性。例如，"昔尧之治天下也，使天下欣欣焉，人乐其性，是不恬也。桀之治天下也，使天下瘁瘁焉，人苦其性，是不愉也。夫不恬不愉，非德也。非德也而可长久者，天下无之。……使人喜怒失位，居处无常，思虑不自得，中道不成章，于是乎天下始乔诘卓鸷，而后有盗跖、曾、史之行。故举天下以赏其善者不足，举天下以罚其恶者不给，故天下之大，不足以赏罚。自三代以下者，匈匈焉，终以赏罚为事，彼何暇安其性命之情哉!"将本来无限大的人性圈养在"治天下"的禁苑里，方式无异于养蛊，人人不自安；人不能以各自具有的"自然"性情为衡量，不知怎么个活法才是对的，人人不自适；穷尽这个被治的天下里所有的财富，也不足以供其赏罚，治理成本甚至大于生产力，这"天下"究竟是被治理了还是被搅乱了?

二 "顺物自然"的公正原理

依常识而言，无论在什么制度形态下，道义上讲公正都是政治的一项必要原则。这项原则无关善恶，也无关淑世理想，而是由政治代表公共秩序的特性所决定的。因为公共秩序必须共同遵守才可能有效，又必须公正才可能共同遵守，否则形同虚设，也就无所谓政治，至少是政治缺乏道义支撑，没有神圣性，所以本质上说，公正其实是政治自身的存在理由，也是一大安全策略。《论语·颜渊》载："季康子问政于孔子，孔子对曰：'政者，正也。子帅以正，孰敢不正。'"能够由执政者示范、带领的正当然是礼之正，但在孔子时代站在孔子的立场上看，礼就是社会秩序的最大公约模式，所以礼之正也就是公正。然而，政治又是由权力分配搭建起来的等级金字塔，并没有天然的公正。就政治依恃武力、强化等级的建构模式而言，不公正才是政治的本来面貌，也唯其本来不公正，所以不同的制度形态下、不同的学术思想流派，都同样需要建构公正的政治原则、设想公正的政治模式，以此构筑政治运作的社会认同基础、政治存在的道义理由。公正原则既然如同政治本身一样，需建构而后可能，那么如何理解、以什么方式建构就成了关键，正是在这个关键问题上，不同学派各持己见，而庄子思想的深邃处，乃现其端倪。

在现存的中国历史文献中，最早明确建构政治公正原则的，无疑是《尚书·洪范》。《洪范》九畴亦即九条政治方略的总体目标是"彝伦攸叙"，也就是社会的公共秩序，其中的第五条

"皇极"，又表述为"建用皇极"或"皇建其有极"，是建构性的
政治蓝图。这个蓝图的实现路径是通过政治去建构一个有序的社
会，所以有政治与社会两个层面。政治层面的公正原则即"王
道"，像一条平坦的大路，不搞倾斜，没有曲折，无所遮掩，不
设障碍，"无偏无陂，遵王之义；无有作好，遵王之道；无有作
恶，遵王之路。无偏无党，王道荡荡；无党无偏，王道平平；无
反无侧，王道正直。会其有极，归其有极"。社会层面的公正原
则即推行"王道"的施政，大意犹《尧典》所谓"平章百姓"，
即公平地让所有人在政治生活中展现自己，但《洪范》的公平
施政更具体："凡厥庶民，无有淫朋，人无有比德，惟皇作极。
凡厥庶民，有猷有为有守，汝则念之。不协于极，不罹于咎，皇
则受之。……无虐茕独而畏高明。人之有能有为，使羞其行，而
邦其昌。"将政治和社会两个层面的表述合起来看，《洪范》既
讲平正宽大，也讲归其有极，先儒的理解或因此而产生不同的偏
重，如我们在研述《养生主》时曾经讨论过的，孔安国以"大
中"释"皇极"，偏重平正宽大，而朱熹批驳之，以为"皇极"
的意义在于树立"至极之标准"。就儒学自身而言，各有偏重或
许是其内部的一种思想张力，并不必然意味着思想以及政治路线
的分裂，因为儒学中还有一个统合的观念，即北宋胡瑗解释《周
易·蛊卦》时提出的"大中至正之德"。[1] 宋以后，儒者议论公
正，讲"至极之标准"的也时或有之，但不像"大中至正"那

1　《周易口义》卷 4，《四库提要》谓此书为"倪天隐述其师胡瑗之说"（《文渊
　　阁四库全书》第 8 册，第 269 页）。

样常见，尤其是在王阳明阐扬其义之后。由"皇极"而"大中至正"，大概就是儒家从思想上建构政治公正而自成传统的基本脉络。

"皇极"的公正蓝图固然很美好，但毕竟又只是一种道义上的规划，必须在君王高度自律、自知政治只是公共事务而非神灵特殊眷顾的前提下才有效，而这样的自律、自知，事实上很脆弱，经受不住权力荣耀的冲击。而且，无论"皇极"还是"大中至正"，都是政治规划的自说自话，公正的标准是由政治权力制定的，公正的执行也是由政治权力自行完成的，本身就缺乏一个公众认同、参与的公正基础，更像是某种政治家的文明自觉，而非政治学基于政治对象亦即民众的观察和思考，更非民意的制度化集结。既然没有制度来保障公正原则符合公众民意，那又如何规避它出于认知之私和意志之私？于是，思议政治公正原则有两种立场、两种思路，其一是从执政的立场出发，首先预设拥有执政权，然后遵循公正原则以施政；其二是从政治对象亦即人的立场出发，不首先预设甚至不承认有某个可以执行公正原则的人或组织，一切从自然人开始考虑。持守后一种思路和立场，大概就是庄子与儒家在公正原则上的根本差异。《应帝王》有寓言说："天根游于殷阳，至蓼水之上，适遭无名人而问焉，曰：'请问为天下。'无名人曰：'去，汝鄙人也，何问之不预也。予方将与造物者为人，厌则又乘夫莽眇之鸟，以出六极之外，而游无何有之乡，以处圹埌之野。汝又何帠以治天下感予之心为！'又复问，无名人曰：'汝游心于淡，合气于漠，顺物自然而无容私焉，而天下治矣。'"无私即公正。那么如何才能够无私呢？

这个问题需要分层次来看，政治事务中不仅有利益之私，还有认知之私和意志之私。像孟子那样劝导梁惠王可以讲义不必曰利，不要将自己的利益放在首位，是超越利益之私，实际上可能很难，但思想上理解不难；而要超越认知之私、意志之私，则不仅实际上很难，思想上更难。按照儒家的通常理解，由尧舜禹汤文武周公历代传承的"王道"，是超越一切自私的，遵循其"王道"就能实现天下之至公。而在庄子看来，这个"王道"正是先王的意志之私，后世儒者以《诗》《礼》发冢，对于载述"王道"之《六经》的阐释，更是充斥着认知之私和意志之私，以至相互抵牾。要解决这些不同层面的自私问题，办法其实也很简单，只需要放弃"为天下"的政治角色或立场，不首先预设立场就是"为天下"之政，则人无公权，一切认知之私和意志之私都仅限于一己之身，将君子的"天下之私"限定为小人的"一身之公"，公私难辨的问题也就解决了。如果一定要"为天下"，政治事务不可避免，那就遵循"顺物自然"的原则，不以一己认知代替民众做出判断，不以一己意志去规划社会的文明模式和方向，自私就没有滋长的空间，所以说是"无容私焉"。

庄子"顺物自然"的公正原则当然也很好，但同样的问题，这项原则也建立在帝王文明自觉的前提下，因为所谓"顺"的主体是帝王，顺与不顺都是帝王的选择，没有什么制约的力量使其必顺。但由于"自然"与"皇极"的主体不同，"自然"的主体是社会之人或民，而"皇极"的主体是政治本身，所以由两种公正原则所导致的结果是不同的，甚至可以说包含着天壤之别。由"皇极"所导致的，是对帝王的道义约束，而由"自然"

所导致的，是对帝王立法权的质疑乃至否定。《应帝王》有寓言说："肩吾见狂接舆，狂接舆曰：'日中始何以语女？'肩吾曰：'告我君人者以己出经式义度，人孰敢不听而化诸？'接舆曰：'是欺德也。其于治天下也，犹涉海凿河而使蚊负山也。夫圣人之治也，治外乎？正而后行，确乎能其事者而已矣。且鸟高飞以避矰弋之害，鼹鼠深穴乎神丘之下以避熏凿之患，而曾二虫之无知。'"日中始的名头是虚构的，但日中始们按己意立法以治人的事情却无比真实，而庄子显然没有心情去猜想其中是否有些什么良法美意，却发现剥夺民众"自然"的帝王立法，只是奉道义之名的以智欺愚，所谓"欺德"，也就是以欺骗行其恩德，进而形成整体上以道德绑架来管理社会的格局。当道德绑架用经式义度亦即社会制度的必要性来强化自身的合法性时，经式义度"以己出"的认知之私和意志之私，也就将本来生机无限的人类社会推向了日益僵化的独行道。

质疑甚至否定帝王立法、创建制度的权力，与"无君论"或无政府主义已经相去不远了，而且对无限可能的人性不加管束，放任纵恣，那样的人类生活真的会更好吗？《在宥》有寓言："崔瞿问于老聃曰：'不治天下，安臧人心？'老聃曰：'女慎无撄人心。人心排下而进上，上下囚杀，淖约柔乎刚强，廉刿雕琢，其热焦火，其寒凝冰，其疾俯仰之间而再抚四海之外。其居也渊而静，其动也县而天，偾骄而不可系者，其唯人心乎。'"人心与人性，哲学上当然不是同一个层面的概念，人性通常指人的类属性，也就是不同的人所具有的作为人的共性，寓言中的"人心"却是指观念、意识。"人心排下而进上"，大意若《老子》"人之道，损不足以奉有余"，"人心"所习惯的观念、意识与公正的原则背道而驰。"臧人心"意即让人心变得更美好。掌握着"治天下"的大势谋求让人心变得更美好，办法似乎很多，诸如赏罚、教化等等，而所有的被现代学者称为意识操控的诸多措施，都基于对人性的判断，这是人心与人性在哲学上切不断的内在关联。寓言中所谓"无撄人心"，也就是不要基于对人性的独断而采取种种干扰的措施，因为人心一旦受到干扰，就会各种魔幻层出不穷，帝王政治则从操弄人心开始，最终以人心不可收拾为结局。这种关于政治面对人心的悲观，似乎不只是庄子才有，《尚书·大禹谟》也说："人心惟危，道心惟微。惟精惟一，允执厥中。"相传这是虞舜向大禹移交政权时传授的心得，"人心"与"道心"对举，历代儒者阐释繁富，大意说"道心"指喜怒哀乐之未发的"中"亦即性，"人心"指情感、意愿等等。就政治层面而言，一方面固然人心可用，另一方面人心又是政治最大的安全隐患。而庄子所看到的不仅仅是隐患，更是触目惊心的历史现实："昔者黄帝始以仁义撄人之心，尧舜于是乎股无胈、胫无毛，以养天下之形。愁其五藏以为仁义，矜其血气以规法度，然犹有不胜也。尧于是放讙兜于崇山，投三苗于三峗，流共工于幽都，此不胜天下也。夫施及三王，而天下大骇矣。下有桀、跖，上有曾、史，而儒墨毕起，于是乎喜怒相疑，愚知相欺，善否相非，诞信相讥，而天下衰矣。大德不同而性命烂漫矣，天下好知而百姓求竭矣。于是乎斤锯制焉，绳墨杀焉，椎凿决焉，天下脊脊大乱，罪在撄人心。"(《庄子·在宥》)断言人心浮动由仁义挑逗起来，大概是庄子思想中一个很武断的地方,但庄子将以往的政治概括为以仁义诱动人心,以法度制约人心,则堪称卓识。更重要的是,仁义和法度两手阴阳互补的措施之所以"不胜天下",也就是发挥不了预想的政治作用,原因在于其生成本身就是对他人"自然"的剥夺,是执政者"愁其五藏""矜其血气"的产物,也就是出于认知之私和意志之私,将其特殊性推广为公共法度。人都有认知之私、意志之私,如果这样的私仅用于一己之身,那就是天地间的大公,如果这样的私被拓展为普遍性的公正原则,那么对其他人来说就是出发点的不公不正,因而引起进退失据、是非蜂起等等,也就无可避免。所以从正本清源的角度,庄子认为社会混乱的一切问题,都来源于文明的起点——"以仁义撄人之心""罪在撄人心"。以圣人特殊性的仁义搅动人心,违背公正原则自然生成的原理,所以到庄子时代所看到的文明史结局是灾难性的。

三 "化贷万物"的政治之道

按通常的情理来说,事非亲历不知难,批评比建设要容易,如果只是锐意批评而不考虑建设,大概就更容易。庄子思想多以批评的方式呈现出来,称得上中国最著名的批评家,但没有人会认为他的批评很容易,这不仅由于庄子文明史批评的深度没有第二个人曾经达到,更由于在他的批评背后,还卓立着关于文明合理之可能性的深邃思考。《应帝王》就属于这样的思考:"阳子居见老聃曰:'有人于此,向疾强梁,物彻疏明,学道不倦。如是者可比明王乎?'老聃曰:'是于圣人也,胥易技系,劳形怵心者也。且也，虎豹之文来田，猿狙之便、执斄之狗来藉，如是者可比明王乎？'阳子居蹴然曰：'敢问明王之治。'老聃曰：'明王之治，功盖天下而似不自已，化贷万物而民弗恃。有莫举名，使物自喜，立乎不测，而游于无有者也。'"向疾强梁者勇健，物彻疏明者睿智。在君主制时代，英雄的文治武功、智者的见识通明，永远都是人们想要的帝王模样，何况春秋战国那样一个诸侯竞争的社会环境，寻找政治英雄无疑是儒墨名法各家周游列国的共同目标。而在庄子看来，政治上使用那些能耐，就像匠人换工种，[1]徒劳地自费心力而已。而且，以技能开启政治竞争模式，则帝王以及帝王之位就都成了猎物，如何称得上"明王"？庄子也给"明王"画了个脸谱——治理的效果而非个人的功绩覆盖天下，但过程非刻意谋划，只是顺应，所以没有自我意志的主导，像是不得已而为；如同造化一样生成万物却不成为万物的依赖，不立名目以行教化，任万物自然自适，不揣摩既不可也无需揣摩的帝王意图，帝王自己则存在于若有若无的状态，犹老子所谓"太上，下知有之"。

《应帝王》的表述中，"化贷万物而民弗恃"一句是思想核心，可以从两个层面来理解。其一是"贷"的观念。《老子·第四十一章》说："夫唯道，善贷且成。"按《说文》："贷，施也。"段玉裁注："谓我施人曰贷也。"贷虽然是由此及彼的施与、贷出关系，但需要以对方的借贷意愿为前提，而施是主观行

---

[1] 胥易技系，王夫之解："胥，徒也。更换充役，故曰易。技，工也。系身于肆，故曰系。"（《庄子解》卷7，《船山全书》第13册，第179页）

为，不受对方意愿限制，所以老庄的思想表述用"贷"不用"施"，对于一切施与所隐含的干预都保持着高度的思想警惕。其义如《老子·第五十三章》所说："使我介然有知，行于大道，唯施是畏。"这是道家对于施与中隐藏干预的极审慎态度，比孔子"己所不欲，勿施于人"更审慎。孔子不将"己所不欲"强加于人，老子则连己之所欲也不强加于人。审慎之所以必须，是因为一切施与、干预都可能侵害他人之"自然"，不仅违背"道法自然"的造化之理，而且内外无益。从造化之理的意义上说，万物大化迁流，出入生死之门，没有任何个体之物是永恒不变的，所以庄子谓之"化贷"。《庄子·寓言》又有"万物皆种也，以不同形相禅"之说，万物经生死之门彼此转化，就是"贷"的过程，所以就万物在造化中的情态而言，只能是有借有还、对待流行的"贷"，不能是主宰者一次性推动后便一去不复返的"施"。就造化之理对于社会生活的启示而言，"施"即赏罚，是一方绝对掌控而另一方被动接受的格局，而"贷"是互动的，没有绝对的占有者和掌控者。其二是"民弗恃"的独立性。这种关注民众独立的思想，可能是最符合庄子自身思想情绪的内核之一，甚至比老子的思想表达更强烈。老子说："是以圣人处无为之事，行不言之教。万物作焉而不辞，生而不有，为而不恃，功成而弗居。"（《老子·第二章》）还只是说圣人不自矜其名，不自伐其功，不自恃其德，而庄子更关注的却是民众是否依赖政治领袖、英雄人物。《庄子·天运》说："兼忘天下易，使天下兼忘我难。"这种期待民众独立性的思想，出现在人身依附关系即社会组织结构的时代，不能不说是一道思想奇观，但就

庄子的思想体系而言，人各独立正是自然性自由的题中固有
之义。

那么什么样的帝王或政治才能够一方面"化贷万物"，让社
会个体都获得适足的生成机会和资源，另一方面又保持其独立
性，不必依赖帝王的特殊眷顾？

帝王或政治不是造物主，甚至就其职业而言，物质上不能创
造任何财富；就其立场特殊性而言，精神上不该创造任何主张；
所以《应帝王》认为帝王或政治应该的样子，是"无为名尸，
无为谋府，无为事任，无为知主。体尽无穷而游无朕，尽其所受
乎天而无见得，亦虚而已。至人之用心若镜，不将不迎，应而不
藏，故能胜物而不伤"。四个"无为"，概括了政治之道的不同
方面。名是名位，包括个人的社会身份和公共的社会规则，尸即
尸祝之尸，也就是代替性符号，"无为名尸"即不僵守无灵魂的
名位符号。"谋府"犹言智囊，"事任"意即事务主导，"知主"
裁决是非。将这些"无为"合起来，给社会腾出发挥其创造力
的更大空间，帝王的职权固然虚化了，但对于社会不同成员的代
表性却更广泛了，应对社会不同事务的空间更大、方式也更灵活
了，像一面镜子，让不同的社会成员从中得到自正的参照。

需要辨识的是，庄子的政治之道，所要虚化的只是帝王的职
权，并非要虚化政治的作用，更不是要虚化社会生活的文明价
值。《在宥》说："贱而不可不任者，物也；卑而不可不因者，
民也；匿而不可不为者，事也；粗而不可不陈者，法也；远而不
可不居者，义也；亲而不可不广者，仁也；节而不可不积者，礼
也；中而不可不高者，德也；一而不可不易者，道也；神而不可

不为者，天也。故圣人观于天而不助，成于德而不累，出于道而不谋，会于仁而不恃，薄于义而不积，应于礼而不讳，接于事而不辞，齐于法而不乱，恃于民而不轻，因于物而不去。物者莫足为也，而不可不为。不明于天者，不纯于德；不通于道者，无自而可。不明于道者，悲夫！何谓道？有天道，有人道。无为而尊者，天道也；有为而累者，人道也。主者，天道也；臣者，人道也。天道之与人道也，相去远矣，不可不察也。"所列举的十个方面，都是社会生活的事务相，现代人当然可以列举更多，但总体上同样都会形成社会生活的体系。所谓物贱，是相对于人而言的，这应该是庄子的一个设定，人比物贵重，与现代人的真实感受不一定吻合。按照庄子的意思，物质世界没有灵识和意志，但有其不为人的意志所改变的规律，所以面对物质世界，人只能顺任。民之所谓卑，是社会的等级现实，也是由教育缺失等原因所造成的知识、能力现状，但不管民如何卑，帝王政治都不能不放下姿态去适应，如果定个高标准以竭民智民力，则除了摧毁社会固有的运行机制进而摧毁政治体自身之外，没有其他的作用。事之所以为隐匿，是因为该做的事都是由人发现的。法是刚性的标准，不兼容细腻的情感，所以粗。已经有距离而且愿意保持距离的远人，道义上没有理由不让人安居，这是在来远人以为德政的背景下说的。[1]仁者将亲情普世化，所以谓广。礼节制人的观念和行为，但礼的规范非成于一朝一夕，是社会积累的产物。德的准则既要宜众，又要高于日常行为。道之体亘古不变，道之用则

---

1 《论语·季氏》："远人不服，则修文德以来之。既来之，则安之。"

应物而异。天行昼夜、四季以布造化，所以虽然尊高，但也要做天该做的事。社会生活的这十类事相，俱不可废，更不能举一端而废百为。而且，所有的事相都有其"不可不"的道理，政治要在社会生活中发挥作用，就必须遵循其"不可不"之处，克服认知之私和意志之私，于是就有政治发挥作用的合理方式——对于天行的规则要观摩而后遵循之，不可狂妄地以人助天；事有成就之得，是其所得造化之德，无关私恩；顺应于道的一切作为，都非出于私智谋划；民众聚集，是仁所发挥的作用，不可当做一己的功业资本；依道义而行的善举，不可记在个人施恩的账本上；社会默认的礼俗习惯之外，不可再搞出什么忌讳；应对事务，不可因偏见而排斥；已经确定的法度，不可用任何由头撩乱；社会生活既依赖民众，就不可因等级而轻视；因循物理，不可因知识、条件等方面的不足而脱离。归结起来，政治作用于社会生活的这些合理方式，核心在于分清天道与人道，不要一膨胀就自以为人力能够执行甚至改善天道，人在天道面前只有从属的能力，就不要去想凌驾的地位，也不要去想弥补天道之缺，如云将与鸿蒙寓言："天气不和，地气郁结，六气不调，四时不节。今我愿合六气之精以育群生，为之奈何？"以人力伐天道所引起的环境灾难，如寓言中的"乱天之经，逆物之情""解兽之群，而鸟皆夜鸣，灾及草木，祸及止虫"等，最终都会被天道抹平；但人类意志自我膨胀的人道灾难，诸如倚天立威之类，则只有人类的理智才能够消解。庄子哲学，或许是人类理智的一次结晶。

捌 《秋水》七问的文明合理性审思

《庄子·秋水》中的河伯，沿黄河顺流入海，面对突然出现的海洋大世界，一时新奇，以致望洋兴叹，产生世界观被颠覆的蓦然自省："我尝闻少仲尼之闻而轻伯夷之义者，始吾弗信。今我睹子之难穷也，吾非至于子之门则殆矣。吾长见笑于大方之家。"只有经过这样的自省，奠定直面世界真相的认知基础，才可能展开思想，所以北海若称许之，"尔将可与语大理矣"。于是在世界很大的语境下，河伯与北海若展开对话，合练了一场七连问答的思想试验：

第一，放在四海之内，原来自视也自称为"天下"的"中国"，不就是沧海一粟吗？

第二，既然"中国"只是沧海一粟，那又该如何按照大小来重估价值？

第三，如果体量的大小不能作为价值评估的准则，因为万物没有衡量大小的极致标准，那又该如何对人类社会进行"约分"，诸如约定名分位序之类？

第四，"约分"既然因造化而变动不居，从自然界找不到衡量贵贱大小的普遍性尺度，那么能否在社会的层面确认贵贱大小的开端？

第五，贵贱大小既然没有某个可以确认的开端，社会秩序也就没有某个可以预定的基础，又如何形成文明？"谢施"以任自化是否具有文明的可能性？

第六，既然社会可以而且应当任其自化，又何以贵乎道？

第七，关于道既无终极之知，又如何辨别天人同异？

正如河伯由黄河流向大海一样，七连问答也由具体而有限的国家话题走向普遍性文明原则或原理的探讨，即由人文、地理上的具象"中国"，走向形而上的文明合理性之思，让"中国"在思想的世界里接受审视与考量，从而构成《庄子》外杂篇的两大思想主题之一，即站在"天人之际"的角度来审思文明的合理性。与此对应的另一大思想主题，是按照人性原则来推度自发文明的可能，形式上就表现为反思式的"通古今之变"。外杂篇形态上被许多注家认为芜蔓的内容，[1] 大致都可以收纳到这两大思想主题之中。本文就以七连问答为线索，兼采外杂篇的思想内容，叙论其两大思想主题之一。

第一问 "中国"大不大

问题本身是开出新眼界然后提出来的，而问题的表述也让人

---

[1] 如王夫之《庄子解》说："外篇则踌驳而不续。"又释杂篇说："杂云者，博引而泛记之谓。故自《庚桑楚》《寓言》《天下》而外，每段自为一义，而不相属。"（《船山全书》第 13 册，第 184、348 页）

眼界大开：

> 计四海之在天地之间也，不似礨空之在大泽乎？计中国
> 之在海内，不似稊米之在太仓乎？号物之数谓之万，人处一
> 焉。人卒九州，谷食之所生，舟车之所通，人处一焉，此其
> 比万物也，不似毫末之在于马体乎？五帝之所连，三王之所
> 争，仁人之所忧，任士之所劳，尽此矣。伯夷辞之以为名，
> 仲尼语之以为博，此其自多也，不似尔向之自多于水乎？

如果只是纯粹地理概念的大小对比，虽然也会震撼，但正如视觉
冲击一样，震撼会随着对新视野的适应而逐渐消解；而地理概念
如果带有特定的文明内涵，不仅指谓文明疆域，还包含此文明的
历史以及价值观、伦理观等，那么震撼就会随着时间的推移、认
知的深入，越来越深邃而且强烈，而"中国"刚好就是这样一
个由文明塑造的地理概念。"五帝之所连"是延续性的历史，
"三王之所争"是定向性的政治，"仁人之所忧"是文明意志，
"任士之所劳"是社会运作模式。生活在这个文明中，会形成或
者接受一些封顶的观念，如伯夷代表了精神纯粹的极致清流，孔
子删述六经代表了文明史知识以及文明意识的巅峰等等。这些封
顶的观念，通常都会成为制约思想眼界的封畛，于是，一个在有
限疆域里生长起来的文明社会，自称为"天下"，自视为与天地
相配的唯一的人类，唯一的文明模式。只有在河伯面向大海时才
发现，这个文明社会只可称为"中国"，与"天下"的名目不相
匹配。显然，这个"中国"概念，在含义上与现代的用法很接

近，都用来称谓这个具有特定历史和文明模式的社会。在同样意义上使用"中国"概念的，还有《中庸》。不过，《中庸》之"中国"是相对于"蛮貊"说的，而《秋水》是相对于"海内"未知世界说的。

同样称述"中国"，《秋水》与《中庸》还有一个相异甚至相反的地方，即《中庸》旨在鼓舞文明自信，而《秋水》旨在消解这样的自信。《中庸》说：

> 仲尼祖述尧舜，宪章文武；上律天时，下袭水土。辟如天地之无不持载，无不覆帱。辟如四时之错行，如日月之代明。万物并育而不相害，道并行而不相悖。小德川流，大德敦化。此天地之所以为大也。唯天下至圣，为能聪明睿知足以有临也，宽裕温柔足以有容也，发强刚毅足以有执也，齐庄中正足以有敬也，文理密察足以有别也。溥博渊泉，而时出之。溥博如天，渊泉如渊。见而民莫不敬，言而民莫不信，行而民莫不说。是以声名洋溢乎中国，施及蛮貊。舟车所至，人力所通，天之所覆，地之所载，日月所照，霜露所队，凡有血气者莫不尊亲，故曰配天。

简单地说，天以其高明广大覆盖全世界，孔子祖述尧舜宪章文武的文明也能覆盖全世界，所以孔子以德配天。而在《秋水》看来，这样的自信就像曾经的河伯，秋天发了一场大水，百川灌河，河面宽阔，渚涯之间不辨牛马，于是"河伯欣然自喜，以天下之美为尽在己"。两相比较，会让人产生很怪诞的感觉，相同的时代，相同的思想环境，为什么会表现出如此巨大的判断差别呢？从思想发生的角度看，要衡量现行文明的价值以确认未来文明的发展方向，就需要有一个参照，所谓有比较才有鉴别。但华夏文明孤立于欧亚大陆东部的特殊环境，注定没有这样的比较对象，于是只能以天地万物的造化为参照。儒道两家讲文明，或曰"以德配天"，或曰"天法道，道法自然"，都要用"天""道"来作为参照物，因此必然涉及错综复杂的天人关系，思想的根源大抵在此。但儒家的天人关系来源于周人"敬天法祖"的信仰体系，敬天祭天以先王或先祖配享，天与人是一比一的对应关系。而道家不接受周人"敬天法祖"的信仰体系，讲"天法道"的哲学以推阐信仰旧体系崩溃之后的秩序生成原理，将道的普遍性意义置于高明广大但孤悬一方的天之上，天与人就是一比多的非对称性关系，人不能配天，也就不证自明。

鼓舞或者消解对于"中国"的文明自信，还有更现实的影响政治的直接目的。孟子劝勉梁惠王、齐宣王等诸侯，最喜欢讲的故事，就是商汤由七十里、周文王由百里起步而王天下。这些故事都是先王成功的历史，所以历史表明，只要遵照尧舜禹汤、文武周公之道统或文明方向，便能像孟子告诉齐宣王的那样，"天下可运于掌"，统一并且治理天下将是一件快乐而且简单的事。而王者以德配天，不仅英明伟大，而且神圣。孟子用文明自信鼓励政治自信的目的，也可以说像视诸掌一样清楚明白。

《庄子》感兴趣的故事，显然与孟子不一样。《庄子·则阳》说到惠施相梁惠王时，梁惠王因齐威王背约，大怒，谋划雇杀手行刺。梁国有将军认为梁惠王的复仇方式像平民，作为一国之君，体面的复仇方式应该是发动战争，并且表示愿意率军伐齐，"虏其人民，系其牛马"，让齐国之君去流亡，"然后抶其背，折其脊"。这个勇悍的战争计划，当然遭到和平主义者的反对，因为和平来之不易，"今兵不起七年矣，此王之基也"，如果任性发动战争，那就是自毁城墙，苦害百姓，"筑十仞之城，城者既十仞矣，则又坏之，此胥靡之所苦也"。主张六欲皆得其宜以"全生"的子华子，认为这两方面的争执都很惑乱人，"善言伐齐者，乱人也；善言勿伐者，亦乱人也；谓伐与不伐乱人也者，又乱人也"。意思大概是在这样的争执中，眼耳鼻舌身意六欲不能顾全，复仇会带来身体上的伤害，不复仇又会带来念头不通达亦即精神上的伤害，而挑明左右都是伤害的言论，本身也是一种烧脑的伤害。这让梁惠王更惑乱了："然则若何？"子华子给了个很深奥的回答："君求其道而已矣。"这让当宰相搞协调的惠施很坐蜡，找到贤士戴晋人，于是戴晋人给梁惠王讲了个故事："有国于蜗之左角者，曰触氏；有国于蜗之右角者，曰蛮氏。时相与争地而战，伏尸数万，逐北，旬有五日而后反。"梁惠王觉得这故事太虚幻了，于是戴晋人又做出解释，让他们的思想疏导成了一个真实的故事："'臣请为君实之。君以意在四方上下有穷乎？'君曰：'无穷。'曰：'知游心于无穷而反在通达之国，若存若亡乎？'君曰：'然。'曰：'通达之中有魏，于魏中有梁，于梁中有王。王与蛮氏有辩乎？'君曰：'无辩。'客出，而君惝然若有亡也。客出，惠子见，君曰：'客，大人也，圣人不足以当之。'惠子曰：'夫吹管也，犹有嗃也；吹剑首者，映而已矣。尧舜，人之所誉也。道尧舜于戴晋人之前，譬犹一映也。'"放在广袤无垠的世界里来看，梁国与蜗牛角上的触蛮帝国并无两样，差别只在于以人的眼界去俯瞰触蛮帝国，可以衡量其大小，评估其价值，但人却没有更高的眼界去衡量自己的梁国或"中国"。一旦这层眼界被打开，就像戴晋人打开梁惠王的眼界那样，许多现实的纠纷或纠结也就纾解了。至于惠施说尧舜之事只如吹去剑尖上的灰尘，虽然修辞很夸张，但确也反映出儒家之外许多人的一个基本观念，"中国"在尧舜旧邦的基础上越来越大，随着"中国"疆域的拓展、视野的开阔，世界更是越来越大，曾经有效的尧舜老经验，解决不了这个大世界出现的新问题。这个新问题的根本，就是世界既然变大了，文明以及政治的模式是否也应该随之变大？如果执意将不断扩大的新世界收纳在狭小的旧模式里，所谓文明秩序还能作为社会生活的安全策略吗？

《秋水》所说的"人卒九州，谷食之所生，舟车之所通"，应该是指《禹贡》九州——冀州、兖州、青州、徐州、扬州、荆州、豫州、梁州、雍州。这是一个关于"中国"或"天下"的人文地理性的构想蓝图，以田土物宜为基础，以输贡为共同体表征。在这个地理平铺的九州之后，又有一幅关于中央之国的辐射性蓝图——五百里甸服，五百里侯服，五百里绥服，五百里荒服。合起来看，这就是一个政治和文明有中心，社会结构有层次的完整世界，远比三代实际统一的"天下"更宏大，所以除了人文地理的意义之外，它还是一份春秋战国的诸侯王将要一统"天下"的政治任务书。如果默认"天下"只有在形制上统一才是安全无战争的，那么显然，这份任务很沉重。而春秋战国的历史，大概可以说就是在这份任务书或类似思维的指引下，历经数

百年统一战争，最终实现秦帝国的大一统。思想上，面对这份不
仅宏大而且按照尧舜以来的历史叙事在道义上无疑正确的"天
下"蓝图，谋进取可以建功立业，如管仲辅佐齐桓公九合诸侯，
一匡天下；唱反调则不合时宜，所以充其量只能使之虚化。《秋
水》的河伯看海是使之虚化的一波冲刷，邹衍的大九州说也是。
据《史记·孟子荀卿列传》叙述邹衍的学说：

> 以为儒者所谓中国者，于天下乃八十一分居其一分耳。
> 中国名曰赤县神州。赤县神州内自有九州，禹之序九州是
> 也，不得为州数。中国外如赤县神州者九，乃所谓九州也。
> 于是有裨海环之，人民禽兽莫能相通者，如一区中者，乃为
> 一州。如此者九，乃有大瀛海环其外，天地之际焉。其术皆
> 此类也。然要其归，必止乎仁义节俭，君臣上下六亲之施始
> 也滥耳。王公大人初见其术，惧然顾化。其后不能行之。[1]

邹衍见过的诸侯，有梁惠王、赵国的平原君、燕昭王等。这些诸
侯"惧然顾化"，那是被世界之大震撼到了。而真正让人震撼的
地方，或许不仅仅在于邹衍超凡脱俗的想象，还在于他合乎逻辑
地提出并且解释了一个问题，既称"天下"，就必然有一个天与
地的连接或者交界处。邹衍将这个交界处推到大瀛海之外，虽舟
车不可及，但想象中似乎是真实的。而天地交界处的存在，又让
大九州说更可信，所以诸侯们在意识到自身渺小的同时，也就意

1　司马迁：《史记》卷74，第2344页。

识到统一"天下"之艰难甚至不可能，乃至"惧然顾化"。

诸侯们有过警醒，有过敬畏，但状态并未持续太久。因为现实的生存竞争不仅依然存在，并且随着纵横家的介入愈演愈烈，兼并最终只能留下一个统一者的吞噬规则，又阻隔了由制度来安排"天下"秩序的思考，所以在远水与近火之间就很容易做出选择。邹衍因其假说风光一时，梁惠王郊迎执宾主之礼，平原君侧行襒席，燕昭王拥彗先驱，但宗教式迂远奇谈的魅力终究不敌现实的生存急迫，也不能代替文明秩序的制度性思考。

第二问　极致的大小之辨是否可能

根据《史记》的叙述，邹衍大九州说自有其引导王侯政治的意图，"必止乎仁义节俭，君臣上下六亲之施始也滥耳"，似乎有意推度伦理、政治秩序的滥觞，但为说止于论述"中国"是"天下"的八十一分之一。这个假说当然有助于王侯克服其狂悖自大的心态，但也仅限于此，未见邹衍有关于政治问题的更深入思考。而《秋水》的"中国"大小之辨只是其思想的话题引子，由这个话题首先引出的思想，是直观的大小之辨并不足以衡量事物各自的分量，不足以做出趋避取舍的选择，因为极致的大小之辨是不可能的。于是有第二问：

河伯曰："然则吾大天地而小毫末，可乎？"北海若曰："否。夫物量无穷，时无止，分无常，终始无故。是故大知观于远近，故小而不寡，大而不多，知量无穷。证向今故，故遥而不闷，掇而不跂，知时无止。察乎盈虚，故得而不喜，失而不忧，知分之无常也。明乎坦途，故生而不说，死而不祸，知终始之不可故也。计人之所知，不若其所不知；其生之时，不若未生之时。以其至小，求穷其至大之域，是故迷乱而不能自得也。由此观之，又何以知毫末之足以定至细之倪，又何以知天地之足以穷至大之域？"

由《禹贡》九州的"天下"，人似乎可以活得很明白，"天下"就那么大，尽在闻知和想见之中；由历史所昭示的是非得失已是那么清晰，得道者昌，失道者亡；人尤其诸侯只要克服那么点自私自利的欲望小格局，不说"天下可运于掌"，至少"天下"秩序的利弊是可以衡量的，个人在"天下"间趋避取舍的选择也是不难做出的。而当"天下"忽然变得无穷大时，人就会在一番望洋兴叹之后，本能地选择要奋起追逐更大的目标，一如河伯表现的这样。

个人确定一个不切实际的宏大目标，最终结果可能就是疲累终身而一事无成，危害固然有，但毕竟不大，而社会如果确定一个运掌"天下"的宏大目标，那么首先就必须有强大的政治保障，包括调动人力物力资源的绝对权力，为社会生产力上紧发条以适应宏大目标的管制模式，目标及其推进方式不容置疑的思想管控机制等等。这一套政治逻辑，战国时的诸子百家都能洞若观火，差别只在于若正若反，用法不同而已。如果说法家制名立法是正用，那么名家析言破律就是反用。正用的法家必定搞专制集权，其思想盲点我们后文再讨论，反用的名家一味地拆解刑名体

系的稳定性以自娱自乐，在《庄子》看来也不是一条正常的道
路。如《庄子·天地》有故事说："夫子问于老聃曰：'有人治
道若相放，可不可，然不然。辩者有言曰：离坚白若县寓。若是
则可谓圣人乎？'老聃曰：'是胥易技系，劳形怵心者也。'"名
家之辩，乐处在于颠覆常识习见，常识习见以为不然、不可的，
都可以在辩论中予以颠覆，魔术般地转变成然的、可的。这种名
家学风在政治上的影响，就是解构刑名，至少让一切名目下的政
治运作都成为内涵不确定的、可疑的，所以说是"治道若相
放"，什么名义都确定不了，一切管治也就没有正当性。而在
《庄子》看来，这种锋利小刀式的析言破律，不仅自己身心疲
惫，还会在现实社会以等级建构秩序的环境下，让法网更绵密，
更强梗，[1] 即如上引文接着说："执留之狗成思，猿狙之便自山林
来。"只要立法权始终在王侯的掌握中，立法的模式又没有合理
性共识的制约，那么一切劳形怵心的努力就都是徒劳的，成为挑
剔进而弥补法网漏洞的帮闲。

　　从思辨的角度说，名家的辨名析理，也可以不停留在概念辨
析的层面，而是升华到"论万物之理"的普遍性层面来思考。
在《庄子》书中，这样的思考从两个角度交叉展开。如《庚桑
楚》说：

　　　　古之人，其知有所至矣。恶乎至？有以为未始有物者，

　如《礼记·王制》有所谓"四诛"，其中第一条即"析言破律，乱名改作，
　　执左道以乱政，杀"。

至矣尽矣，弗可以加矣。其次以为有物矣，将以生为丧也，以死为反也，是以分已。其次曰始无有，既而有生，俄而死。以无有为首，以生为体，以死为尻，孰知有无死生之一守者，吾与之为友。是三者虽异，公族也，昭景也，着戴也，甲氏也，着封也，非一也。有生，黬也，披然曰移是。尝言移是，非所言也。虽然，不可知者也。腊者之有膍胲，可散而不可散也。观室者周于寝庙，又适其偃焉。为是举移是。请尝言移是：是以生为本，以知为师，因以乘是非。果有名实，因以己为质，使人以为己节，因以死偿节。若然者，以用为知，以不用为愚，以彻为名，以穷为辱。移是今之人也，是蜩与学鸠同于同也。

两个角度，一是认知的有限性，二是物理的无限性。在《养生主》中，这样的交叉角度曾被表述为以有涯随无涯，可以说是《庄子》内外杂篇共同而且持续关注的问题之一。认知的有限性，可以从个人和人类整体两方面来看。个人认知的有限性，在纯粹经验的层面就可以不证自明，而人类整体的认知，永远都处在无限发展的可能性之中，这无疑表明人类整体的认知在无限的时间节点上都处于未完成亦即有限的状态。而"万物之理"至少相对于人类认知成果和能力而言是无限的，这个无限不仅指无穷的未来，还指不能无限回溯的过去。因为过去不能无限回溯，所以"万物之理"从哪里来、如何发生，就不可能获得终极之知。又因为从发生的意义上说"万物之理"的来源不可尽知，所以可以确认的合理性只能是现象层面的万物莫不"自是""自然"。"自"是此在，"自是""自然"则此在即真理。但任何此在又都不是一成不变的，所以"论万物之理"还需要进化到致思"移是"的思维状态。"移是"既是主体之"自"的变动不居，也是合理或真理判断标准的逐景游移。

这样的推论会不会让文明困顿在真理的不确定性之中？也许是的。在《庄子》看来，确认真理的鲁莽就是文明进程中最大的鲁莽，所以在这个问题上的思辨审慎，没有能过之的，只有不及的。《庚桑楚》还说：

> 宇泰定者，发乎天光。发乎天光者，人见其人。人有修者，乃今有恒。有恒者人舍之，天助之。人之所舍，谓之天民；天之所助，谓之天子。学者学其所不能学也，行者行其所不能行也，辩者辩其所不能辩也，知止乎其所不能知，至矣。若有不即是者，天钧败之。

"天钧"也就是"天倪"，指体现在万物生生不息之中的平衡法则，具有自然律的意义。这个平衡法则不仅具现在万物造化之中，同时也体现在社会生活之中。其思想核心就是，对于认知的有限性是否具有自觉意识，将决定是否"人之所舍""天之所助"。虽然放在万物造化中来看，一切将主观是非扩展为普遍性真理的图谋都不过只是片刻的固执，最终结果都会被认知处在无限发展中的平衡法则所制约，但平衡其固执本身就是或大或小的灾难，"败之"的代价是双方面的，一方面是固执者本身失败，另一方面是被固执所影响的社会也失败。

围绕"万物之理"不可穷尽和认知的有限性，《庄子》书中还有许多论述，大旨归结起来，可以用《秋水》的四句话予以概括，"物量无穷，时无止，分无常，终始无故"，因为万物世界无限大，所以任何属性的主体存在不仅体量大小是相对的，而且存在有其时间性，存在状态的改变还不完全取决于存在之物曾经的主体性，更取决于主体之物的内涵与变化迁流之环境的关系，所以直观大小只是一个不确定的变量，并不能作为价值评估的准尺，不能以大为美。评估牵动理智和情感的"中国"也一样。这种拒绝简单化评估的思想，在孔子的言论中同样有所展现。如《中庸》载："子路问强。子曰：'南方之强与？北方之强与？抑而强与？宽柔以教，不报无道，南方之强也，君子居之。衽金革，死而不厌，北方之强也，而强者居之。故君子和而不流，强哉矫！中立而不倚，强哉矫！国有道，不变塞焉，强哉矫！国无道，至死不变，强哉矫！'"南方之强如鲁国，北方之强如齐国。齐国的体量，比鲁国大很多，但孔子并不因此就认为齐国比鲁国强，因为孔子评价国家强弱的依据，不只是国家意志和武力的强悍，还有"宽柔以教，不报无道"的文明属性。同样，《庄子》评估万物，也不因其大即壮美之。而《庄子》的评估准尺与孔子的不同之处，在于"知分之无常"，分可以理解为分量，在万物整体秩序中意犹《礼记》所谓"礼辨异"，也就是在整体秩序中的权重和处境，"无常"则主体存在的权重和处境永远处在变化的状态，所以评估的尺度只能是其自身的"自然"合理性。

第三问　能否从万物造化中确认"约分"

《秋水》第三问的核心概念是"约分"。这个概念具有双重含义，第一是对万物造化之分的认知，第二是以此认知为基础，确认万物之分的衡量尺度。因为从万物本来的分殊到人类确认衡量尺度的"约分"，涵盖了从认知自然界秩序到制定社会秩序的基本过程，所以《秋水》的"约分"，在思想逻辑上关联到《天道》之"分守"。"分守"乃其"五变而形名可举，九变而赏罚可言"之政治学体系的第四变，是一个从自然到社会的中间环节，这套政治学体系又曾受到王安石的推崇，成为熙宁变法的一大思想基础，所以在中国政治学说史上，就凸显为一个具有丰富思想内涵的话题。话题最能表现思想张力而耐人寻味的地方，在于《秋水》与《天道》的思想并不一致。《天道》虽然从"天""道德"讲起，但目的只是强调刑名赏罚的政治有一个合理的生成过程，并非按照某人私意确立的法度，但未及深入论述其生成的所以然之故，所以本质上是一种政治学说；而《秋水》以辨识物理之分为基础，深入考问"约分"如何可能，所以思想内涵属于政治哲学，有以追问"分守"的合理性依据。

> 河伯曰："世之议者皆曰：'至精无形，至大不可围。'是信情乎？"北海若曰："夫自细视大者不尽，自大视细者不明。夫精，小之微也；垺，大之殷也；故异便。此势之有也。夫精粗者，期于有形者也；无形者，数之所不能分也；

> 不可围者，数之所不能穷也。可以言论者，物之粗也；可以
> 意致者，物之精也。言之所不能论，意之所不能察致者，不
> 期精粗焉。是故大人之行，不出乎害人，不多仁恩；动不为
> 利，不贱门隶；货财弗争，不多辞让。事焉不借人，不多食
> 乎力，不贱贪污；行殊乎俗，不多辟异；为在从众，不贱佞
> 谄。世之爵禄不足以为劝，戮耻不足以为辱，知是非之不可
> 为分，细大之不可为倪。闻曰：道人不闻，至德不得，大人
> 无己，约分之至也。"

认识万物，需要用一些衡量的工具，以判别大小、多少等等，没
有这样的衡量工具，就不能对万物进行甄别、区分，万物在认知
中是混沌一团的。人类迄今使用的衡量工具，实际上都是约定俗
成的，如尺、米、斤等等，都只是个约定，习惯了也就接受了，
反过来说也一样，接受了也就成习惯了，没有什么道理好讲。但
在初始约定的时候，却是一个制定标准的公共权力问题，由谁来
约定，如何约定，都不是那么理所当然被接受的。秦始皇统一度
量衡成为一大历史性的政绩，可见约定衡量标准在政治上的特殊
含义。

约定标准的政治含义之大端，就是与立法的模式类同，因此
约定不能是随意的，而必须具有普遍适应性。这一点不仅《庄
子》，《墨子》也持同样的立场。《墨子·法仪》说，不管从事哪
类事务，都必须有一些"法仪"，也就是法度规范，没有法度规
范就不可能成事。无论是士之为将相，还是百工各从其业，都各
有其法。如百工以矩定方，以规画圆，直线用绳，垂直用悬。无

论工匠的个人技艺如何，皆采用这些法度规范，巧工能做到中规中矩，不巧的虽不能中，但按照这些法度规范去操作，也要比自己摸索强很多。天下最大的事务，当然就是治天下，其次治大国，如果没有法度可依，那就还不如百工来得精审。那么应当如何确定法度规范呢？天下人都有父母，技艺有师传，大大小小的诸侯国各有其君主，这三类人，人数多而仁者寡，所以各以其为法，那就是"法不仁"。"法不仁，不可以为法。"于是墨子得出结论："莫若法天。天之行广而无私，其施厚而不德，其明久而不衰，故圣王法之。"[1] 立法以天为准则，因为天覆盖无私，具有公共的性质，是具有普遍适应性的极致标准。

同理，《秋水》约定衡量工具也需要这样一个极致的标准，否则不能确定其是否具有普遍的适应性。而要找到极致的标准，首先就要确定万物极大和极小两个端点。但随即《秋水》便发现，物体的极大极小，是不可以用数量来表达的，极小的物体无形而不可分割，极大的物体又周长不可穷尽，如《墨子》之所谓"天"，所以都不能与其他物体构成比例关系，不仅不能作为衡量的尺度，甚至也不能作为约定衡量尺度的参数。这表明万物的天然尺度是不存在的。那么，人类要如何认知万物的"约分"呢？《秋水》认为首先要规避将"约分"当做拨动万物的杠杆，例如，"约分"既没有害人的动机，就不必褒美仁恩；"约分"的行为既非出于特殊的利益安排，其结果就不是分别贵贱；"约分"既非鼓励争夺财产，就不必特意提倡辞让；合约以从众为目

1　吴毓江：《墨子校注》卷 1，第 30 页。

标，既不标榜独见，也就无须在意佞俗与否；"知是非之不可为分，细大之不可为倪"，因此不将工具性的"约分"绝对化；等等。就"约分"者而言，进行"约分"有三项原则：一是要让衡量工具成为公众的使用习惯，在意衡量的尺度，而非在意"约分"的制定者是谁；二是不将"约分"当做某种立德施恩的行为；三是不在"约分"中渗入一己之意。如果能贯彻这三项原则，那么"约分"之事也就算做得很好了。

对于人类社会来说，"约分"之事最需要慎思的，是会不会由此引起万物之间的隔离、撕裂。因为社会"约分"的本质，就是在人与人、事与事之间划线，所以在"约分"的同时如何规避隔离、撕裂以至对立，就是文明作为人类安全谋略的题中应有之意。既然是"约分"，那么规避的方式方法当然也可以设计，这就是社会制度的立法环节和法制体系两个层面。制度设计当然需要参照。就具体的某类社会事项而言，制度设计通常都会参照前人的经验，表现为借鉴先王法则的始终有故，而非《秋水》所说的"终始无故"。但单类事项的制度设计不能决定人类文明的整体方向，而且在时过境迁之后，旧经验很难说不是新环境里的方向性错误，缺乏理性批判的经验重复甚至可能只是错误的重复，重复得越多就越是积重难返，所以"通古今之变"是庄子或许也是中国哲学的一大思想主题。站在哲学的角度思考人类文明的整体方向，可以参照的对象大约有两类，其一是人类自身关于合理性的极致想象，即所谓神的法则；其二是养育人类之环境的自然法则，自然法则本身是混沌而且漫无边际的，必须经过人类的观察和思索才可能成为人类的行为准则，所以自然法则既是环境法则也是理性法则，确切地说是以理性方式思索人类生存环境及其秩序启示所获知的法则。《庄子》推阐万物"约分"，在实践的层面固然强调"为在从众"，但理论层面的深邃思考，所参照的是自然法则。

与《秋水》的"约分"之问相关联，《庄子》外杂篇的其他篇章，还有两方面关于"分"之自然法则的观察和思考。一方面如《庚桑楚》说：

> 道通，其分也；其成也，毁也。所恶乎分者，其分也以备；所以恶乎备者，其有以备。……出无本，入无窍，有实而无乎处，有长而无乎本剽。有所出而无窍者有实。有实而无乎处者，宇也；有长而无本剽者，宙也。有乎生，有乎死，有乎出，有乎入。入出而无见其形，是谓天门。天门者，无有也。万物出乎无有。有不能以有为有，必出乎无有。而无有一无有，圣人藏乎是。

所谓生存，首先是生成，其次是以生命的形式存在。人类的生成，是从万物世界中分离出来的。既然是分离，那么相对于原本的完备、大全之整体而言，就是有局限因而也有缺陷的。正因为万物造化的"分"都是大全之殇，有缺陷，所以人类社会的"约分"亦即生存状态，既不能奢求完美，更不能自认为已经完美，应当承认并且接受其缺憾。分出人类的大全世界即所谓宇宙，宇表述万有实体之空间，但不知这个实有空间以什么为载体；宙表述时间，时间是不间断地增长的，但不知其增长的资源从何处得来。按照《庄子》"万物皆种，以不同形相禅"的思想，任何生成、增长都是由他物转换来的，有某个或同种或异种的能量前身，而无限时间的能量前身不得而知，到来和逝去都无路径、无门户，所以只能是从"无"中悠然来又向"无"中杳然去。这表明是有与无的互动才让万物世界活起来、动起来的，所以万物之分不是凝固的。同理，人类社会的"约分"当然也不能凝固，不是从某个绝对合理的前提中演绎出来。因为前提"无有"，所以圣人所体现的原则，就是在"约分"中不僵化、不执滞、不绝对，任其有无相生。这与王安石"由是而之焉者道也"的思想逻辑，全然相反。

就造化而言，"分"是分殊，而就万物个体而言，"分"则是禀生受命。所以判断所"分"合理不合理，应该只有一个标准，即个体之物是否安分，也即是否安于各自的性命之情；同样，有灵智的人类行为合理不合理，也只能是这个衡量标准，而非出于某种利益目的的效率等等。如《庄子·天地》说：

> 泰初有无，无有无名。一之所起，有一而未形。物得以生谓之德。未形者有分，且然无间谓之命。留动而生物，物成生理谓之形。形体保神，各有仪则谓之性。性修反德，德至同于初。……是谓玄德，同乎大顺。

从泰初之"一"分化出万物，是道家之所谓"德"的基本意义，可训为得。个体所得与其作为生成之本的"分"冥然无间，就是"命"。命是个体的先验规定性，在造化的动静之运中生成特定的形态。不同的形态各有其内在特质，就是"性"。性是有意识地选择、修养的基础，修养的目标，不同于学习知识、培训技艺，不是技能的增长，而是借助社会生活这块磨刀石，澄显本我之"自"，让自我意识在经历现实生活的洗练之后，既如其本来，又更加朗澈，所以可表述为复返禀生受命所得之"分"。这个"分"与造化是契合的，因此个体存在的历程不扰乱造化整体的和谐，从而达成秩序与和谐的统一，克服由"分"尤其是"约分"所造成的隔离、撕裂甚至对立。

另一方面，人类对于万物造化之"分"的认知，固然在不断积累，但任何一个阶段的积累都是有限的，所以借鉴造化之"分"以制定人类社会的"约分"，合理性也是有限的，人类文明只能是始终行走在追求合理的路上。如何追求呢？《庄子》的方法是从哲学上建立起已知与未知的联系。如《则阳》说："蘧伯玉行年六十而六十化，未尝不始于是之而卒诎之以非也，未知今之所谓是之非五十九非也。万物有乎生而莫见其根，有乎出而莫见其门。人皆尊其知之所知，而莫知恃其知之所不知而后知，可不谓大疑乎。已乎已乎，且无所逃此，则所谓然与然乎。"任何一个拥有反思精神的人，必然都曾有过今是而昨非的心路历程。个体尚且如此，社会整体文明若能反思，则历史经验能否作为"约分"合理的绝对保障，也就无须争辩。历史经验是已知，既来和未来的社会发展是未知，要建立从已知到未知的连接，首先就要放弃由历史经验所做出的是非判断，如果固执在过去的是非里，那就意味着拒绝了既来和未来，是非判断像把刀，切断了过去与未来的联系，为了过去的一棵树木，放弃未来未知世界的无限森林。反过来看，着眼未来也并不意味着要拒绝过去，弄成天马行空。《庄子·徐无鬼》举了个很有说服力的例子："足之于地也践，虽践，恃其所不蹍而后善博也。人之于知也少，虽少，恃其所不知而后知天之所谓也。"足所践之地是已知的，周边都是未知的。相对于无穷的未知世界，已知的空间很狭小，但狭小的已知空间却能映照出无穷的未知世界的存在及意义。这个意义就是推动人类关于普遍性的猜想和追寻，《徐无鬼》说：

> 知大一，知大阴，知大目，知大均，知大方，知大信，知大定，至矣。大一通之，大阴解之，大目视之，大均缘之，大方体之，大信稽之，大定持之。尽有天，循有照，冥有枢，始有彼。则其解之也似不解之者，其知之也似不知之也，不知而后知之。其问之也不可以有崖，而不可以无崖。颉滑有实，古今不代，而不可以亏，则可不谓有大扬推乎。阖不亦问是已，奚惑然为以不惑解惑，复于不惑，是尚大不惑。

连用的七个"大"字，都是对普遍性的一种表意。王夫之解释说，"知天者，知其大而已矣"，"大则无方矣"。[1] 此所谓"大"，当然是关于外延广袤的一种比喻，外延广袤则自宽而能容，不将质性各异的万物都强捺在某个僵化的模式里，以一种教条解万方

1　王夫之：《庄子解·徐无鬼》，《船山全书》第 13 册，第 389 页。

疑惑，从而造成惑中生惑。郭象注解这一段则贯穿其"性分"说的原则，谓之大一即道也，"用其分内则万事无滞"，[1]也就是尊重万物的主体性，不以一种观念去主导主体特性各不相同的万物。比较而言，王夫之是从普遍性概念的外延上说的，外延广袤则无不覆盖、无不含括，郭象是从内涵上说的，意即普遍性概念"道"没有特殊的内涵，只是对万物各有其特殊"性分"之内涵的一种表称。对于这样的普遍性，观念上必须要意识到其存在，否则不能理解万物的相互联系以及世界的统一性，但又绝不能自以为完全掌握，否则就是将足底世界当成了全世界，被旧知识、老经验一叶障目，不能扬榷之从而向无穷的未知世界延展，"约分"的模式也就自绝于造化之道，成为区隔人与人、事与事的囚笼。

第四问　能否从社会生活中确认大小贵贱的开端

因为开天辟地的情形不可观察，只能想象，所以从万物造化中，不能确认万物"约分"亦即秩序的起源，所能够确认的，只是万物既"约分"又"以不同形相禅"的现象，"约分"即"不同形"，"相禅"则相互转化。这种无间断的化分，也就是《易·乾·象传》所说的"品物流形"，文天祥《正气歌》所说的"天地有正气，杂然赋流形"。但谁来"品"，谁来"赋"，并没有某个主宰者，只是一个乾元之气，无意识，不能有意安排，

---

[1]　郭庆藩：《庄子集释》卷8中，第872页。

所以不知其如何"品","杂然"而已，造化的秩序不在人类的谋虑范围之内。那么退而求其次，从社会生活中能否确认大小贵贱的秩序起源呢？这个问题如果放在历史学或人类学领域，或许可以根据个案研究给予某种可能的回答，但在哲学上，这个问题的实质，是追问社会秩序的合理性基础，所以同样也不能给出某个具有普遍性意义的确定答案。

> 河伯曰："若物之外，若物之内，恶至而倪贵贱？恶至而倪小大？"北海若曰："以道观之，物无贵贱。以物观之，自贵而相贱。以俗观之，贵贱不在己。以差观之，因其所大而大之，则万物莫不大；因其所小而小之，则万物莫不小。知天地之为稊米也，知毫末之为丘山也，则差数睹矣。以功观之，因其所有而有之，则万物莫不有；因其所无而无之，则万物莫不无；知东西之相反而不可以相无，则功分定矣。以趣观之，因其所然而然之，则万物莫不然；因其所非而非之，则万物莫不非；知尧桀之自然而相非，则趣操睹矣。"

从逻辑上说，社会既然已经发生了各种"分"，那么看问题就必然有各种不同的角度。撇开个体的立场差异不说，也还有看待问题的思想层面之不同。"以道观之"着眼于万物的全体大用，物物各有其存在的合理性，所以没有贵贱之分。"以物观之"着眼于个体之物的特殊性，所以尊己为贵，视他者为贱。"以俗观之"着眼于现实的社会状态，也具有普遍性，所以贵贱之分既不取决于自己的愚智勤惰，也不由自己论定。"以差观之"着眼于个体之物的相互比较，没有什么物是绝对大的，也没有什么物是绝对小的，所以万物莫不为大，莫不为小。"以功观之"着眼于功能看万物存在的合理性，则个体之物有所能，有所不能，物与物之间相反相成。"以趣观之"着眼于万物的自由选择，各有所然，有所不然，都像唐尧和夏桀一样"自然而相非"，所以是非之论是有的，是非的普遍性标准是没有的。

《秋水》所列举的观察和思考社会贵贱大小之分的六个思想层面或角度，很丰富，但也还不算穷举，还可以举出更多。这表明社会的贵贱大小固然存在，既是秩序存在的理由，也是秩序构成的基础，但对于贵贱大小却没有唯一的、绝对的理解，更没有唯一的、绝对的标准模式。也唯其如此，所以秩序既有不断调整的需要，也有不断调整的可能，秩序的合理性，就介于现状与调整的过程之间，正如对于自然秩序的认知介于已知与未知之间一样。而秩序的调整，则必然不能满足于学习过去的成功经验。《秋水》说：

> 昔者尧舜让而帝，之哙让而绝；汤武争而王，白公争而灭。由此观之，争让之礼，尧桀之行，贵贱有时，未可以为常也。梁丽可以冲城而不可以窒穴，言殊器也。骐骥骅骝，一日而驰千里，捕鼠不如狸狌，言殊技也。鸱鸺夜撮蚤，察毫末，昼出瞋目而不见丘山，言殊性也。故曰盖师是而无非，师治而无乱乎？是未明天地之理，万物之情者也，是犹师天而无地，师阴而无阳，其不可行明矣。然且语而不舍，非愚则诬也。帝王殊禅，三代殊继，差其时、逆其俗者谓之

篡夫，当其时、顺其俗者谓之义之徒。默默乎河伯，女恶知
贵贱之门、小大之家。

燕王哙学尧舜故事，禅王位给纵横家子之，结果燕国日衰；楚平
王之孙白胜，僭称公，因争位而灭亡；可见政权的竞争与禅让，
并没有某个经验上通用的成功模式。可以用来制作独木舟的巨
木，不可用来塞老鼠洞，可见工具要看适用与否，无所谓贵贱。
千里马可日行千里，但抓老鼠的本领不如猫，可见技能没有绝对
的高下标准。猫头鹰在夜晚可以捉跳蚤，白天却看不见大山，可
见没有什么物种的本能是全胜的。由此看来，世间的万事万物，
本没有自带普遍性和绝对性的是非、高下、贵贱标准，一切是
非、高下、贵贱，都只是在特定的经验环境下所做出的判断，离
开了特定的经验环境，则经验的有效性只能是相对的。如果执着
于尧舜的经验，以之制定是非、高下、贵贱的标准，那么在环境
变迁之后，即使学得一模一样，也可能让真理蜕变为谬误。所以
在《秋水》看来，坚信师是而无非、师治而无乱的经验主义，
"非愚则诬"，若非愚蠢，就是欺骗。

自然秩序不能被作为"约分"的完全准则，因为人类对自
然秩序的认知有局限；社会的历史经验，也不能直接拿来作为分
判是非、贵贱的标准，因为经验有特定环境的局限；那么将二者
结合起来行不行？能否按照"推天道以明人事"的理路，建构一
套以"约分"为基础的合理秩序、制度？这可能是一个贯穿中国
哲学史而且极富有思想张力的核心问题，即便《庄子》书中，《秋
水》和《天道》二篇的观点也处于对立的状态。《天道》说：

古之明大道者，先明天而道德次之，道德已明而仁义次之，仁义已明而分守次之，分守已明而形名次之，形名已明而因任次之，因任已明而原省次之，原省已明而是非次之，是非已明而赏罚次之。赏罚已明而愚知处宜，贵贱履位，仁贤不肖袭情。必分其能，必由其名，以此事上，以此畜下，以此治物，以此修身，知谋不用，必归其天。此之谓太平，治之至也。故书曰：有形有名。形名者，古人有之，而非所以先也。古之语大道者，五变而形名可举，九变而赏罚可言也。骤而语形名，不知其本也；骤而语赏罚，不知其始也。倒道而言，迕道而说者，人之所治也，安能治人？骤而语形名赏罚，此有知治之具，非知治之道，可用于天下，不足以用天下，此之谓辩士，一曲之人也。礼法数度，形名比详，古人有之，此下之所以事上，非上之所以畜下也。

所谓形名、赏罚，当然都是政治。但与一心只讲究谋权用权之技巧的实际政治不同，《天道》是讲道理的。形名作为制度建构，在第五个环节，赏罚作为行政执法，在第九个环节。环节与环节之间，至少形式上存在因果关联，有一个讲道理的推演过程，所以《天道》的这一套说法，在思想层面上比行政用权的实际政治要高，属于政治学。大概也正因为《天道》讲政治学，关注为政之理，比任性的执政用权要高明；并且将为政之理纳入从天道到人事的系统中进行思考，又比片面的经验主义要高明；所以王安石对《天道》的这一段思想很赞赏，取其"九变而赏罚可言"一句为题，以诠释《天道》的形式，抒发他自己的政治学思想。

　　首先，王安石对表述九变各环节的概念，重新进行内涵界定。如说："万物待是而后存者，天也。莫不由是而之焉者，道也。道之在我者，德也。以德爱者，仁也。爱而宜者，义也。"[1]界定可能让《天道》的思域变窄了，但同时也使其思想变得明确了。天是万物存在的前提条件，道是万物运行的必由路径，可行之能、必行之路的载体具现为个体便是德，仁是以德相爱，爱合其宜为义。经过这样的界定，《天道》所谓何事，至少在王安石的思想中明确了，从天、道到仁、义，是个推天道以明人事的理路。这条理路，虽有所借鉴韩愈《原道》"由是而之焉之谓道"，但王安石与韩愈的思想框架其实不同。《原道》说"仁与义为定名，道与德为虚位"，[2]还是以仁义属诸儒家，以道德归于道家，从中分虚实。而王安石按照《天道》的叙述方式，将儒道两家统合为由天及人的思想整体，道家甚言的天与道德，儒家甚言的仁与义，是相互关联的同一个思维进程。

　　其次，王安石的界定还带有推演的性质，以补充《天道》的思想逻辑，明其所以然。如说："仁有先后，义有上下，谓之分；先不擅后，下不侵上，谓之守。形者，物此者也；名者，命此者也。所谓物此者何也？贵贱亲疏所以表饰之，其物不同者是也。所谓命此者何也？贵贱亲疏所以称号之，其命不同者是也。物此者，贵贱各有容矣；命此者，亲疏各有号矣。因亲疏、贵贱，任之以其所宜为，此之谓因任。因任之以其所宜为矣，放而

1　王安石：《九变而赏罚可言》，曾枣庄、刘琳主编：《全宋文》卷1403，第64
　　册，第338页。
2　董诰等编：《全唐文》卷558，中华书局1983年版，第5648页。

不察乎？则又将大弛。必原其情，必省其事，此之谓原省。原省明而后可以辨是非，是非明而后可以施赏罚。"[1]由仁义如何推演出分守，本质含义是推演从仁义所表征的文明意识及意志，到社会等级"分守"的逻辑进程。王安石的推演让《天道》的意思更清晰了，但问题也同时显示出来。所谓"仁有先后，义有上下，谓之分"，究竟是说人的等级依据其在社会中的仁义表现而分，仁义表现好的等级就高，反之就低，还是说仁义要依据人与人之间已有的先后、上下关系才能够各得其宜？如果是前者，那就意味着社会地位越高的人越仁义，犹《庄子·胠箧》"诸侯之门而仁义存焉"，是瞪着眼睛说瞎话，《庄子》不嘲笑，还有许多人会嘲笑。如果是后者，社会地位高的，仁义要求也高，反之亦然，则"分守"是先在于仁义的，已有的社会等级是判断仁义宜不宜的前提，这意味着仁义并不能为"分守"提供合理性来源。从"分守"到"形名"也一样，从贵贱亲疏的分形如何制定合理的"名"也就是规范化制度？从"道之在我者德也"的立场出发，这个"我"是特称还是泛称？如果是特称，那么左右不过是帝王依据其贵贱亲疏来制名立法，这样的法无关乎合理性思考，只是将既得利益制度化而已。帝制社会也正是这么做的，用不着弄一番从天到人的高深理论。如果是泛称，那么人人都有其分辨贵贱亲疏的视角，要达成公共的分守形名的秩序，就需要像《秋水》所说的那样"约分"，由公约制定"分守"的层

---

1 王安石：《九变而赏罚可言》，曾枣庄、刘琳主编：《全宋文》卷 1403，第 64 册，第 338 页。

级、"形名"的制度等秩序，而不是由某个或某群人对于合理性的理解甚至猜测、捏造来制定秩序。这是《天道》以及王安石与《秋水》的一个思想大分际，最值得慎思。至于复核意义上的"原省"，综核名实意义上的"辨是非"，用权性质的赏罚，都是建立在分守、形名基础上的实际政治运作，可以存而不论。

再次，王安石引《尚书·虞书》为连类，通过文本对读，他确认，唐尧治天下，就是《天道》"九变"政治学的一个历史范例。为说云："是说虽微庄周，古之人孰不然。古之言道德所自出而不属之天者，未之有也。尧者，圣人之盛也，孔子称之曰：'惟天为大，惟尧则之。'此之谓明天；'聪明文思安安'，此之谓明道德；'允恭克让'，此之谓明仁义；次九族，列百姓，序万邦，此之谓明分守；修五礼，同律度量衡，以一天下，此之谓明形名；弃后稷、契司徒、皋陶士、垂共工，此之谓明因任；三载考绩、五载一巡狩，此之谓明原省；命舜曰'乃言底可绩'，谓禹曰'万世永赖，时乃功'，'蠢兹有苗，昏迷不恭'，此之谓明是非；'皋陶方祗厥叙，方施象刑，惟明'，此之谓明赏罚。"[1]所述九条，除第一条孔子赞唐尧出自《孟子》之外，其余都依据《尚书·虞书》五篇。在王安石看来，由唐尧开创的政治事业，正与"九变而赏罚可言"的政治学相吻合，因而成就尧舜禹三王的黄金时代。而唐尧之所以能够开创这样的黄金时代，关键在于首先"明天"，然后才有合理的道德、仁义、分

---

1 王安石：《九变而赏罚可言》，曾枣庄、刘琳主编：《全宋文》卷 1403，第 64
   册，第 338—339 页。

守、形名等等。这一套政治学，可以用"九变而赏罚可言"来归纳，所以不能由于其说出自庄周，就忽略其与圣人治天下的深度契合。

最后，王安石认为一切现实政治的弊病，都根源于违背了这套政治学原理，不能由"明天"开启合理性的政治思维，要么流于文明的悲观，要么满足于形名知识，既缺乏系统性的思考，也就达不到系统性的治理效果。其说云："至后世则不然，仰而视之曰：'彼苍苍而大者何也？其去吾不知其几千万里，是岂能知我何哉？吾为吾之所为而已，安取彼？'于是遂弃道德，离仁义，略分守，慢形名，忽因任，而忘原省，直信吾之是非，而加人以其赏罚。于是天下始大乱，而寡弱者号无告。圣人不作，诸子者伺其间而出，于是言道德者至于窈冥而不可考，以至世之有为者皆不足以为，言形名者守物诵数，罢苦以至于老，而疑道德。彼皆忘其智力之不赡，魁然自以为圣人者此矣。"[1]

经过王安石的诠释，《天道》"九变而赏罚可言"的政治学，无论是概念上还是思想逻辑上都更清晰了。而且，相对于现实政治的任性而鲁莽灭裂，王安石主张对政治的原理展开思考，无疑深有所见，甚至王安石批评诸子论道德一味地摆弄玄虚，理论孤悬于现实的问题之外，也可以在中国学术史上找到不胜枚举的例证。尽管如此，将《天道》和王安石的立论放在政治哲学的视野下，依然存在问题。这个问题的关键，在于"天"是否可以

1　王安石：《九变而赏罚可言》，曾枣庄、刘琳主编：《全宋文》卷1403，第64册，第339页。

尽明尽知，如果像事实所表明的这样不能尽明尽知，又怎么可以作为其政治学体系合理性的周延前提？其次，从天道到人事，中间存在一个天道无意识无意志，与人事有意识有意志的大分际，忽略这个分际，将人事的政治学体系经过天道包装而绝对化，从而形成人事服从天道、天道服从特殊个人或群体之认知的秩序模式，那么这套秩序的有效性，就只能局限于具有相同天道认知的个人或群体，对于更多的其他人，则必须依靠强悍的执行力。这两个重要的思想环节，在《天道》篇和王安石的诠释中，都被当做通向形名、赏罚的过渡程序，在表面的叙述条理中轻松地带过去了。而在《庄子》书中，《天道》似乎是个例外，其他篇章对于知天、知道，都不那么自以为了然，而保持审慎的态度。如《知北游》有寓言说：

> 冉求问于仲尼曰："未有天地可知邪？"仲尼曰："可，古犹今也。"冉求失问而退。明日复见曰："昔者吾问未有天地可知乎，夫子曰'可，古犹今也'。昔日吾昭然，今日吾昧然。敢问何谓也？"仲尼曰："昔之昭然也，神者先受之；今之昧然也，且又为不神者求邪？无古无今，无始无终，未有子孙而有子孙，可乎？"冉求未对，仲尼曰："已矣，未应矣。不以生生死，不以死死生。死生有待邪？皆有所一。体有先天地生者，物邪？物物者非物。物出不得先物也，犹其有物也。犹其有物也无已，圣人之爱人也终无已者，亦乃取于是者也。"

所谓"神者先受之"也就是意会，意会是形成默契对话的有效方法，但往往又不求甚解。冉求被"古犹今"的感知带动，意会孔子"未有天地可知"的表述，而孔子其实并未正面响应未有天地可知与否的问题。冉求事后才反映过来，并未获得问题的答案。孔子的再次表述，则包含这样四层意思。第一，时间上的古今之变是存在的，就像有先祖有子孙一样；第二，再古的古人也同样都有未有天地可知与否的疑问，所以这个问题可以无穷上溯，答案就只能是问题本身，而不是当真知道未有天地的世界情形如何；第三，化生天地万物的不能是物，否则就只是万物的相互转化，而不是开天辟地意义上的化生，但又必须"犹其有物"，意即有某种存在，否则化生不可能发生。第四，有所化生，但如何化生不得而知，可知的是"犹其有物也无已"，也就是造化生生不息，圣人之爱人，所学的就是也只能是这个生生不息。

显而易见，这则寓言的隐喻，与"九变而赏罚可言"是两种理路，学其为天与学其造化，甚至可能演变出两种截然不同的文明模式。《徐无鬼》也说："德总乎道之所一，而言休乎知之所不知，至矣。道之所一者，德不能同也；知之所不能知者，辩不能举也。"事实上，自从《老子》说"天法道"，"道"作为普遍性的一个表称，就鉴定出"天"只是一个与地、人、万物相对的特殊存在。以"天"作为文明秩序的合理性原则，其结果不过一高明广大的笼罩而已；而以"道"作为文明秩序的合理性原则，其结果是关于"道"不可能获得终极、周延之知，所以只能是从万物的普遍性中合约、共建。

第五问　如何"谢施"而任其自化

　　也许，追问文明秩序的合理性依据，本身就是个让人惑而不解的问题。如果不能从中找到某个行为指南，那么这种追问就真有可能像王安石指责的那样，"言道德者至于窈冥而不可考，以至世之有为者皆不足以为"，深邃的思辨，深刻地阻碍开物成务的文明事业。对于这个问题，《秋水》并不因追求理论的圆润而回避，于是有第五问。

　　　　河伯曰："然则我何为乎？何不为乎？吾辞受趣舍，吾终奈何？"北海若曰："以道观之，何贵何贱？是谓反衍。无拘而志，与道大蹇；何少何多，是谓谢施。无一而行，与道参差。严乎若国之有君，其无私德。繇繇乎若祭之有社，其无私福。泛泛乎其若四方之无穷，其无所畛域。兼怀万物，其孰承翼，是谓无方。万物一齐，孰短孰长。道无终始，物有死生。不恃其成，一虚一满。不位乎其形，年不可举，时不可止，消息盈虚，终则有始，是所以语大义之方，论万物之理也。物之生也，若骤若驰，无动而不变，无时而不移，何为乎？何不为乎？夫固将自化。"

河伯的问题可能很简单，如果既成事实之文明秩序的合理性值得怀疑，未来的文明秩序又不能预设，那么面对纷繁复杂的万物世界，又如何做出趋避取舍的选择呢？因为人类的生活，具有自然与社会、本能与创造的双重属性，所以选择是必然的，不能一切全凭本能。而选择首先需要判断，判断则首先需要是非认知的基础、价值取舍的参照，这些就构成既成事实或者合理性预设的文明秩序，否则依然是本能，未开启文明进化的旅程。如果说文明秩序既不能根据关于合理性的终极想象亦即神的法则来预设；也不能因循历史经验予以确认；从自然现象中又不能获得周延的观察和推理，因而不能确定任何合理秩序的起点；那么文明秩序就不能成为选择的参照，人在天地万物之间，又将如何自处？

诸如此类的问题，如果不站在提问者自身的角度，几乎就是无解的，只能归结为反智、反文明云云。而站在提问者自身的角度，这些问题刚好是引发思想的楔子。约略而言，其思想大致以一种思想方法为导向，谓之"反衍"，开启不同于常俗的思维理路。以"反衍"的思想方法确认一项关于文明秩序的底线原则，谓之"谢施"，以五种行为方式贯彻此底线原则，合而言之，可归纳为六无。最终生成一条文明路径，谓之"自化"。

关于"反衍"，旧注家有各种不同的理解，[1]发生异见的空间很大。不过，单纯从《秋水》文本看，"反衍"是对以道观贵贱的方法论概括，也就是从万物莫不自贵而相贱的普遍现象，反向推论出"何贵何贱"也就是没有固定贵贱结构的结论。这种本着普遍性视野看待特殊性差异的思想方法，是《庄子》展开思

1　如郭象注："贵贱之道，反复相寻。"（郭庆藩：《庄子集释》卷 6 下，第 585 页）林希逸《南华真经口义》卷 18："以道观之，而无贵贱，则反求于吾身，自绰绰宽裕，故曰反衍。"（《道藏》第 15 册，第 793 页）王夫之《庄子解》卷 17："交相反形，乃衍其术。"（《船山全书》第 13 册，第 275 页）宣颖《南华经解》："犹泛衍，言宽坦也。"（第 119 页）

想的"惯技"。其根旨，则在于排解由自是而相非式的特殊性局限所造成的相刃相靡。

运用"反衍"以超越特殊性局限的思想方法，表现在实践中就是"无拘而志"，以规避与道的普遍性相乖离。执着一己之"志"也就是断见、特殊意志，必然对外物做出孰多孰少、孰贵孰贱的评价，这本身就是对外物的"施"亦即干预，而道家的基本立场，如《老子·第五十三章》所说："使我介然有知，行于大道，唯施是畏。"所以，《秋水》主张"谢施"。从文意看，是个自觉遵循文明秩序之底线原则的意思，即不以己意干预外物。因为干预是个潘多拉魔盒，一旦打开了，就有各种主观的措意在其中，是非相生，善恶升沉，不知底线在哪里，所以"谢施"这个词虽然在道家著作中罕见，却表达了道家对于文明秩序之底线原则的基本态度。

"无拘而志"是就观念意识层面说的，"无一而行"之后则是就行为方式说的。所谓"无一而行"，无关乎道德操守，而是处事要知变通，能适应，不能由于习惯、偏见等，遇事就认准了非得怎么干不可。适应性的最高境界就是"与道参差"，意即像道一样消息沉浮在万物造化之中。"无私德"是不将对他者的种种作用，如或利或不利等，当做自我意志的展现，而是像理念中的国君一样，国君的一切行为都是法度的体现，赏罚非私恩私仇，个人的一切行为都是道之规则的小呈现，无关我思我意。"无私德"不是不慎独的意思。"无私福"是不怀特殊的利益目的，像古代的社祭一样，为集体祭祀仪式，表达集体的意愿和福祉，不做个人祈祷。"无所畛域"与"无方"是同一个层面的，不过有内外之别。"无所畛域"则自我融入万物之中，意犹逍遥游；"无方"是不专于一种立场，理解万物各有其合理性。

如上转换思维理路，确认底线原则，养成行为方式，在《秋水》看来可以生成一条"自化"的文明进路。这条进路具有无穷张力，"无动而不变，无时而不移"，没有僵化的模式，与万物造化的"消息盈虚"呈现为同一种状态。生活在这种文明里，人生没有选择性困难，何为何不为并不是什么尖锐的问题。因为自化的文明进路并非出于特殊意志的预设，所以称得上"语大义之方，论万物之理"。

第六问　何贵于道

既然人各自化可以生成社会的文明秩序，那么一切关于文明的思虑和议论是否都属多余？不仅儒家的礼乐教化多余，道家的道论也很多余，因为一切关于文明的思虑和议论，都是对自化的干预。而且比较而言，如果说儒家的礼乐教化，本来就是要对人的自然状态进行干预，将人各不同的自然状态纳入规范的集体模式中，干预与教化在逻辑上是自洽的，那么主张不干预的道家，又有什么理由用其崇道的议论来干预自化呢？

河伯曰："然则何贵于道邪？"北海若曰："知道者必达于理，达于理者必明于权，明于权者不以物害己。至德者火弗能热，水弗能溺，寒暑弗能害，禽兽弗能贼。非谓其薄之也，言察乎安危，宁于祸福，谨于去就，莫之能害也。故曰

天在内，人在外，德在乎天。知天人之行本乎天，位乎得，
踯躅而屈伸，反要而语极。"

河伯确实问了个让道家很尴尬的问题，而北海若的响应，似乎有
些论卑而气弱，归纳起来就一句话，"不以物害己"，一切为了
生存。甚至，道论只是"反要而语极"的一种话术，也就是推
到极高明处，让谋生存成为一种究天人之际的哲学，即经过知
道、达理、明权三个步骤，然后能够于安危之处洞察机先，在祸
福之间自得安宁，当去就之际谨守勿失，以至"莫之能害也"。
这种完全捐弃高大上的道论，大概也只有出现在《庄子》中，
才显得无愧无怍。若放在其他的学派中，这样讲述自身最高的思
想概念，只怕有些自我颠覆之嫌。

　　或许，《庄子》论道的一贯做派，本来就既极其清高淡远，
也不忌鄙言自晦，所以即使自我颠覆，也无足深论。但书中自问
却不做正面的自答，很吊人胃口，就有些说不过去了。而且，道
与自化的关系问题，也无疑是审思文明合理性所应当面对的问
题，不可回避，所以我们就《庄子》外杂篇其他篇章中的相关
议论，略为叙述，聊以充作对这个问题的响应。

　　《天地》说：

　　　　夫道，覆载万物者也，洋洋乎大哉，君子不可以不刳心
　　焉。无为为之之谓天，无为言之之谓德，爱人利物之谓仁，
　　不同同之之谓大，行不崖异之谓宽，有万不同之谓富。故执
　　德之谓纪，德成之谓立，循于道之谓备，不以物挫志之谓

完。君子明于此十者，则韬乎其事，心之大也；沛乎其为，
万物逝也。若然者，藏金于山，藏珠于渊，不利货财，不近
贵富，不乐寿，不哀夭，不荣通，不丑穷，不拘一世之利以
为己私分，不以王天下为己处显。显则明，万物一府，死生
同状。

在通常的古汉语世界，"覆载万物"都是用来描述天地的，天覆
地载，很直观，很好理解，并因常用而为一成语。而道无形、无
象、无体，如何覆载万物呢？道家似乎遇到了语境困难，因为没
有一套形而上学的语言来表达其所谓"道"，只能用形象化的语
言来设喻，但所描述的形象又必然出乎想象，于是语言费解，哲
理难思。推寻道之所谓"覆载万物"，正如"有生于无"一样，
可以从存在和生成两个层面来理解。从存在的层面理解，必须有
"无"这样一个概念，"有"之万物世界的统一性才可以理解，
"无"像一面镜子，映照出万物世界乃一整体，即道家之所谓
"大全"，否则所见所闻的世界万物，是分散而支离的。从生成
的层面理解，必须有"无"这样一个界面，万物自无向有而生、
自有向无而死的造化才有理可循，才可以为生生不息的现象找到
一个永不枯竭的源头。由此看来，道家之所谓"无"，是作为一
个界面而为"有"之世界的对应物，二者是互动的关系，即
《老子》所谓"有无相生"，与佛教之所谓"空"，思想的立意就
不同，概念的含义当然也不同。佛教之"空"，立意在超越万有
世界，含义则是如大梵之如，不挂一丝之有；道家的"无"，立
意在理解万有世界，含义则是"道"，不舍一丝之万有。据此来

理解道"覆载万物",并不是简单的打个包裹的意思,而是第一,表达万有世界的统一性,第二,表达万物生生不息的根源性。这两个方面,是观察和理解世界的门户,只有"刳心"也就是剔除习见才能够进入。

也只有进入道的门户,才能够从这个万象森罗的旧世界中,蓦然发现"万物一府"的新境界。在这个新境界里,不仅有老子、孔子曾经做过类似意义表述的天无为、德无言、仁者爱人、不同同之的大"玄同"等,还有《庄子》其他篇章也曾反复表述的,不将任何个性化的行为看做怪异的宽容,不以私自占有而以差异并存为富的天下观等。打开了这样的新境界,则"不拘一世之利以为己私分,不以王天下为己处显",君王私天下的心结和体制打开了,自化的文明秩序也就移除了最大的障碍。从本质上说,自化的文明秩序合理与否,不在于能否在"道"的哲学层面上得到证明——因为"道"不是自化的障碍,而在于君主天下的观念和体制是否接受其合理性。换言之,自化文明秩序的合理性,是相对于君主天下而朗显并且被衡量的。

之所以说"道"不是自化的障碍,是因为"道"本身就不是某种特殊的主张或主见,"道"也不在任何人的掌握之中。"道"之所以尊贵,只因为它是一种符合普遍现象的普遍性观念,"道"既不是也不可以被作为集体崇拜的尊贵道具。《知北游》有一段著名的对话,东郭子问庄子"所谓道,恶乎在",庄子回答说"无所不在"。这个回答很正面,但东郭子有更具体的要求,"期而后可",也就是指个实处。于是庄子给出一系列答案,在蝼蚁、在稊稗、在瓦甓、在屎溺。从哲学的角度看,这样的回答同样也很正面，并不表示庄子被问烦了就使用语言暴力，因为"道"的呈现，越到低下处越是便于真切地观察，正如通常的经验中，俯察总比仰观要看得更清楚，即所谓"每下愈况"。由此《庄子》表达一种认知"道"的方法同时也是对待"道"的适当态度，"汝唯莫必，无乎逃物。至道若是，大言亦然。周遍咸三者，异名同实，其指一也"。不要将"道"当做某个对象化的定在，问道者自己就在"道"中。作为一个概念，"道"的外延无穷大，如"大言"，勉强描述其特征，就是"周遍咸"。周可以理解为包罗万物，遍可以理解为广泛存在于万物之中，咸就物主体而言，没有什么物主体是需要而且可能从"道"中逃逸的，三者其实都是指"道"之外延的涵盖性。这种涵盖是内置的，不是包裹式的，所以说"物物者与物无际，而物有际者，所谓物际者也。不际之际，际之不际者也"。"道"与物，没有物与物之间那样的接触点或面，所以不可将"道"当做某个具象之物去想象，也不可以当做某种特殊的规范去理解，作为一种普遍性观念，"道"的作用正在于消解形形色色特殊的规范，让自化具有可能性。

　　"道"不妨碍自化，还取决于"道"自身不可言传、不可执持的特质。因为"道"与"无"一义而二名，相对于物名为"道"，相对于有名为"无"。"无"是其本体的存在性，"道"是其本体的状态貌。而"无"是既不可言传也不可执持的，"道"的属性亦复如此。"道"的这个特质，在《庄子·知北游》中被设为三问："何思何虑则知道？何处何服则安道？何从何道则得道？"面对这三问，出现过三种响应，一是"不知答"，二是"中欲言而忘其所欲言",三是应题作答:"无思无虑始知道,无处无服始安道,无从无道始得道。"从知识的角度说,第三种响应最有内涵,能切实地告诉人们一些什么;第二种响应欲辩已忘言,正反映道家论"道"的语境困难,人需要有"道"的观念意识,但事实上人又不可能真正掌握观念意识中的"道";而从与"道"自身特质相契合的角度说,第一种回应最密实,与"道"无间,《知北游》称之为"圣人行不言之教"。这个"不言之教",不是如何地以身作则,而是从万物自化中提摄出"道"的观念,因为"道"的观念契合万物自化的本来状态,所以对万物无所干预。

这样说来,"贵于道"也就是唤醒人可以自化的观念意识,此外别无用心。

第七问　天人如何分辨

"道"不干预自化,还可以通过天人之辨获得更深入一步的理解。于是有《秋水》第七问。

> 曰:"何谓天?何谓人?"北海若曰:"牛马四足,是谓天;落马首,穿牛鼻,是谓人。故曰无以人灭天,无以故灭命,无以得殉名。谨守而勿失,是谓反其真。"

在《马蹄》篇中,也有以马设喻,讨论人性、万物之性的思想内容,以考校文明的合理性依据,我们将另文叙述,这里只围绕天人如何分辨的问题做些阐述。

按照《秋水》之说，天人之辨似乎简单明了，万物本来都属天，而人之所以又自外于天，是因为人围绕其特殊目的，有能力将万物当做工具，从而改变万物的天然状态，诸如落马首穿牛鼻之类。有能力将万物工具化，就是人类获得与天地并立之地位的升级标志。而表达这个标志的经典范式，就是人以德配天，也因此才有人类所特有的天人关系问题，不像其他的万物，本来都在天道之中，与天道未尝分，不需求其合，也就无所谓天人之辨。由此看来，所谓天人关系其实分两个阶段，首先是人自谋独立于天，然后是人拟配于天。那么人在什么意义上独立于天呢？《庚桑楚》说：

> 羿工乎中微而拙乎使人无己誉，圣人工乎天而拙乎人。夫工乎天而俍乎人者，唯全人能之。唯虫能虫，唯虫能天。全人恶天，恶人之天。而况吾，天乎？人乎？一雀适羿，羿必得之，威也。以天下为之笼，则雀无所逃。……故敬之而不喜，侮之而不怒者，惟同乎天和者为然。出怒不怒，则怒出于不怒矣。出为无为，则为出于无为矣。欲静则平气，欲神则顺心。有为也欲当，则缘于不得已。不得已之类，圣人之道。

人虽有能力立异于天，但这样的能力本身也必然是天赋予的，那么发挥能力究竟算是遵循天赋还是逆天而行呢？这也就是"吾"为天乎为人乎之问。从"唯虫能虫，唯虫能天"来看，虫既是虫，是天道流行的造化之分；也是天，有天赋其貌与天赋其能。同样，人也具有亦人亦天的双重属性，人受天道流行的造化之分，呈现为万物中的一种特殊存在，具有其貌与其能，像"唯虫能虫"一样，能为人；人的其貌其能又出于天赋，像"唯虫能天"一样，人也能天。到此为止，《庄子》外杂篇的天人之辨可以说一切顺利。

问题在下面，"无以人灭天"，既然人的一切能力都出于天赋，那么发挥人的全部能力就都在天道之内，人又如何能"灭天"或者说应该在什么意义上来理解"灭天"？按照《庚桑楚》的隐喻来理解，后羿工于射是天赋之能，而一种特殊的天赋就意味着更大的局限，后羿的局限，在社会的层面是"拙乎使人无己誉"，不能阻止赞誉的社会舆论，因而产生个人善射之外的影响力，成了社会的一种工具性技能崇拜的符号；在天道的层面是，一次只能射击一个目标，不能像天道那样涵盖所有的目标。这种局限性是由人类行为的目的和能力所决定的。

但人类却无视其局限性，将种群天赋的集合推到与天并立的高度，以至自以为可以效法天道，而不知天道本身的法则只是万物之"自然"。如《天道》说：

> 昔者舜问于尧曰："天王之用心何如？"尧曰："吾不敖无告，不废穷民，苦死者，嘉孺子，而哀妇人。此吾所以用心已。"舜曰："美则美矣，而未大也。"尧曰："然则何如？"舜曰："天德而出宁，日月照而四时行，若昼夜之有经，云行而雨施矣。"尧曰："然则胶胶扰扰乎。子，天之

合也；我，人之合也。"夫天地者，古之所大也，而黄帝尧舜之所共美也。故古之王天下者，奚为哉？天地而已矣。

唐尧的天王用心，不仅仅是一种政治伦理，同时也是文明意志，诸如哀悯困苦、同情弱者等等。站在人类文明的角度看，同情心是高尚的，人因此与禽兽异，拥有与其他动物不同的种群意识和意志。而人类的文明意识和意志，又不是空洞无物的心理活动，人类有能力将这样的心理活动转化为社会性的集体行动，于是人类的生活有组织，有政治，有唐尧等天王。天王执行文明意志，但哀悯困苦、同情弱者的资源从哪里来？当然只能取之于民，用之于民。于是就有了形名赏罚，人类生活以社会的形态自成体系，独立于天。虞舜的主张即黄老学的君王无为，这样的无为，思想基础不是对公共权力来源的质疑和社会公共规则的制约，而是效法于天，人类因此自以为可以配天，并以君王为代表。

历史地看，君王以德配天，本来是西周敬天法祖之信仰体系的核心意涵，《天道》以无为之天置换其"天德"之天，思想当然有变化，但以人配天的结构依旧，天的绝对性与君权绝对性相配适的意涵依旧，所不同的只是西周的敬天法祖以"天德"也就是政治伦理来约束君权，而《天道》的黄老学主张君王有权不用。但在《庄子》其他篇章中，人究竟能否配天，是一个老大的问题。如《天地》说：

尧之师曰许由，许由之师曰啮缺，啮缺之师曰王倪，王倪之师曰被衣。尧问于许由曰："啮缺可以配天乎？吾借王倪以要之。"许由曰："殆哉圾乎天下！啮缺之为人也，聪明睿智，给数以敏，其性过人，而又乃以人受天。彼审乎禁过，而不知之所由生。与之配天乎，彼且乘人而无天。方且本身而异形，方且尊知而火驰，方且为绪使，方且为物絯，方且四顾而物应，方且应众宜，方且与物化而未始有恒。夫何足以配天乎！虽然，有族有祖，可以为众父，而不可以为众父父。治，乱之率也，北面之祸也，南面之贼也。"

所谓"聪明睿智，给数以敏"，也就是智慧过人，精审于约分制度。数是形名度数的意思。这与《尚书》称赞唐尧"聪明文思""允厘百工，庶绩咸熙"，意思大抵相同。在儒家，唐尧以德配天是最无疑义的，所担心的不是树立了唐尧这样一个典范，会不会让社会疲于奔命，而是其神圣性能否强化、能否被广泛认知从而扩大其影响力，因为儒家所叙述的文明史，就是从唐尧开篇的。而《天地》却对这种以人配天的想法发出警讯，警觉天下从此要驶入危险的轨道了。因为啮缺聪明睿智"过人"，所受天赋是特殊的，将这种特殊天赋推度为"天"所代表的普遍性标杆，将会引导天下人竞逐其所不及。以标杆人物为尺度，其他人都会在衡量、比较中显现出差距、缺陷，人类的认知习惯，既默认了标杆，就不会将缺陷归结为普遍性标杆的树立，所以不知差距、缺陷从哪里来，只会在竞逐中去弥补。以这样的标杆配天，但标杆本身却只是一个人设，天性被遮掩了。于是，全人类都急吼吼地奔竞在文明之路上，虽然只能以天赋本身的样子活着，却总要而且也总能表现出各种变异的形态；虽然能知、所知的局限性已经很明显，但依然像喷火一样奔驰在追求全知全能的路上。由此开启的文明模式，秩序是使然而非自然的，改变是拘缚而非自发的，秩序模式是中心号召而四方响应的，广泛适应性是努力做出来而非本来契合的，所以文明之路像物化一样充满了偶然，并没有某个常规化的宏观准则。这样的文明之父，"何足以配天"，只是像"有族有祖"一样，开启了一种特殊的文明传承模式而已，奉之为政治纲领，将会祸乱丛生。

同样的思想，在《徐无鬼》中表述为"古之真人，以天待之，不以人入天"。以人入天是将人提升到天的普遍性高度，或主动或被动地以之为参照、为目标，忽略人与人之间的个体差异，实际上也就以某一人的标杆之天遮蔽了所有人的自然之天。所以《庄子·达生》说："不开人之天，而开天之天。"人之天是人以文明意志造出来的配天之天，天之天则是人各自具的自然之天。两个不同的天一开一阖，自化的文明秩序才具有可能性。

《秋水》七连问答，从中国之大问到天人之辨，思想展开的幅度不可谓不大，但一以贯之的核心问题只有一个，即文明的合理性来源及其可能的模式。这个问题出现在战国时代"中国"作为一个文明体的统一进程中，或许也像《庄子·外物》曾经批评孔子的那样，是"不忍一世之伤而骜万世之患"。但从七连问答缜密的思辨来看，《秋水》洞察问题的视野是深透的，所发现的问题是贯穿迄今为止文明史的一条基本线索；对于问题的思考也是审慎的，在万物造化及人类社会中如何确认秩序的起源和尺度，如果不信服某种假设和独断，或许就应该像《秋水》这样，每到思想的肯綮处，必"怵然为戒"。非如此，不足以言克服"未始有恒"的文明常道，也就不符合《秋水》乃至全部《庄子》的思想目标。

《秋水》七问自"中国"发端，也许表明关于文明合理性的思考缘起于"中国"问题，但思想主题却是文明本身，并不局限于"中国"。只是当时所知的文明世界只有"中国"，尽管《秋水》像邹衍"大九州"说一样，相信世界有其他的文明存在，但终究未知其详，所以一切文明思考，都只能以"中国"为蓝本。"中国"内部以兼并方式谋求统一的时代现实，必然引发关于"大"与"强"之关系的思考，孔子以礼乐文明的属性来衡量强弱，不以大小论，《庄子》也不以大小论强弱，不过思想上，《庄子》终究更接近《老子》。《老子·第三十三章》说："胜人者有力，自胜者强。"自胜可以理解为具有一套强健的能够自身调适的内在机制，《秋水》七问的文明合理性思辨，也同样可以表述为这样的内在机制。健康而强大的内在机制，不一定要归结为礼乐，而可以从万物造化和人类社会的更广袤空间开始观察和思考，这是道家不同儒家的基本立场，《秋水》七问堪称道家在这个问题上的代表作。

理论上，《秋水》以天人关系为主线思考文明合理性问题，但天人关系在《秋水》里并不是一个先验的模式，因而论述天人如何合一或在天人合一的框架下事物情态如何变化、呈现，而是看到天人关系本身就是一个问题，不可预设。这种审慎的思想态度，让天人之辨对于审思文明合理性具有特殊的意义，即从天、人、天人合三个角度能否找到文明秩序的起源和尺度，如果三个角度都找不到，那么一切实用的起源解释和尺度设定就都不能绝对化，合理性是相对并且可以不断调整的。由此推导出的结论，只能是文明可以在自化中因应性地延续，无绝对，无预定。因应的对象，概而言之就是一切士民之"自然"，包括"自"的主体变化、"然"的情感和认知发展两方面。"自"的变化主要发生在人的社会生活中；"然"的情感认同和认知对象，则包括天亦即造化之理、人亦即社会生活的方式和秩序、天人合亦即造化之理与社会秩序的关系。如此因应的文明不一定绝对合理，但具有自身调适的常规化机制。

玖　自发文明的人性基础

　　儒道两家讨论文明的合理性，主要有两个维度。其一是天人关系，即以包含自然律、造化生机、含弘无量等内容的天道，作为推度文明合理模式的参照；其二是人性认知，即以人的类特性来衡量人类所特有的文明生活方式如何合理。由于包括儒道在内的诸子百家，并没有某个先在的共同信仰或理论预设，诸如神的法则、先王法则、功利判断及原则等等，所以这两个维度就成为有效对话的可能途径，否则百家造论立说都可能只是自说自话，思想理论的纷争与得失就缺乏终极判断的公共尺度。而天人关系和人性认知，能够超越各家特殊的前提预设，在接近文明的普遍性而非各自特殊的政治主张的层面，讨论文明合理性这样一个具有根本义的问题。

　　当然，此所谓对话，是我们利用历史文献所搭建起来的一种思想史关系，而在诸子百家的学术场景中，对话往往是通过相互非议的方式展开的，不当面，无公议场所，因而也就缺失了倾听、交流等重要的环节，诸如孟子辟杨墨，荀卿非十二子，韩非评五蠹等等，都属于这种隔空喊话的类型，批评与反批评的互动是有的，但大多数都采取面向君王而非面向论敌的姿态。《庄子》评议天下学术思想，涉及儒墨名法各家，虽不在思想姿态上面向君王，但也不像惠施那样期待同场辩论，所以同样也属于隔空喊话的类型。只是由于隔空喊话的内容是中华文明史一直存在的，也是持续思考文明合理性问题所不可回避的，所以从宏观而且动态的角度，理解成对话关系更便于掌握其议题的思想内涵。

一　人性的假说与考问

《庄子·天道》有寓言说：

> 孔子西藏书于周室，子路谋曰："由闻周之征藏史有老聃者，免而归居。夫子欲藏书，则试往因焉。"孔子曰："善。"往见老聃，而老聃不许。于是翻十二经以说，老聃中其说，曰："大谩，愿闻其要。"孔子曰："要在仁义。"老聃曰："请问，仁义，人之性邪？"孔子曰："然。君子不仁则不成，不义则不生。仁义，真人之性也，又将奚为矣。"老聃曰："请问何谓仁义？"孔子曰："中心物恺，兼爱无私，此仁义之情也。"老聃曰："意，几乎后言。夫兼爱，不亦迂乎；无私焉，乃私也。夫子若欲使天下无失其牧乎？则天地固有常矣，日月固有明矣，星辰固有列矣，禽兽固有群矣，树木固有立矣。夫子亦放德而行，循道而趋，已至矣。又何偈偈乎揭仁义，若击鼓而求亡子焉？

意，夫子乱人之性也。"

这场虚拟的孔老对话，主要围绕儒道思想分歧的两个问题。第
一，仁义是否人性；第二，以仁义为人性的理论意图是什么。

单独向孔子追问仁义是否人性，可能会产生两种不同的理解
和评估。

一种是学术史意义上的，只能将《庄子》的说法纯粹当做
寓言，寓言本身就忽略学术史的真实，诸如《论语》中仁和义
是分开讲的，并未联用为一个词组，至于孔子是否以仁义为人
性，正是其思想中最值得商榷的问题，哪能像《庄子》这样代
替孔子回答说"就是"。因此，《庄子》的这类说法，可以排除
在学术史之外，是《庄子》讲哲学的故事。

另一种看法是思想史意义上的，认为《庄子》揭示了儒道
思想分歧的根本问题，从孔子讲仁与义，到孟子以仁义与性善论
互为佐证，正是儒家"人文化成"、推动社会文明建构的基本理
路，而道家所反对的，又正是这条理路之狭窄，所以《庄子》
对于儒道思想分歧的把握，是真实而且精准的。

学术史研究以历史文本中的概念表述为依据，现代学者通常
认为，讲"穷理尽性"的《周易》"十翼"，不能确信为孔子所
作，所以儒家讲性与天道，是从《中庸》和孟子开始的。《论
语·公冶长》载："子贡曰：'夫子之文章，可得而闻也；夫子
之言性与天道，不可得而闻也。'"这句话，后来出现两种截然
相反的解读。一种解读就是字面的意思，子贡未曾听过孔子讲性
与天道话题；另一种解读是子贡赞叹孔子讲性与天道之精妙，别

的地方"不可得而闻"。如程颐说："子贡闻夫子之至论而叹美
之言也。"[1]朱熹作《四书章句集注》，一方面承认孔子对性与天
道的话题"罕言"，另一方面又接受程颐之说，以为是子贡听孔
子讲性与天道而生赞叹。或许，程朱都希望听孔子讲讲性与天道
的话题，所以对子贡的说法大生感触，以至做出过度解读。而在
我们看来，子贡的说法，可能是表达未闻孔子讲性与天道的遗
憾，也可能是表达对孔子之后学者奢谈性与天道的保留态度。因
为孔子没有关于人性问题的明确表述，更未见孔子将人性作为一
个议题展开论辩，予以强调，只是说"性相近也，习相远也"，
由之延伸的理解，应该是说人都有相近似的类特性，至于这个类
特性如何或者是什么，孔子并未做进一步的阐释，只是相对于
"习相远"，肯定"性相近"亦即类特性的存在。也正由于人与
人的差别产生于"习"，而非产生于"性"，所以"人文化成"
既是可能的，也是必要的，因为"习"本身就是在不断改变、
重塑的，"人文化成"所要解决的，是如何改变如何重塑的问
题。这是孔子思想的自洽之处。而将孔子的仁义指实为人性论，
显然是按照孟子性善论模式去套路孔子的思想，在思辨性更强的
形式背后，模糊了孔子在人性议题上的审慎态度。

　　站在思想史，或准确地说站在儒道思想分歧的角度看，又会
是另外一种风景。孔子突出强调仁义，"若击鼓而求亡子"，代
表了一种追求文明的方向。至孟子立性善论，文明的道路越走越
窄，是自带方向性的历史必然。道家所要深入思考的，正是文明

1　程颢、程颐：《二程集·经说卷第六》，第 1139 页。

方向及其历史必然的问题。至于孔孟之间，在文明方向的意义上差异并不大，可以忽略不计。例如《庄子》将仁义的内涵叙述为"中心物恺，兼爱无私"，虽然寓言的主角是孔子，但大旨却与孟子论性善的恻隐之心等四端相类似，都是就伦理态度和规范而言的。孟子说："恻隐之心，仁之端也；羞恶之心，义之端也；辞让之心，礼之端也；是非之心，智之端也。"恻隐等四端是性善的条目，而仁义礼智之伦理，就建立在性善的基础上。《庄子》所说的"中心物恺"，含义比四端更抽象些，意犹后世儒者所谓"名教之乐""孔颜之乐"，是与万物相和乐的意识状态。如此看来，以"中心物恺"笼统地概括孔孟的思想，大旨上应该不算是曲解。至于"兼爱无私"，虽然修辞类墨家，但以"无私"为"兼爱"之实，既符合《尚书》的"大中"之王道，也未尝不可以理解为对四端中羞恶、辞让的义理概括。从某种意义上说，儒家文明方向的偏失，到孟子性善论，可谓暴露无遗。如果说孔子的思想可以像《庄子》这样表述为仁义是人性的，那么孟子的性善论本质上可以反过来，表述为人性是仁义的、善的。前者可以用符合人性来解释仁义的合理性来源，但不必排斥人性还具有其他的内涵；后者强化了仁义符合人性的合理性来源，同时也排斥了人性的其他内涵。这种取其一偏而舍弃大全的思想理路及其所引导的文明方向，正是《庄子》所严重关切的。

《庄子》追问仁义是否"人之性"，显然是思想史意义上的，混合着孔子和孟子一起作为追问的对象，并不作学术史的甄辨。就《庄子》所关注的文明方向问题而言，孔子与孟子在人性论上的微妙差别，并不比二者之间合乎逻辑的历史联系更重要，因为这种联系本身就是文明方向的一项表征。而追问的潜台词，显然是对仁义即人性的思想有所怀疑。所可怀疑之处，不是其理论能否自圆其说，而是这种以一家一派之所见，定天下所有人之共性的立论方式，实质上就不免以利益关切上的无私，掩盖了观念、认知上的独断论之大私，所以说是"无私焉，乃私也"。以一家私见和文明意愿给天下人定性，当然不只是说说而已，而必有其理论意图。正是这个理论意图，让《庄子》细思极恐。

"夫子若欲使天下无失其牧乎"，是《庄子》所理解的儒家以仁义为人性或性善的理论意图，意即社会需要管理和秩序，也就是需要教化和政治。而教化和政治的首务，就是引导人向善、向仁义。仁义即人性或性善论，是很彻底的一种引导方法，因为按照这种理论，人只能善与仁义，否则不足以为人。在《庄子》看来，这样以伦理和政治学意义上的秩序为关注点来思考甚至界定人性，实际上就将人规定为一种伦理和政治动物，舍全取偏，所以说是"乱人之性"。

将纷然淆乱的人性表现，统一到善与仁义的规范中来，为什么不说是净化、整理人性，反谓之"乱人之性"？不同的评价，取决于《庄子》与儒家不同的思想理路。儒家从"使天下无失其牧"的理论意图或者说思想目标出发，既可能推断人性善，以证教化与秩序的可能性，也可能推断人性恶，以强调教化与秩序的必要性。理论一旦服从现实的需要，那么本质上就只是一种假说，从形式到内容都取决于理论家的现实感受和判断，所以说是"几乎后言"，也就是俗话说的"马后炮"，追随现实而不能像其理论自我期许的那样引导现实。而现实的感受和判断因人而异，

因时势而异，所以理论假说也就会出现极端的相反。《庄子》则
不然。按照《庄子》的思想理路，人性是一个先在于思想主张、
秩序目标的事实，而且，虽然人性的事实具在，但受到认知能力
的局限，没有哪个非凡的人能够完整无缺地认知人性，更不可能
用有限的语言去概括或者罗列出无限丰富的人性内容。所以从真
实人性出发的文明，必然是自发的，其秩序是自然生成的，不可
用假说去预设，如天地之有常，日月之有明，星辰之有列，禽兽
之有群，树木之有立。真正的文明领袖所要发挥的作用，不是如
何将人性压缩到某个假说的模式里，而是"放德而行，循道而
趋"，以开放的德让不同的人各自发挥其创造力，由普适的道形
成宏观方向下的有序性。

　　理论的假说当然不同于随意的胡说，后者捏造事实，前者以
事实为依据，只是将特殊的事实个例树立为榜样，拓展为普遍的
标准，结果就让榜样、普遍的标准成为约束所有人的工具，而非
普适的合理性前提或原则。儒家的仁义即人性或性善论，在《庄
子》看来就属于这种路数。如《骈拇》说：

　　　　属其性乎仁义者，虽通如曾、史，非吾所谓臧也；属其
　　性于五味，虽通如俞儿，非吾所谓臧也；属其性乎五声，虽
　　通如师旷，非吾所谓聪也；属其性乎五色，虽通如离朱，非
　　吾所谓明也。吾所谓臧者，非仁义之谓也，臧于其德而已
　　矣；吾所谓臧者，非所谓仁义之谓也，任其性命之情而已
　　矣；吾所谓聪者，非谓其闻彼也，自闻而已矣；吾所谓明
　　者，非谓其见彼也，自见而已矣。夫不自见而见彼，不自得

而得彼者，是得人之得而不自得其得者也，适人之适而不自
适其适者也。夫适人之适而不自适其适，虽盗跖与伯夷，是
同为淫僻也。余愧乎道德，是以上不敢为仁义之操，而下不
敢为淫僻之行也。

所谓"属其性"，是《庄子》对儒家人性论思想路数的方法论概
括，也就是将人性归属为某方面的品德、技能、天赋。本来，人
性含括人之成其为人的方方面面，而"属其性"只突出伦理和
政治立场的关注点，不及其余，逻辑上就享受了许多以偏概全的
便利。例如孟子的四端，显然够不上对人性表现的穷举，而且，
一切举证都非独必有对，列举正面就必有相对的、所要克服的负
面，否则举证没有意义，例如恻隐可以对麻木、羞恶可以对苟
且、辞让可以对贪婪、是非可以对蒙昧等等，一正一负。孟子性
善论取其正而舍其负，荀子性恶论取其负而舍其正，质而言之都
是"属其性"到某一个方面，是基于个人现实感受和判断的人
性假说。

　　人性假说与文明的目标默认联系在一起，是儒家的社会理想
或者规划。而在《庄子》看来，一切预设、规划的社会文明，
都注定要踏入不断退化的历史之路，开始时规划的完美模式，注
定随着历史实践一代不如一代。注定退化的思想根源，就在于人
性假说之褊狭，让更多的人没有发挥其创造力的合理空间。所
以，《庄子》认为与其苦心孤诣地谋划人性，不如"任其性命之
情"来得宽裕、坦然。所谓"任其性命之情"，并不是要在人欲
泛滥中让人性沉沦，而是宽容人各自闻自见，发现自我之性，不

必按照某种善恶模式对号入座，捉持禁止。后世哲学之所谓"明心见性"，与《庄子》自闻自见、自我发现的自然人性论，正可谓同声相应。而按照《庄子》发现自我的自然人性论，社会文明将是不断进化的，没有日渐失落的规划目标，只有在交互作用中不断调适的宏观方向。

《庄子·天运》的一段孔老寓言，同样揭示出人性假说、文明规划与退化的必然联系：

> 孔子见老聃而语仁义，老聃曰："夫播糠眯目，则天地四方易位矣。蚊虻噆肤，则通昔不寐矣。夫仁义憯然，乃愤吾心，乱莫大焉。吾子使天下无失其朴，吾子亦放风而动，总德而立矣，又奚杰然若负建鼓而求亡子者耶？夫鹄不日浴而白，乌不日黔而黑。黑白之朴，不足以为辨；名誉之观，不足以为广。泉涸，鱼相与处于陆，相呴以湿，相濡以沫，不若相忘于江湖。"

"总德而立"当然也是一种文明模式，人类在万物大化中有所"立"，有所建树，并非一味地委顺、畏惧造化之伟力以至萎靡不能自振。但这种文明模式并非人为设计的，而是由人性的综合表现所自然生成的，所以谓之"总德"，对各种人性表现有所统合，无所排斥。与"总德而立"的文明模式形成鲜明对照，儒家奉行以仁义为人性的假说，在文明的起点上就是有特殊意图的，文明模式则以其特殊意图为普遍原则，所以本质上是一种独立偏尚。两种不同的文明模式，还演变出两种不同的生活方式，儒家"相濡以沫"，道家"相忘于江湖"。"相濡以沫"的人文情怀总是表现得很急切，"若负建鼓而求亡子"，而且随着规划目标的渐行渐远，越来越急切，文明的道路也就在急切中日益逼仄。于是，寓言奉老聃之名进一步推演规划式文明的退化。

> 黄帝之治天下，使民心一，民有其亲死不哭而民不非也。尧之治天下，使民心亲，民有为其亲杀其杀而民不非也。舜之治天下，使民心竞，民孕妇十月生子，子生五月而能言，不至乎孩而始谁，则人始有夭矣。禹之治天下，使民心变，人有心而兵有顺，杀盗非杀，人自为种而天下耳。是以天下大骇，儒墨皆起。其作始有伦，而今乎妇女，何言哉？余语女，三皇五帝之治天下，名曰治之，而乱莫甚焉。三皇之知，上悖日月之明，下睽山川之精，中堕四时之施。其知憯于蛎虿之尾，鲜规之兽，莫得安其性命之情者，而犹自以为圣人，不可耻乎？其无耻也。

由黄帝而尧舜禹，而春秋战国，规划式的文明之路越走越窄。黄帝时"使民心一"，还只是唤醒人的类意识自觉，显现人有人性，以与动植万类相区别。唐尧时"使民心亲"，强化人的类意识，朝着"相濡以沫"的方向迈进了一步，人与人之间也因此生出亲疏之别。虞舜时"使民心竞"，社会生活有了规划的标准，人与人之间生出高下之分也就无可避免，以至婴幼儿就受到孰高孰低的关注。夏禹时"使民心变"，于是形成有所选择、有所排斥的"天下"。到春秋战国时，"天下"像座孤岛，思想的、文明的空间因生存空间的逼仄而逼仄，文明的退化就不仅表现为规划模式的沦落，而且表现为文明自我调适能力的衰退，以至百家纷争，却找不到一条常规文明的道路。[1]

仁义的人性假说，"相濡以沫"的人文情怀，对于性格出于这个文明塑造的许多人来说，都是由圣人播下种子的温暖和关爱。而站在《庄子》的哲学立场上看，用仁义的单一性去遮蔽人性的丰富内涵，社会秩序、文明模式合理与否，就丧失了由人性自闻自见所形成的衡量尺度。人不能按照自己的人性自觉来评判社会的文明状态，原计划作为文明合理性前提的仁义或性善论，必然演变为一部分人攫取利益的工具。《庄子·骈拇》说：

> 意仁义其非人情乎！彼仁人何其多忧也。且夫骈于拇者，决之则泣；枝于手者，龁之则啼。二者或有余于数，或不足于数，其于忧一也。今世之仁人，蒿目而忧世之患；不仁之人，决性命之情而饕富贵；故意仁义其非人情乎，自三代以下者，天下何其嚣嚣也。且夫待钩绳规矩而正者，是削其性也；待绳约胶漆而固者，是侵其德也；屈折礼乐，呴俞仁义，以慰天下之心者，此失其常然也。天下有常然。常然

1　同样阐述规划人性的文明退化，《庄子·缮性》也说："古之人在混芒之中，与一世而得澹漠焉。当是时也，阴阳和静，鬼神不扰，四时得节，万物不伤，群生不夭。人虽有知，无所用之。此之谓至一。当是时也，莫之为而常自然。逮德下衰，及燧人、伏戏始为天下，是故顺而不一。德又下衰，及神农、黄帝始为天下，是故安而不顺。德又下衰，及唐、虞始为天下，兴治化之流，浇淳散朴，离道以善，险德以行。然后去性而从于心。心与心识，知而不足以定天下，然后附之以文，益之以博。文灭质，博溺心，然后民始惑乱，无以反其性情而复其初。"

者，曲者不以钩，直者不以绳，圆者不以规，方者不以矩，附离不以胶漆，约束不以缠索。故天下诱然皆生而不知其所以生，同焉皆得而不知其所以得，故古今不二，不可亏也，则仁义又奚连连如胶漆缠索，而游乎道德之间为哉？使天下惑也。夫小惑易方，大惑易性。何以知其然邪？自虞氏招仁义以挠天下也，天下莫不奔命于仁义，是非以仁义易其性与？

"大惑易性"是由褊狭的人性论所导致的整个文明的基本模式问题，比任何秩序设计和方略的是非得失都更根本，从起点上就阻遏了个人根据自身的人性认知去衡量文明合理与否的可能性。社会因此脱离正常的轨道，以至仁人义士忧时忧世，不仁的人却像饕餮一样吞噬富贵。"大惑易性"的偏失之所以发生，就在于将仁义树立为人性的榜样、规范的模式。推行这个模式，许多人的人性都必然被截肢，不得自安其常规的性命之情，天下也就没有公认的是非准则。

就儒家的主观意愿而言，将人性纳入仁义或性善的规范，或许会自认为是纯粹道义的，非功利的，是所谓"正其谊不谋其利，明其道不计其功"。但在《庄子》的理解中，这根本不可能，任何人性界定都带有功利意图，是从主观意愿和目标出发的。纯粹以尊重人性为前提的文明，只是让人不失其常然而已，只能确认人类有人性存在，但不能圈定人性如何或者是什么。即如儒家的仁义人性或性善论，或许出于淑世的情怀，试图引导人类走出恃强凌弱、以众暴寡的蛮荒之恶，在造化的万物丛林中开辟出独属于人类的社会生活，良善、和谐，但这种意图依然是功利性的，是依靠个人见识为全人类所做出的特殊的功利性选择。不仅理论意图是功利的，作为人性内涵的仁义也是功利的，纯粹的仁义，并不能被作为人类所特有的类属性，以与动植万类区别开来。《庄子·天运》说：

> 商太宰荡问仁于庄子。庄子曰："虎狼，仁也。"曰："何谓也？"庄子曰："父子相亲，何为不仁。"曰："请问至仁。"庄子曰："至仁无亲。"太宰曰："荡闻之，无亲则不爱，不爱则不孝，谓至仁不孝，可乎？"庄子曰："不然。夫至仁尚矣，孝固不足以言之。此非过孝之言也，不及孝之言也。夫南行者至于郢，北面而不见冥山，是何也？则去之远也。故曰以敬孝易，以爱孝难；以爱孝易，而忘亲难；忘亲易，使亲忘我难；使亲忘我易，兼忘天下难；兼忘天下易，使天下兼忘我难。夫德遗尧舜而不为也，利泽施于万世天下莫知也，岂直太息而言仁孝乎哉！夫孝弟仁义、忠信贞廉，此皆自勉以役其德者也，不足多也。故曰至贵国爵并焉，至富国财并焉，至愿名誉并焉，是以道不渝。"

问仁的话题，屡见于孔门，《论语》载述多例，孔子的回应不拘一格。如："颜渊问仁，子曰：'克己复礼为仁。一日克己复礼，天下归仁焉。'"（《颜渊》）"子贡问为仁，子曰：'工欲善其事，必先利其器。居是邦也，事其大夫之贤者，友其士之仁者。'"（《卫灵公》）"子张问仁于孔子。孔子曰：'能行五者于天下为仁矣。'请问之，曰：'恭宽信敏惠。恭则不侮，宽则得众，信则人任焉，敏则有功，惠则足以使人。'"(《阳货》)因人而异的响应，或许正表明孔子之"仁"并非某个刻板的模式，在不同的人身上，"仁"体现为不同的向善进路。而到了《庄子》这里，无所谓善恶之辨，却被问出一番虎狼之词，于此可见儒道之间的思想张力，而《庄子》对于儒家之所谓"仁"，并不掩其叛逆。但站在理性思辨的角度看，《庄子》颠覆性的仁论，也未尝没有道理，若就思辨本来就追求理性的彻底而言，其道理还很充分。因为儒家论仁，本就有人性论的意义，如《论语·颜渊》"樊迟问仁，子曰爱人"，《孟子·离娄下》更有"仁者爱人"之说，所以"仁"的普遍性意义，可以理解为人的类意识觉悟和情感，是人之异于禽兽的起点线。但既然是类意识，那就意味着不仅人类有之，虎狼也同样有，如同样关爱其幼子、以聚族群的方式谋生等等，所以单纯从"仁"的角度，并不能将人类与其他的动植万类区别开来，充其量，"仁"只能用来强调人类自身的共同利益而已。如果撇开"仁"的功利性，在纯粹爱的意义上讲"仁"，不将"人"指定为仁爱的特殊对象，那么"至仁无亲"。无亲则无疏，对动植万类无分别心，一视同仁。这个思辨的结论，显然正是孟子所批判的无君无父，但这个结论其实是由非功利性的仁义人性或性善论所推演出来的。儒家不能无君无父，逻辑上说就很难拒绝承认仁义人性或性善论具有功利的特质。

　　至仁无亲而一视同仁，或许正是《庄子》自然人性论的感性化表述。这样的人性论，与亲亲之孝、尊尊之义，确实南辕北辙，犹南行楚都而北望冥山，只会渐行渐远。至仁无亲的要义，不是爱与不爱的情感管理，而是理解万物各有其存在的合理性，不以一己之偏见，包括是非、利弊、美丑等判断，制定出某个是非取舍之标准。从万物各有其存在合理性的起点出发，消解各种道德、利益、情感等重重叠叠的绑架，则人与人之间可以"兼忘"，可以放下相互干预的焦虑，可以生成自发的文明，所以说"利泽施于万世天下莫知"。进而形成文明的常规化道路，"是以道不渝"，不必穷其智虑去谋划某种对治社会的奇方妙术。至于儒家"直太息而言仁孝"，不外乎"自勉以役其德"而已。

中国思想史上的人性论问题，复杂而且敏感。之所以说复杂，第一是因为谈论这个话题的人很多，注疏四书五经的，通论历史理势的，建言时事韬略的，感怀时代风气的，都可能就人性话题发表议论；第二是议论的角度无限制地参差，伦理的，政治的，哲学的，宗教体验的，话题随语境变动不居。之所以说敏感，第一是孟子论性善，开启了儒家政治思维的一种模式，荀子论性恶，开启了法家政治思维的模式，在二论的去就之间，流露出政治的根本立场，比就事论事更见根底；第二是对于人性的理解或评估，流露出灵魂深处的思想情绪和人生态度，许多人虽然在道义上更愿意亲近孟子的性善论，但在现实的层面，并不敢真的那么放心，所以"害人之心不可有，防人之心不可无"的民谚，历来很流行。历史地看，思议人性问题的复杂与敏感一直存在，而议题也一直以孟荀的善恶二论为主轴，不仅现代的中哲史叙事如此，古代继孟荀之后，先有扬雄论善恶混，后有韩愈论性三品，所围绕的同样是孟荀的善恶二论。及宋儒二程、朱熹等人锐意阐扬《中庸》、孟子的传统，这一派遂成为人性论的思想主流，直至当代新儒家。至于最能够发其覆的庄子自然人性论，事实上并未成为与之持续对话的另一个传统，从而使人性论升华到审思文明合理性的应有高度，儒家人性论因此纠缠在伦理、政治的意愿之间，扭扭捏捏。《庄子·列御寇》说："小夫之知，不离苞苴竿牍，敝精神乎蹇浅，而欲兼济道物、太一形虚。若是者，迷惑于宇宙，形累不知太初。彼至人者，归精神乎无始，而甘冥乎无何有之乡。水流乎无形，发泄乎太清。悲哉乎，汝为知在毫毛，而不知大宁。"确实，形而下的关切与形而上的思维，逻辑上可以连通，极高明而道中庸，但眼界的差距却不容易消除，作为思想起点的问题意识，不是想高明就能够高明的，甚至也不是看见高明就能够随之高明的。尤其是《庄子》这种思考另类文明可能性的思想体系，其问题意识是寻常的理性和情感所难以消受的，历史上偶尔出现个别的例子，或受其影响，或与其思想天然接近，因此也就显得弥足珍贵，例如苏轼的《扬雄论》。[1]

《扬雄论》不称述《庄子》，但思想与《庄子》很接近。主要表现在三个方面。

第一，人性不可独断，也不是什么穷极深奥需要苦心孤诣的扭捏话题，而只是人所共知的常识。如说："圣人之论性也，将以尽万物之理与众人之所共知者，以折天下之疑。"从逻辑上说，"人性"这个概念及其所蕴含的意义，必然是出于人性本身所具

1　苏轼：《扬雄论》，曾枣庄、刘琳主编：《全宋文》卷1949，第90册，第75—76页。

有的一种创造能力。既然出于人性，那就说明这样的能力人人有
之，就像人人都具有人性一样，人人都能创造并且理解"人性"
概念的意义。所以对于人性，并不需要某个特别的人来矩方规
圆，圈定"人性"的意义及理解范围。只是由于人与人之间的
人性表现以及对于人性的期待或理解都有差异，让人或疑窦暗
生，或立论独断，强作解人，因此思想上才需要明确，人所共有
而且共知的，就是"人性"。而韩愈等儒者"欲以一人之才定天
下之性"，这种独断论的方式，本身就违背了"人性"的共有和
常识原则，是不"人性"的。

第二，人性不能以善恶论，因为人性所要表述的是一种事
实，而善恶是价值判断和利弊判断。苏轼说："夫太古之初，本
非有善恶之论，唯天下之所同安者，圣人指以为善；而一人之所
独乐者，则名以为恶。天下之人固将即其所乐而行之，孰知夫圣
人唯其一人之独乐不能胜天下之所同安，是以有善恶之辨。"所
谓指以为善、名以为恶，显然就是依照某种价值尺度对不同的行
为所做出的判断。但价值尺度不能从某个伦理或政治的意愿出发
进行预设，而取决于认同人数的众寡，个人独以为善也就是只符
合其特殊利益的，多数人会认为是恶，多数人认为符合自身利益
因而为之欣乐的是大善，所有人都认为符合自身利益因而为之欣
乐的是仁善，而符合万物各自意愿和利益的是至善。而且，个人
注定"不能胜"多数人，能够胜出的多数人意愿才被名以为善。
由此可见善恶是由众寡的相对性所决定的，越是符合更多人意愿
或利益的，越为大善。这个逻辑思路，与《庄子》"至仁无亲"
如出一辙，都不为仁义、善恶设定某个特殊的模式，只视之为人

人都具有的衡量之知和衡量之权的一个参数。

第三，人性可以通过情感表现出来，而与才能无关。苏轼总结历史上的人性论说："昔之为性论者多矣，而不能定于一。始孟子以为善，而荀子以为恶，扬子以为善恶混。而韩愈者，又取夫三子之说，而折之以孔子之论，离性以为三品，曰中人可以上下，而上智与下愚不移。以为三子者皆出乎其中，而遗其上下，而天下之所是者，于愈之说为多焉。"这段试图甄辨人性的历史，在苏轼看来文不对题，思考的方向到韩愈这里就彻底偏了，于是大生感叹："嗟夫！是未知乎所谓性者，而以夫才者言之。夫性与才，相近而不同，其别不啻若白黑之异也。圣人之所与小人共之而皆不能逃焉，是真所谓性也。而其才固将有所不同。"依才能论人性，工具论的属性昭然若揭。那么，人人都按照其才能归属为不同级别的工具，文明的目的又是什么呢？"道统"吗？所以，韩愈性三品说虽然表述上是对前人的补正，但实质换汤不换药，由这种人性论所带出的，不是人人与生俱来的尊严和权利，而只是灵魂深处的教训和束缚。而且，以才能论人性也不符合孔子的思想："孔子所谓中人可以上下，而上智与下愚不移者，是论其才也。而至于言性，则未尝断其善恶，曰'性相近也，习相远也'而已。韩愈之说，则又有甚者，离性以为情，而合才以为性，是故其论终莫能通。彼以为性者，果泊然而无为耶？则不当复有善恶之说。苟性而有善恶也，则夫所谓情者，乃吾所谓性也。人生而莫不有饥寒之患，牝牡之欲，今告乎人曰：饥而食，渴而饮，男女之欲，不出于人之性也，可乎？是天下知其不可也。"按照才能论人性，以定其上智与下愚不移，则人性成了寂

然不动的僵化物，人的情感从性中剥离出来，饮食男女等基本的
生存欲望之情都丧失人性依据，这种理论在苏轼看来根本就"莫
能通"。

二 人性界定之风险与人性自省以纾困

站在儒家"人文化成"的角度说，界定人性是合乎逻辑的
必然要求，它本身就是推展社会文明建构的起始部分。没有这样
的起始，则人类要么踟蹰于蛮荒、蒙昧，不能开物成务，要么伦
理和政治等公共秩序只是极限强权，既缺乏体系建构的合理性来
源，也缺乏合理的模式参照，伦理可能是以智欺愚的教条化，政
治可能是恃强凌弱的常态化。进而言之，人性应当如何界定呢？
逻辑上说，界定人性既然出于建构伦理和政治等公共秩序的需
要，那么所界定的内涵，就必须符合建构公共秩序的目标，所以
重要的是人性应然如何，而不是本然如何。从因果上说，正因为
人性的本然不尽如人意，所以才需要对人性做个界定，使人性面
向伦理和政治的秩序。而且，作为公共秩序大本大端的伦理和政
治，还必须是一理贯通的，伦理以亲缘关系为基础，是社会层面
自然生成的固有之序，政治在架构上高出于社会但不能脱离社
会，二者不仅同理，而且同构。因为同理，所以从亲缘关系、熟
人社会的伦理，可以拓展到建构陌生人社会的公共政治，这个理
即具有普遍性意义的人性与天道。因为同构，所以政治秩序从理
解到推行都有其社会基础，二者的可比拟性，不仅使政治参照伦
理而便于理解，而且在情理模式上也易于接受。甚至还可以相互

借势，政治依照伦理的长幼之序而具有天然的合理性，伦理参照
政治的尊卑之分而具有等级的神圣性，从而形成稳定的社会秩序
模式，既制约执政者的权力任性，也制约叛逆者对于秩序的
抵制。

　　然而《庄子》发现界定人性在认知上的巨大困难，甚至比
认知天道更难。如《列御寇》说：

　　　　凡人心险于山川，难于知天。天犹有春秋冬夏、旦暮之
　　期，人者厚貌深情，故有貌愿而益，有长若不肖，有顺狷而
　　达，有坚而缦，有缓而悍。

天道有定数，自成规律，所以有迹可循；而人性是人所特有的智
能，既能够学习、创造，也能够乔装、利用等等，人性的智能是
生长型的，变化状的，所以要想捕捉人性的内涵，基本上无迹可
求。当《庄子》如此强调对于人性的认知困难时，是否意味着
要放弃人性探究因而也放弃文明建构？事实上，这是个很大也很
常见的误解，《庄子》所要放弃的，只是祖述圣人之道的儒家所
养成的独断论习惯，以更审慎的态度对待人性议题。如《缮
性》说：

　　　　古之存身者，不以辩饰知，不以知穷天下，不以知穷
　　德，危然处其所而反其性已，又何为哉？道固不小行，德固
　　不小识。小识伤德，小行伤道。故曰正己而已矣。

以辨饰知的，不止名家、纵横家，先秦诸子百家都有类似的气质，辨是非，辨真伪，辨同异，辨得失。正因为有这些辨识，原来蒙昧的世界才清晰起来，"人之异于禽兽者几希"的人性议题才被提出来，所以，辨识本身并不是问题。但辨识无止境，如果自以为由其辨识所获得的知识可以穷尽天下之事理，穷尽人类之德性，那就不仅将自己封锁在了小识、小行的牢笼里，而且将自己意识中的天下、人类也封锁在了同样的牢笼里。所以对待人性，合适的态度是"危然处其所而反其性已"，审慎面对一切判断、界定中所隐含的风险，像《齐物论》中的"吾丧我"那样，在聆听万物的自鸣中反思自我的存在及其"性"。

进而言之，对于人性固然可以反思、自省，但除了肯定其存在之外，未必能得出更多的确切无疑的结论，一如《齐物论》中的不知"吾谁与为亲"，究极根本则"莫得其朕"。《则阳》也说：

> 圣人达绸缪，周尽一体矣，而不知其然，性也。复命摇作而以天为师，人则从而命之也。……生而美者，人与之鉴，不告则不知其美于人也。若知之，若不知之；若闻之，若不闻之；其可喜也终无已，人之好之亦无已，性也。圣人之爱人也，人与之名，不告则不知其爱人也。若知之，若不知之；若闻之，若不闻之；其爱人也终无已，人之安之亦无已，性也。

所谓圣人"周尽一体"，并不是通常意义上的全知全能，什么都知道，什么都能做，而是理解万物存在的真相以及各自的合理性。这种理解既非生而知之，也非学而后知，没有什么现象之外的所以然的理由解释，只能归结为其"性"如此。由其性恰如其分地发挥作用，不张不弛，不抑不扬，那就是个本性自足的人，"圣人"的名号是别人赋予的。知之性如此，美与爱之性同样如此，美而不自矜饰，爱而不自夸耀，就是人性的本来样子。可见，人性是可以被认知，可以被欣赏的。而人性的认知和欣赏，就是自发文明的生长契机。

在人性认知上追求周延、全面，也即《缮性》之所谓"乐全"，是否意味着要学习圣人"周尽一体"从而迷失各色人的自性？这也是一个逻辑上很容易被误解的问题。其实在《庄子》的思想中，认知人性的周延、全面，并不是掌握更多的人性信息，也不是洞悉人性的更深层密码，而是保持对于人性未尽知的自我意识，不专行，不独断。《缮性》说：

> 乐全之谓得志。古之所谓得志者，非轩冕之谓也，谓其无以益其乐而已矣。今之所谓得志者，轩冕之谓也。轩冕在身，非性命也，物之傥来，寄也。寄之，其来不可圉，其去不可止。故不为轩冕肆志，不为穷约趋俗。其乐彼与此同，故无忧而已矣。今寄去则不乐。由是观之，虽乐，未尝不荒也。故曰丧己于物、失性于俗者，谓之倒置之民。

什么样的欣乐才是完全的呢？理论上说只有欣乐于万物各得其所、各成其性的乐才是全的。如程颢说："天地万物之理，无独必有对，皆自然而然，非有安排也。每中夜以思，不知手之舞

之，足之蹈之也。"[1] 这样的乐无欠无余，不因境遇而改变，所以
是全的。至于爵禄宠辱之类的乐，总在得失之间盘旋，即使获一
时之乐，也不过提心吊胆，而且还只是乐于偏得。因为从本质上
说，爵禄宠辱只是以赏罚行使权柄，从而建构秩序以管控人性的
系列工具之一，利用人性某方面以达到管控人性之整体的目的，
是这系列工具的基本特征，所以对于人的本来自性，不过一时粘
附之物而已。然而世俗社会就是由这系列工具塑造而成的，工具
的有效性体现为人性重塑的程度，于是生活在世俗社会中的人，
将爵禄宠辱当成自己的性命，用倒立来迎合这个颠倒的世界，人
性又如何能成为衡量文明合理性的尺度？

为爵禄宠辱等等争高竞下，在现实中表现为不同人物共同的
积习成性。《庄子·徐无鬼》说：

> 知士无思虑之变则不乐，辩士无谈说之序则不乐，察士
> 无凌谇之事则不乐，皆囿于物者也。招世之士兴朝，中民之
> 士荣官，筋力之士矜难，勇敢之士奋患，兵革之士乐战，枯
> 槁之士宿名，法律之士广治，礼乐之士敬容，仁义之士贵
> 际。农夫无草莱之事则不比，商贾无市井之事则不比，庶人
> 有旦暮之业则劝，百工有器械之巧则壮。钱财不积则贪者
> 忧，权势不尤则夸者悲。势物之徒乐变，遭时有所用，不能
> 无为也。此皆顺比于岁，不物于易者也。驰其形性，潜之万
> 物，终身不反，悲夫。

---

1   程颢、程颐：《二程集·遗书卷第十一》，第 121 页。

《庄子》所观察到的竞争场景沸沸扬扬，所洞察到的竞争心态悲喜交加。"知士"大概主要集中在儒墨两派，也许还包括通达军政谋略的政治家，如管仲、子产等，他们学识渊博、敏于世事变化，而且自信有立地擎天的识量，并不接受未经改变甚至不可改变的现实，不看好既得利益者所关切的所谓稳定，因此乐于寻找改变现实的契机。可以称为"辩士"的，不仅有名家，还有纵横家，尽管他们辩论的宗旨和方式彼此不同，名家面对学术同行辨名析理，纵横家面对君王掰饬利害，但同样都要讲究"谈说之序"也就是语言逻辑，否则不能屈人之口，生不起赢家的快感。"察士"能满足君王对于执行力的高标准严要求，喜欢紧张的精神施虐场面。据陆德明《经典释文》，"凌谇"是相凌轹以讯问的意思。不同类型的社会精英奔竞在各行各业中，兴朝的提振朝堂威权，荣官的管理社会事务，矜难者守卫君王的非常遭遇，奋患者抵御国家的突发灾难，乐战是军伍的常规素质，宿名者专养清望，广治是法家者流的自我期许，敬容者展现礼乐的专业素养，仁义之士则重视人际交往。由士阶层而下，农夫、商贾、庶民、百工等等，也同样在各行各业里争竞高下。

那么，这样一种人尽其才的社会生活，不正可以开物成务、百业兴旺吗？而且，物竞天择是包括人在内的一切物种的本能，竞争符合人性，比较高下是竞争的意识形态。对于这些合情合理的事情，变化洞达的《庄子》又悲从何来？

借助《庄子》的敏锐思想，我们可以发现一个奇怪的现象，即只有社会基层的志业是正常的，如农夫、商贾、庶民、百工生产与交换人类生活的必需品，而士阶层以上，全都因应社会的困

难、苦难、灾难而存在，其志业是不正常或者说非正常的。因为
在《庄子》的时代，面对自然界的御灾扞患，基本上靠神灵，
靠巫祝之术所带来的精神安慰，至于士及以上的大夫、卿、侯、
公、王，所从事的都是人与人的斗争。没有科学的技术手段做支
撑，与天斗与地斗只是一种好夸饰的意愿，政治、文明意志上的
与人斗才是实质。在这种由"蛊虫理论"所造就的"蛊虫环境"
下，从精神到物质，从体力到智力，士以上至王公掌控着社会的
全部资源，而志业则是相互之间斗智斗勇，用战胜困难、苦难、
灾难的名义不断制造出困难、苦难、灾难。例如矜难、奋患、乐
战等固然是与人斗，兴朝、荣官、广治等又何尝不是，差别只在
于有些斗得直观而短暂，有些斗得隐晦而持续；有些用武器做工
具，有些以伦理和政治作为管制的手段。由此形成的文明社会的
奇观，是贪婪者最担心财富不集聚，矜夸者最愤恨权势不由集中
而强盛。全部生活都被笼罩在这样的环境中，所以"顺比于岁，
不物于易"，像春夏秋冬一样循环往复成为习惯，看不到任何改
弦易辙的物情基础。人类所特有的社会生活方式，何以如此颠倒
错乱？根本问题就出在人性界定上，"驰其形性，潜之万物，终
身不反"，人性回不到本然的起点上，被最初的文明规划者界定
出这个方向，然后就一路驱驰，人人都遮蔽在物化的大势之中，
所以《庄子》深叹，"悲夫"。

　　由此看来，人性自省的困难主要来自两方面，其一是关于人
性的自我意识，如《齐物论》中"吾丧我"的沉思，从独立有
我的感知到理解物物自然其我的现象普遍性，要历经一场"莫若
以明"的意识活动，还要感悟"庄周梦蝶"的自我意识不确定

性；其二是已经形成的社会模式，以界定人性内涵为基础，对人性自省构成全方位的遮蔽和阻遏。这两个方面互为因果，自我意识越缺失则被遮蔽得越是彻底，社会模式的遮蔽和阻遏越坚固则自我意识越难脱颖而出。而在社会模式积重难返之后，遮蔽和阻遏是人性难返合理文明起点的主要原因。大概也正由于这个缘故，《庄子》外杂篇的思辨锋芒，主要对准界定人性之风险却又习而不察的现象。大概可以分述为三个话题。

第一个话题，人性是人所具有的共性、普遍性，而普遍性不可以被代表，也不可能有榜样。《庄子·骈拇》用譬喻说明这个道理：

> 骈拇枝指出乎性哉，而侈于德；附赘县疣出乎形哉，而侈于性；多方乎仁义而用之者，列于五藏哉，而非道德之正也。是故骈于足者，连无用之肉也；枝于手者，树无用之指也；多方骈枝于五藏之情者，淫僻于仁义之行，而多方于聪明之用也。

说仁义就像骈拇、枝指，如果是针对仁义者个人而言，那么意态上是有失公正的。仁义既是人性的一部分，则仁义之人依其本性立世行事，并不产生异常的、非人性的效应。问题出在"多方于聪明之用"，也就是仁义者被当做人性的榜样、代表，这让《庄子》感受到巨大的潜在风险，如《骈拇》接着说：

> 是故骈于明者乱五色，淫文章，青黄黼黻之煌煌，非乎？而离朱是已。多于聪者乱五声，淫六律，金石丝竹、黄

钟大吕之声，非乎？而师旷是已。枝于仁者擢德塞性以收名
声，使天下簧鼓以奉不及之法，非乎？而曾、史是已。骈于
辩者累瓦结绳、窜句游心于坚白同异之间，而敝跬誉无用之
言，非乎？而杨、墨是已。故此皆多骈旁枝之道，非天下之
至正也。彼正正者，不失其性命之情，故合者不为骈，而枝
者不为跂，长者不为有余，短者不为不足。是故凫胫虽短，
续之则忧；鹤胫虽长，断之则悲。故性长非所断，性短非所
续，无所去忧也。

色谱、音乐等都需要行业或者专业的标准，而这类标准的形成，
通常的方法是以某人的特殊天赋及其成就为基础，同业逐渐完
善。例如墨家"尚同"，便主张用专业技艺最高明的规矩为天下
共同的规矩，仅就技术层面而言，是契合事理的。但人性以及由
之衍生的伦理、文明，不是一部分人所从事的专业或者行业，而
是全体人类的基本生活方式，不能人为地设置门坎，不能将任何
人排除在生活之外。所以即便《庄子》设喻，义理也有所未恰。
但《庄子》的问题是清楚的，将曾参、史鱼的仁义秉性树立为
人性的榜样，从而"使天下簧鼓以奉不及之法"，会让曾、史之
外的所有人生活在忧惧之中，丧失本来人性的自适。理论上说，
既然人性是普遍的，那就不能够被代表，因为代表的合理性，只
能局限在某件或某类事情的立场、观点上。同样，人性也不能树
立榜样，因为榜样之成其为榜样，正在于其特殊性，与其他人不
一样，所以榜样的合理性，只能是相对于某个特定的目标或目的
而言。

第二个话题，易性为用的正当性衡量，是依据开发利用的效率还是万物之自性？依然是譬喻，需要作言意之辨。《庄子·马蹄》说：

> 马，蹄可以践霜雪，毛可以御风寒，龁草饮水，翘足而陆，此马之真性也。虽有义台路寝，无所用之。及至伯乐曰我善治马，烧之剔之，刻之雒之，连之以羁馽，编之以皂栈，马之死者十二三矣。饥之渴之，驰之骤之，整之齐之，前有橛饰之患，后有鞭策之威，而马之死者已过半矣。陶者曰：我善治埴，圆者中规，方者中矩。匠人曰：我善治木，曲者中钩，直者应绳。夫埴、木之性，岂欲中规矩钩绳哉？然且世世称之，曰伯乐善治马，而陶、匠善治埴木。此亦治天下者之过也。

治马、制陶、治木，是改造万物之性以为器用，《庄子》谴责之，所以《庄子》之言直是质疑人类是否拥有利用万物的权力，但《庄子》之意未必然。因为叙事的方式，是将伯乐相马的典故演义成"伯乐治马"，而且治得很刻薄、很暴虐，则显见言下别有意，即《庄子》叙事的关注点不是治理本身，而是治理手段的问题。如何衡量治理手段正当与否，是按治理的效率来衡量，还是依被治理者的自性来衡量，则反映出《庄子》与"伯乐治马"者的根本分歧。站在"伯乐治马"的立场，马有载驱载驰之能，有可以驯服之性，所以治理使之驯服进而发挥载驱载驰的工具作用，只要手段符合高效率就是正当的，伯乐因此备受推崇。而站在《庄子》的立场来理解，以寻找、制造工具的眼光去界定马之自性，本质上只是以伯乐之"自"覆盖马之"自"而已，这样的手段正当性不受治理对象之自性的约束，是一种横行无忌的行为。陶者治埴、匠人治木的譬喻，则隐喻目的性，也就是以至方极圆为绝对化的目的、标准。以暴虐的手段追求这种目的性很强的完美主义，在《庄子》看来"此亦治天下者之过也"，其过处在于，文明将万物工具化，而政治则又将文明工具化，无视万物的"自然"之性，结果一切作为都是在制造对立，人与物、人与人全都处在对抗的关系中。如《马蹄》接着说：

> 夫马，陆居则食草饮水，喜则交颈相靡，怒则分背相踶，马知已此矣。加之以衡扼，齐之以月题，而马知介倪、闉扼、鸷曼、诡衔、窃辔。故马之知而能至盗者，伯乐之罪也。夫赫胥氏之时，民居不知所为，行不知所之，含哺而熙，鼓腹而游，民能已此矣。及至圣人屈折礼乐以匡天下之形，县跂仁义以慰天下之心，而民乃始踶跂好知，争归于利不可止也，此亦圣人之过也。

对立甚至对抗，在事态上似乎是由居下位而被改造者首先发起的，如马之介倪、闉扼、鸷曼、诡衔、窃辔，[1] 各种方式的不服

1　林希逸《庄子口义》于此段解注颇贴切，录为参考："介倪，介，独也，独立而睥睨，怒之状也。闉扼，曲颈而扼，拒也，不受衔络之意。鸷，猛也；曼，突也；不受羁勒而相抵突之状。诡，设计也；窃，潜地也；诡计以入衔，潜窃以加辔，皆是悍鸷不受调服，故衔辔之时如此费计较也。"（《道藏》第15册，第749页）

调教。然而这一切对抗，都发生在马之自性受到抑制、侵害之后，所以反抗是自性使然。反抗的方式则不仅有不计强弱的力量对抗，而且有随着抑制、侵害而成长的灵智，也就是《老子》所说的"民之难治，以其智多"，掌权的越是挖空心思治民，就越会发现民众难以治理，因为人性有学习的本领，培养斗智；有维护自性的本能，培养斗勇。所以，用仁义礼乐的智慧工具治天下，是拔高了人性的标准，低估了人性的能力。

第三个话题，基于自性的选择和价值评估。《庄子·外物》说：

> 百年之木，破为牺樽，青黄而文之，其断在沟中。比牺樽于沟中之断，则美恶有间矣，其于失性一也。跖与曾、史，行义有间矣，然其失性，均也。……而杨、墨乃始离跂自以为得，非吾所谓得也。夫得者困，可以为得乎？则鸠鸮之在于笼也，亦可以为得矣。且夫趣舍声色以柴其内，皮弁鹬冠、搢笏绅修以约其外。内支盈于柴栅，外重缧缴，睆睆然在缧缴之中，而自以为得，则是罪人交臂历指，而虎豹在于囊槛，亦可以为得矣。

当人与万物一样丧失自性，被视而且也自视为工具性的"人材"时，则此人已经成为他人之财富，就像一块木材，被取用的部分制作成了牺尊，相比被舍弃的部分固然尊荣，但"其于失性一也"，身不由己的处境同出一辙。以此类推，曾参与盗跖义行有别，但同样都失了自性。就像笼中宠物鸟与笼中困兽，待遇固然

有差别，因为主人赋予的感情和意义就有差别，但不再是自在自
为的鸟兽，因归属其主人而丧失自性则没有差别。甚至，人还不
如鸟兽，鸟兽或因一次贪饵而中机辟，但既入笼中则处处不安，
自性的意愿和选择始终存在，而人则多数人在多数时候都是自觉
自愿争入笼中的，即或自性的意愿和选择与笼中环境有所不适，
也常表现出两难取舍的困扰。

何以如此？倒不一定人人都贪图爵禄，如《庄子》书中的
曹商之类，为数或许不少，但都不是《庄子》的对话对象，不
过即兴嘲骂而已。《庄子》的对话对象，是那些文明意志的承担
者，主要是儒家。《庄子·外物》有评议说：

> 夫不忍一世之伤而骜万世之患，抑固窭邪？亡其略弗及
> 邪？惠以欢为，骜终身之丑。中民之行进焉耳，相引以名，
> 相结以隐。与其誉尧而非桀，不如两忘而闭其所誉。

同样伤怀于现实，儒家提出一套救世的方案，而《庄子》认为
那就像一时的恩惠，会造成长久的怨望。因为人性无从计算、不
可规划，即便寻常的人性，也将援用仁义、王道等名义组建家国
社会，却隐匿其真实的意图，所以仁义、王道的救世方案必然遗
患无穷。虽然儒家誉尧而非桀的主观意愿是兴利除害，但湮灭了
人各有其自性的杠杆，则所兴之利越多越集中，也就诱惑越大，
冲突越剧烈，《外物》将这种必然的前景概括为"利害相摩，生
火甚多，众人焚和"。悲催的现实与悲观的文明史，在《庄子》
看来也是一以贯之的，试图用悲观的文明史来拯救悲催的现实，

《庄子·人间世》说："是以火救火，以水救水，名之曰益多。"

三　文明困境的现实观察与历史反思

　　《庄子》不叙述历史事件，但不意味着《庄子》没有历史意识，只不过很宏观，动辄"昔者黄帝"如何，"三代以下"又如何，不考虑细节决定论据的技巧。因为《庄子》所关注的，是现实社会困境的来源及所以然问题，一时一事不能提供索解，甚至文献记录中的全部历史也不能提供索解，所以《庄子》的历史意识通常表现为向历史寻找答案的问题意识，而不像历史文明的成果展览。《庄子》所感受到的现实社会困境，也不是诸侯国的独立自安既无果，天下以文明一统又无望，而是人类既然按照文明意志选择了社会的生活方式，为什么现实社会又与文明意志格格不入？孔子的遭遇，是《庄子》关注文明与社会不相契的经典案例，所以在多篇反复出现。《山木》说：

　　孔子围于陈蔡之间，七日不火食。大公任往吊之，曰："子几死乎？"曰："然。""子恶死乎？"曰："然。"任曰："予尝言不死之道。东海有鸟焉，其名曰意怠。其为鸟也，翂翂翐翐，而似无能。引援而飞，迫胁而栖，进不敢为前，退不敢为后，食不敢先尝，必取其绪。故其行列不斥，而外人卒不得害，是以免于患。直木先伐，甘井先竭。子其意者，饰知以惊愚，修身以明污，昭昭乎如揭日月而行，故不免也。昔吾闻之大成之人曰：自伐者无功。功成者堕，名成

者亏。孰能去功与名，而还与众人。道流而不明居，得行而
不名处，纯纯常常，乃比于狂。削迹捐势，不为功名，是故
无责于人，人亦无责焉。至人不闻，子何喜哉。"孔子曰：
"善哉。"辞其交游，去其弟子，逃于大泽，衣裘褐，食杼
栗。入兽不乱群，入鸟不乱行。鸟兽不恶，而况人乎。

这样编排孔子故事，其中既没有廉价的同情，也没有后世浅薄的
嘲笑甚至幸灾乐祸，而是凸显出一个应该受到关注的问题：以孔
子之仁智，为什么其道不行于天下，甚至也不行于七十余君中的
任何一君？不仅其道不行于世，孔子还曾被匡人围困在陈蔡之
间。这件事，《史记》以来的解释都说是出于误会，因为鲁国的
阳虎曾在匡地施暴，而孔子体貌与阳虎相似，所以被匡人当做阳
虎围困起来。孔子自己在事件中则曾发过浩叹："文王既没，文
不在兹乎！天之将丧斯文也，后死者不得与于斯文也；天之未丧
斯文也，匡人其如予何？"（《论语·子罕》）这是将不幸的遭遇
与文明使命联系在一起，并且自视为文明的使徒。而《庄子》
的关注点，正是这样的联系以及孔子的使徒命运。在《庄子》
看来，孔子自身的德行和所承传的文明使命，就像日月的光明一
样朗显出现实的浑浊，智慧让愚昧惊怖，修身明德让污秽无所遁
形。这注定被孔子的文明光辉所照亮的污浊现实，不是对孔子感
恩戴德，而是自惭形秽。于是，仁义礼乐的文明意志与现实的冲
突，就通过孔子的个人命运表现出来。

　　文明意志与社会现实不相契，后世儒者通常认为问题出在社
会。由士上至王公，被现实的利益纠缠迷晕了头脑，不能崇义而

行，将利益放两旁，道义摆中间，所以就只能是利益上的吞并与反吞并，而不能在道义的主导下，形成人与人以仁义礼乐相处的文明关系。以仁义为主导，则利益可以有序安排，可以最大化；反之，以利益为主导，则人与人、阶层与阶层、地域与地域，所有的冲突全都不可调和。这是儒家的义利之辨。而在《庄子》看来，以仁义礼乐的方式安排利益从而使利益最大化，则不仅仁义礼乐成了切割利益的工具，而且这种以公共利益统合天下的思路，使安排利益的权力成了最大的利益目标，个体的利益纷争也就演化为更大规模的政治纷争，军事冲突则是政治纷争的技术延伸。于是《庄子》也展开义利之辨，认为人与人的关系有两种模式，一种是"天属"，另一种是"利合"。《山木》有寓言说：

> 孔子问子桑雽曰："吾再逐于鲁，伐树于宋，削迹于卫，穷于商、周，围于陈、蔡之间。吾犯此数患，亲交益疏，徒友益散，何与？"子桑雽曰："子独不闻假人之亡与？林回弃千金之璧，负赤子而趋。或曰：'为其布与？赤子之布寡矣。为其累与？赤子之累多矣。弃千金之璧，负赤子而趋，何也？'林回曰：'彼以利合，此以天属也。'夫以利合者，迫穷祸患害相弃也；以天属者，迫穷祸患害相收也。夫相收之与相弃亦远矣。且君子之交淡若水，小人之交甘若醴。君子淡以亲，小人甘以绝。彼无故以合者，则无故以离。"

"天属"也就是人与人的自性吻合，不因环境的改变而改变；"利合"则是特定利益的苟合，随着功利的消长而消长。按照这两种模式的划分，儒家的仁义礼乐本质上是以利合，因为这套学说撇开了人性之本然，对社会进行文明的规划，以谋求社会整体的最大利益。规划虽然以社会的整体利益为目标，与诸侯着眼于小私小利不同，但以仁义礼乐架空个体的利益关切，说到底只是将经济利益转换成政治利益而已，只会使利益更集中，诱发更大规模的更剧烈冲突。所以《庄子》创作出一句后来流传很广的谚语："君子之交淡若水，小人之交甘若醴。"淡若水不是薄情寡恩，而是人与人以各自的自性相交往，自性使然，非功利，也就无所谓恩情。

"天属"就意味着将交往、合作的选择权还给个体，不需仁智者代为谋，不受强霸者专其谋。《庄子·田子方》中有一段孔老寓言，围绕"游是"概念。

> 孔子曰："请问游是。"老聃曰："夫得是，至美至乐也。得至美而游乎至乐，谓之至人。"孔子曰："愿闻其方。"曰："草食之兽不疾易薮，水生之虫不疾易水，行小变而不失其大常也，喜怒哀乐不入于胸次。夫天下也者，万物之所一也，得其所一而同焉，则四支百体将为尘垢，而死生终始将为昼夜，而莫之能滑，而况得丧祸福之所介乎。……贵在于我而不失于变，且万化而未始有极也，夫孰足以患心。已为道者解乎此。"孔子曰："夫子德配天地，而犹假至言以修心，古之君子，孰能说焉。"老聃曰："不然。夫水之于汋也，无为而才自然矣；至人之于德也，不修而物不能离焉。若天之自高，地之自厚，日月之自明，夫何

修焉。"孔子出，以告颜回曰："丘之于道也，其犹醯鸡与。
微夫子之发吾覆也，吾不知天地之大全也。"

"是"指食草动物、水生动物的本性，以有草、有水为"是"；
"移"是变动不居的环境。只要满足其食草、水生的本性，这两
类动物就都有适应性，不拘是哪里的草、哪里的水。对于一切具
有环境适应能力的生灵来说，环境的改变都是"小变"，而本性
则是"大常"。同样，人也有人性与环境之辨，适应环境变化是
人性的能力之一，既包括地域环境，也包括社会、人文环境。具
有适应能力的人性是"大常"，而环境只是"小变"，所以不是
离开了仁义礼乐的社会环境模式就没有其他的活法。在这个问题
上儒道两家的观念差异确实若东西之相反，是否不可以相无不好
说。如北宋胡瑗讲"明体达用"，为说云："圣人之道，有体、
有用、有文。君臣父子，仁义礼乐，历世不可变者，其体也。
《诗》《书》史传子集，垂法后世者，其文也。举而措之天下，
能润泽斯民，归于皇极者，其用也。"[1]君臣父子的等级秩序，仁
义礼乐的文化教养，在儒家的观念中是社会文明的唯一模式，离
开了人就不成其为人，不知该怎么活。而在《庄子》看来，君
臣父子、仁义礼乐只是曾经食用而且经验证明可以食用的一种
草，但草有千百种，生长在尧舜或周公田园里的，并不是唯一
的，随着时代的徙居，人可以在新的时代环境里做出新的选择，
唯一不变的"大常"是人性，即人知道自己需要什么并且有能

---

[1] 黄宗羲原著，全祖望补修：《宋元学案》卷1《安定学案》，第25页。

力做出选择甚至创造。而且，这样的能力不是老聃那种"德配天地"的人所特有的，人皆有之，就像水能随物赋形一样，不需要刻意学习，人人生而知之。

就儒家自身的理解而言，信守君臣父子、仁义礼乐为"历世不可变者"，是宏观上很稳健的一种文化策略，可以维护社会秩序的可持续性，克服社会变革的盲目性，现代称为文化保守主义。而在《庄子》看来，儒家所信守的，其实只是复古主义，而且还是典谟训诰片段记载的片面之古，因为仁义礼乐从来就未曾成为一种制度传统，充其量也只能算作儒者不懈努力的精神传统。《庄子·天运》将这层意思编成寓言：

> 孔子行年五十有一而不闻道，乃南之沛，见老聃。老聃曰："子来乎。吾闻子北方之贤者也，子亦得道乎。"孔子曰："未得也。"老子曰："子恶乎求之哉？"曰："吾求之于度数，五年而未得也。"老子曰："子又恶乎求之哉？"曰："吾求之于阴阳，十有二年而未得。"老子曰："然。使道而可献，则人莫不献之于其君。使道而可进，则人莫不进之于其亲。使道而可以告人，则人莫不告其兄弟。使道而可以与人，则人莫不与其子孙。然而不可者，无他也，中无主而不止，外无正而不行。由中出者不受于外，圣人不出；由外入者无主于中，圣人不隐。名，公器也，不可多取。仁义，先王之蘧庐也，止可以一宿，而不可以久处，觏而多责。古之至人，假道于仁，托宿于义，以游逍遥之虚，食于苟简之田，立于不贷之圃。逍遥，无为也；苟简，易养也；不贷，

·

> 无出也。古者谓是采真之游。"

"度数"也就是礼乐以及刑名制度，由历史累积而成；"阴阳"也就是自然律。从这两方面都找不到"道"亦即通用的、普适的原则，那么文明的薪火相传究竟传什么呢？确实让人很困扰。站在《庄子》的角度看，普适原则是不可能传承的，可能传承的只是前人、他人对于普适原则的认知或者理解。至于普适原则本身，既没有特定的主体，也没有特定的载体，所以不确定向什么人传授什么物事。而仁义礼乐，只不过"先王之蘧庐"，也就是普适原则的传舍、驿站。对于普适原则来说，仁义礼乐的驿站曾经走过路过，以那样的方式呈现过，所以说是"采真之游"。《庄子》与儒家这种观念上的冲突，双方可能都认为不可调和。儒家指斥《庄子》为异端固不待言，《庄子》对儒家也极尽辛辣讽刺之能事。如《外物》编故事说："儒以诗礼发冢，大儒胪传曰：'东方作矣，事之何若？'小儒曰：'未解裙襦，口中有珠。诗固有之曰：青青之麦，生于陵陂。生不布施，死何含珠？'为接其鬓，压其顪。儒以金椎控其颐，徐别其颊，无伤口中珠。"为复古而考古，因考古而复古，在《庄子》的观念中，儒家的情形大概如此。

复古主义的立场，甚至影响到儒者的日常行止，端正得近乎板结，不说与社会现实相契合，即便与之展开随机的交流也很困难。《庄子》似乎早就看到了道学家的面孔，于是有《田子方》里的一段故事：

温伯雪子适齐，舍于鲁。鲁人有请见之者，温伯雪子曰："不可。吾闻中国之君子，明乎礼义，而陋于知人心，吾不欲见也。"至于齐，反舍于鲁。是人也又请见，温伯雪子曰："往也蕲见我，今也又蕲见我，是必有以振我也。"出而见客，入而叹。明日见客，又入而叹，其仆曰："每见之客也，必入而叹，何邪？"曰："吾固告子矣，中国之民，明乎礼义而陋乎知人心。昔之见我者，进退一成规，一成矩，从容一若龙，一若虎。其谏我也似子，其道我也似父。是以叹也。"仲尼见之而不言，子路曰："吾子欲见温伯雪子久矣，见之而不言，何邪？"仲尼曰："若夫人者，目击而道存矣，亦不可以容声矣。"

目击道存也就是凡所看见的，都能理解其所以然之故，理解相对其自身的合理性。而要达到这样的境界，首先就不能预设立场，默认观察、交流的模式。尤其是随机的交流，不一定要有思想意义，但至少不能太不给趣味。而鲁国的君子一切都照着剧本走，循规蹈矩不算，还要提供许多殷切的劝诫。不知那个时代的儒者是否当真如此，但可以肯定的是，在《庄子》的观察中，儒家之所以与社会现实格格不入，原因就在于他们奉行特定的模式因而自身也模式化了。而《庄子》的风格，如《知北游》所说，是"真其实知，不以故自持"，不要说真假难辨的复古，就连文化保守主义的以故自持，《庄子》也认为裂断了从已知到未知的桥梁。

执着地盯着儒家不放，似乎也是《庄子》的挂碍。而从思想发生的角度看，这种盯着不放，首先就意味着在《庄子》的观念中，儒家的问题最能反映社会的历史和现实问题，是"君子之人"因而可以对话，非其他学派更非王公们可比。其次意味着要找到未来文明的出路，需要正面面对儒家的困境。所以，《庄子》对儒家终究寄托了一种期待，希望后来的儒者不要仅仅将孔子当做精神的偶像、思想的榜样，而要理解孔子方生方死的生命历程中对于人性的呈现。《田子方》和《知北游》分别为孔子和颜回安排了一场对话，都表达出对儒家的期待。

　　《田子方》的故事里颜回说，知识的层面可以学习孔子，甚至是亦步亦趋地学习孔子的一言一行，包括言辩以及论道，但孔子"奔逸绝尘"，则学习、模仿者瞠乎其后。"奔逸绝尘"不是指孔子的思想爆发力，而是"夫子不言而信，不比而周，无器而民蹈乎前，而不知所以然而已矣"。王夫之批注这一段，谓之"无成法可施，人自顺之"。[1] 也就是没有默认的规范、模式，所以与所有人都能够相互顺适。而故事中的孔子则回应说："日出东方而入于西极，万物莫不比方，有目有趾者，待是而后成功。是出则存，是入则亡。万物亦然，有待也而死，有待也而生。吾一受其成形，而不化以待尽。效物而动，日夜无隙，而不知其所终。薰然其成形，知命不能规乎其前。丘以是日徂。吾终身与女交一臂而失之，可不哀与。女殆着乎吾所以着也，彼已尽矣，而女求之以为有，是求马于唐肆也。吾服女也甚忘，女服吾也亦甚忘。虽然，女奚患焉。虽忘乎故吾，吾有不忘者存。"作为自然

1　　王夫之：《庄子解》卷21，《船山全书》第13册，第322页。

生命的孔子，也如同万物一样，在日出日落的循环中方生方死，此前一刻已成追忆，将来如何连"知命"之神也不能提前规划，所以不必怀恋那些与人相互顺适的效果，那已经成为了过去，就像曾经出现在贩马店里的某一匹马。人与人，交臂之间故我已逝，新我方生，感悟到这样的造化，又有什么人什么事不能相互顺适呢？这样的感悟，也就是"吾有不忘者存"，是"奔逸绝尘"的所以然。

《知北游》里颜回问待人接物时如何不将不迎，依然是如何与万物相互顺适的问题。孔子的响应则一方面批评"君子之人若儒墨者"，他们在历史中获得一些知识或观念，如"狶韦氏之囿，黄帝之圃，有虞氏之宫，汤武之室"等，奉之为通行的原则，结果由于效法的对象不一样，导致"师故以是非相齑也"，意即师法不同先王的观念、规则，在彼此是非中反而让观念、规则碎片化。另一方面则阐述"处物不伤物"的底线原则。而要克服彼此是非，做到与物无伤，就需要明白所获知识的局限性，"知遇而不知所不遇，知能能而不能所不能，无知无能者固人之所不免也"。因为一切彼此是非的争执，都根源于自信掌握了事理的根本和真相，而事实上这样的自信只是自我的心理建设，不能用已经获得的知识去发现、应对未知的更大世界，那么已经获得的知识就不是力量，而是自我束缚的绳索，所以说"齐知之所知则浅矣"。

儒家与现实社会不相协，就儒家自身而言，原因在于必须信守尧舜禹汤文武周公之道。相对于春秋战国礼崩乐坏的时代现实，那是一个先验的理想模式，一经提出，就是对于现实的反衬式批判，与迎合君侯的蝇营狗苟之辈，不可同日而语。那么现实的状况又如何，为什么不能接受儒家理想模式的改造？同样是寓言故事，但反映出《庄子》的现状观察，《则阳》说：

> 柏矩学于老聃，曰："请之天下游？"老聃曰："已矣，天下犹是也。"又请之，老聃曰："汝将何始？"曰："始于齐。"至齐，见辜人焉，推而强之。解朝服而幕之，号天而哭之，曰："子乎子乎，天下有大菑，子独先离之。曰莫为盗，莫为杀人。荣辱立然后睹所病，货财聚然后睹所争。今立人之所病，聚人之所争，穷困人之身，使无休时，欲无至此，得乎？古之君人者，以得为在民，以失为在己；以正为在民，以枉为在己；故一形有失其形者，退而自责。今则不然，匿为物而愚不识，大为难而罪不敢，重为任而罚不胜，远其途而诛不至。民知力竭，则以伪继之。日出多伪，士民安取不伪？夫力不足则伪，知不足则欺，财不足则盗。盗窃之行，于谁责而可乎！"

发生在齐国的事件，按照故事中的老子判断，天下都一样，所以并非孤立的个案。为什么天下间的罪人桁杨相推、刑戮相望呢？《庄子》不仅有观察，而且有思考，认为那是制度逼迫下的犯罪。制度何以逼迫人犯罪？因为制度制定了"天下"等宏大的目标，社会的生产能力不足以支撑其执行，民不堪命，所以铤而走险。表面上看，"莫为盗，莫为杀人"的法律是保障社会秩序所必需的底线，并非恶法。但凌驾于法律之上的君主政治，隐匿其规则以愚民，设难弄险以构罪不敢为的人，布置沉重的任务然后责罚不能胜任的人，远距离预约然后诛杀不能按时到达的人。这些林林总总的以上驭下的手段，都是由政治设定一个社会能力极限的目标，让社会像一部机器，上紧发条。《庄子》以其思想之敏锐，从日常习见中发现，这根本就不是正常的生活，倒更像是军事训练科目，大大小小的诸侯国，因此都成了兵营。那么，究竟是什么原因造成了日常生活的非正常化？现实的层面，诸侯之间的相互征伐，让政治采取战时政策管理社会的模式自行合理。那又是什么理由支持诸侯相互征伐？儒家说，只有原因，没有理由，原因是礼崩乐坏，陪臣执国命，礼乐征伐不自天子出。而《庄子》说，观念上有一个执掌礼乐征伐之权的天子，既是原因，更是理由。正因为观念上有一个集权的、唯一的天子，现实中又周天子式微，所以在道义上发动战争以统一天下就是立德立功，在实际利益的层面则是最根本的安全策略。观念上立一个天子是"立人之所病"，如《孟子》说"孔子三月无君，则皇皇如也"（《孟子·滕文公下》）；又期待天子集权然后执行公正，是"聚人之所争"，于是春秋战国持续战争数百年；由此造成的社会现实，就是"穷困人之身，使无休时"，社会负担不起政治上宏大的"天下"理想，所以用造假、欺诈、盗窃的手段来应对，则"盗窃之行，于谁责而可乎！"制度罪恶才是最大最根本的罪恶，但不入律，所以《庄子》之问虽然振聋发聩，但影响不到中国历史反反复复的革命，因为从汤武革命伊始，就只革昏暴之君的命，不革制度的命。只要制造昏暴的制度还在，那么昏暴之君就必然不断复制，层出不穷。

将仁义礼乐的文明与天子集权的专制联系起来，即使当代开明的新儒家也不愿承认，难以接受，而《庄子》却认为那是理有固然、势所必至的事。《徐无鬼》说：

> 啮缺遇许由，曰："子将奚之?"曰："将逃尧。"曰："奚谓邪?"曰："夫尧，畜畜然仁，吾恐其为天下笑，后世其人与人相食与。"夫民不难聚也，爱之则亲，利之则至，誉之则劝，致其所恶则散。爱利出乎仁义，捐仁义者寡，利仁义者众。夫仁义之行，唯且无诚，且假夫禽贪者器，是以一人之断制利天下，譬之犹一覕也。夫尧知贤人之利天下也，而不知其贼天下也。夫唯外乎贤者知之矣。有暖姝者，有濡需者，有卷娄者。所谓暖姝者，学一先生之言，则暖暖姝姝而私自说也，自以为足矣，而未知未始有物也，是以谓暖姝者也。濡需者，豕虱是也。择疏鬣自以为广宫大囿，奎蹄曲隈，乳间股脚，自以为安室利处，不知屠者之一旦鼓臂布草操烟火，而己与豕俱焦也。此以域进，此以域退，此其所谓濡需者也。卷娄者，舜也。羊肉不慕蚁，蚁慕羊肉，羊肉膻也。舜有膻行，百姓悦之，故三徙成都，至邓之虚，而十有万家。尧闻舜之贤，举之童土之地，曰："冀得其来之泽。"舜举乎童土之地，年齿长矣，聪明衰矣，而不得休归，所谓卷娄者也。是以神人恶众至，众至则不比，不比则不利也。故无所甚亲，无所甚疏，抱德炀和以顺天下，此谓真人。于蚁弃知，于鱼得计，于羊弃意。以目视目，以耳听耳，以心复心。若然者，其平也绳，其变也循。

传说中尧舜以仁义聚众蓄民，美则美矣，真却未必，大概是淑世君子们期待政治优雅的伦理化想象。部落时代，以相对温和的态度处理不同氏族部落之间的关系，避免你死我活的搏斗，谋求人口繁衍，在危机四伏的自然环境中获得更多的生存机会，可信是被蛮荒杀戮则人口不兴的长期事实所教训出来的理智，《尚书·尧典》谓之"平章百姓""协和万邦"。这样的理智或许也可以称为仁义，但建立在氏族部落可以相互伤害的危机意识之上，因而需要和平，与儒家建立在性善假说基础上的仁义，不是一回事。《尚书·大禹谟》虞舜传大禹"十六字心法"，第一句就是"人心惟危"，可见站在治理者的角度，对于人心人性就不可能太放心。而《庄子》的故事从唐尧"畜畜然仁"开始讲起，推出将导致"后世其人与人相食"的结论，或许是将儒家"祖述尧舜"的文明起源论与其时代现实联系起来了。那么，这种联系具有什么必然性呢？

按照《庄子》的思想逻辑来理解，仁义之所以能够聚众蓄民，那是因为君主施行仁义对于民众有利；而君主之所以施行仁义，也同样是因为仁义比强霸更能聚众，更有利。这样形成上下默认的共识，"爱利出乎仁义"，仁义在本质上就是一种功利原则，所以明目张胆地捐弃仁义的人很少，而从仁义中牟利的人会很多。这样由仁义聚众所形成的，本质上是一种恩情政治，再推而广之，扩而张之，民众日益仰赖君主仁义以获利，仁义也就成了君主养鸟的器具，[1]

---

[1]　"且假夫禽贪者器"一句，旧说有不同。陆德明《经典释文》引司马彪注："禽之贪者，杀害无极；仁义贪者，伤害无穷。"郭象注："仁义可见，则夫贪者将假斯器以获其志。"（郭庆藩：《庄子集释》卷8中，第862页）是郭注亦以仁义为器具。

越是贪婪的鸟越有向心力，获利越大，权位越高，拥戴越力，于是便形成"以一人之断制利天下"的格局、体制。

按照《庄子》的评估，围绕在恩情君主身边的，主要有三种类型的人才。第一种"暖姝"，也就是怀着温情妹子式的臣妾心态，学了某一家之言，就自信掌握了至真之理，柔柔顺顺、絮絮叨叨地当私房话去讲说。第二种"濡需"，也就是猪毛里的虱子、寄生虫，在恩情天子的羽翼下，选择猪毛间的疏阔处，自以为广苑大厦，一心安室营利，不知最终会被屠夫一把火烧得与猪毛俱焦。第三种"卷娄"，典型即虞舜。虞舜施恩，像羊肉以其膻味吸引蚂蚁一样，孜孜不倦，直到年老体衰时仍然不得归居休息，累到佝偻，而吸附的人很多。作为被尧按照仁义有利的原则所选中的天子之位继承人，虞舜以其吸附能力，进一步巩固了"以一人之断制利天下"的体制。但随着聚众蓄民越来越多，也带来公平的问题，"众至则不比，不比则不利"，讲的就是共同体越庞大则公平越难掌控，而公平的缺失必然引发共同体内部的灾难，由仁义兴利反变为致害。所以《庄子》主张"以目视目，以耳听耳，以心复心"，也就是遵循人性的平等，不以施恩者居高临下，然后才可能维持公平，"其平也绳，其变也循"，公平有一个客观的准则，变化遵循人性之本然。

当然，如前所述，《庄子》的历史意识是很宏观的，思想目标只在于追问以仁义为合理性基础的社会文明，包括伦理、政治等规范，是否符合人性。因为以仁义为伦理、政治合理性依据或依托，并非起源于某个特殊的历史事件，也非起源于某个特殊时期的特殊个人，所以《庄子》追根溯源，或指尧舜，

或指黄帝，[1] 不拘泥历史系列的形式，只在意仁义礼乐、文明规
范与人性基础之关系的问题。笼统些也可以如《骈拇》所说：
"自三代以下者，天下莫不以物易其性矣。"称言三代，也就是
指这个文明的全部历史，或者以历史来概括全部的这个文明，所
存在的根本问题就是不以人性为基础、合理性前提，因此在伦
理、政治的建构中缺乏人性的考虑。问题在政治层面暴露得最彻
底，不遵循人各具有而且能自行衡量的人性尺度，则为政鲁莽灭
裂，扰乱人性，社会将真正丧失变化的准心。　《庄子·则
阳》说：

> 长梧封人问子牢曰："君为政焉勿卤莽，治民焉勿灭裂。
> 昔予为禾，耕而卤莽之，则其实亦卤莽而报予；芸而灭裂
> 之，其实亦灭裂而报予。予来年变齐，深其耕而熟耰之，其
> 禾繁以滋予，终年厌飧。"庄子闻之，曰："今人之治其形，
> 理其心，多有似封人之所谓，遁其天，离其性，灭其情，亡
> 其神，以众为。故卤莽其性者，欲恶之孽为性，萑苇蒹葭始
> 萌，以扶吾形，寻擢吾性，并溃漏发，不择所出，漂疽疥痈
> 内热溲膏是也。"

为政治民而鲁莽灭裂，不是缺乏教养、没有知识，而是权力任
性，越是自以为有教养有知识的，越有可能任性。据庄子罗列，

1　如《在宥》说："昔者黄帝始以仁义撄人之心，尧舜于是乎股无胈、胫无毛，
　　以养天下之形。愁其五藏以为仁义，矜其血气以规法度。"

任性的政治行为包括逆抗天道，剥离人性，泯灭人情，消解他人意志，然后集中完成其所树立的许多治理目标。其后果，是本然的人性遭到破坏，越强治而人性表现越恶劣，因而必须穷尽措施去束缚天下人的言行。于是，内在的人性溃疡随时渗漏，却指望一块膏药封盖住。庄子因此常怀千岁忧，希望在思想试验里找到一条出路。

四　自发文明的可能性

在思想试验里触碰社会文明的合理性依据问题，发现真正问题的同时也就发现了未来的可能出路，虽然不一定很周密、很具体，但大方向、大思路是有的。将《庄子》所发现的问题概括为一句话，就是"世与道交相丧"。《缮性》说：

世丧道矣，道丧世矣，世与道交相丧也。道之人何由兴乎世？世亦何由兴乎道哉？道无以兴乎世，世无以兴乎道，虽圣人不在山林之中，其德隐矣。

希望自己所理解的道有以"兴乎世"，对健康、正常的社会文明建设发挥作用，无疑是《庄子》思想的大愿。但有史以来的文明社会，存在的状态与存在的理由越来越相互乖离，二者不能在交互作用、对待流行中递相生长，就表明文明机制发生了病变。于是，文明的理由找不到改善文明状态的切入点，文明的状态中也找不到培养文明理由的生长点，思想越来越无奈，现实越来越无助，宏观没有方向的迷惘与微观冲突不断的焦虑交织在一起，这样的时代，就算有圣人活在人间，对于社会文明也发挥不出建设性的作用。

沉郁笼罩之下，精神复活的基础是人自身的苏醒，而不是如何地学习世俗然后驾驭世俗。人自身的苏醒，就是由自身而且也只能由自身来澄显人性意识。同上篇说：

> 缮性于俗学以求复其初，滑欲于俗思以求致其明，谓之蔽蒙之民。古之治道者，以恬养知，生而无以知为也，谓之以知养恬。知与恬交相养，而和理出其性。夫德，和也；道，理也。德无不容，仁也；道无不理，义也。义明而物亲，忠也；中纯实而反乎情，乐也；信行容体而顺乎文，礼也。礼乐偏行则天下乱矣。彼正而蒙己德，德则不冒，冒则物必失其性也。

俗学、俗思即社会文明的现实状态。奔竞在这样的状态中，无暇反躬而诚地思索人性是什么，也就不知道奔竞途中所做的那些事情对于人自身来说是否合理。而在俗学俗思争一日之高下的场景中强自断言人性是什么，则不管如何地自以为找到了合理演绎的起点，如何见地明白，都不过是"蔽蒙之民"，问题意识就在螺蛳壳里，所以尽管道场做得漂亮，也只能通个假神。"知与恬交相养"是以沉思摆脱俗学俗思的一种办法，以免思与言越是急切，所受到的蒙蔽越深，越不自知。由此来理解文明世界通用的一些概念，那么，德是人与人相处的和合，不是谁对谁的施恩。

道是万事万物固有的条理，人人都可以认知，不是某个奇怪的人所特有的专利。仁不仅是主观态度，而且也是人与人和合相处之德的客观要求。不将任何人和物排除在公共秩序之外，就是义。义的共识建立在人人明确的基础上，由内生发亲和，谓之忠。内在的纯素表现为情感，就是乐。礼则是宽容而有节有序的行为方式。可见礼乐不是一个合理性自在自为的圆满体系，需要有一个德、道、仁的来源。如果片面地将礼乐当做可以充分自证的制度，搞成不容问来由的礼法，遮蔽人的自性，将人聚在一起的"天下"就乱了。郭象注最后一句，谓之"各正性命而自蒙己德，则不以此冒彼也。若以此冒彼，安得不失其性哉?"[1]冒字的本义是盖尸布。各人的德如果不由其自性发芽，而被一块盖尸布营造出统一的表象，那就没有道德，也没有仁义，因为作为道德仁义之基础的人性已经丧失了。

　　然而，现实的诸侯国都处在激烈的竞争中，各国都必须高度集中内部的人力物力资源，想尽办法挖掘潜力，否则面临着被兼并的命运。惨烈而且漫长的兼并战争中，除了纵横家见猎心喜之外，甚至连诸侯都深感厌倦。奈何诸侯骑虎难下，战火可燃不可控，政治、军事甚至思想文化，都由于剧烈运动而形成自己的节奏，人被节奏带动、裹挟，像老庄那样主观自觉地虚静下来，其实是一种精神上的极致奢侈，老庄想得到，却非什么人都能够做得到，《庄子》又如何为这样一个时代解套?

　　先说政治。《山木》寓言:

1　郭庆藩:《庄子集释》卷6上，第550页。

市南宜僚见鲁侯，鲁侯有忧色。市南子曰："君有忧色，何也？"鲁侯曰："吾学先王之道，修先君之业。吾敬鬼尊贤，亲而行之，无须臾离。居然不免于患，吾是以忧。"市南子曰："君之除患之术浅矣。夫丰狐文豹，栖于山林，伏于岩穴，静也。夜行昼居，戒也。虽饥渴隐约，犹且胥疏于江河之上而求食焉，定也。然且不免于网罗机辟之患，是何罪之有哉？其皮为之灾也。今鲁国，独非君之皮邪？吾愿君刳形去皮，洒心去欲，而游于无人之野。南越有邑焉，名为建德之国，其民愚而朴，少私而寡欲，知作而不知藏，与而不求其报，不知义之所适，不知礼之所将，猖狂妄行乃蹈乎大方。其生可乐，其死可葬。吾愿君去国捐俗，与道相辅而行。"君曰："彼其道远而险，又有江山，我无舟车，奈何？"市南子曰："君无形倨，无留居，以为君车。"君曰："彼其道幽远而无人，吾谁与为邻？吾无粮，我无食，安得而至焉？"市南子曰："少君之费，寡君之欲，虽无粮而乃足。君其涉于江而浮于海，望之而不见其崖，愈往而不知其所穷。送君者皆自崖而反，君自此远矣。故有人者累，见有于人者忧。……吾愿去君之累，除君之忧，而独与道游于大莫之国。方舟而济于河，有虚船来触舟，虽有惼心之人不怒。有一人在其上，则呼张歙之，一呼而不闻，再呼而不闻，于是三呼邪，则必以恶声随之。向也不怒而今也怒，向也虚而今也实。人能虚己以游世，其孰能害之。"

寓言的办法未必真实，但思路很真实。因为政治体制将一切利益都集中在各诸侯国国君的身上，所以国君权位成了利益纠缠、矛盾集中的焦点，像文豹之皮，吸引着各方面的猎人。这种处境让鲁国的国君很不安，也很不解。作为周初以来敬天法祖政治路线的忠实执行者，鲁君自信没有任何失德失行的地方。"学先王之道"也就是遵循周文王、武王的政治理念，"修先君之业"也就是效法周公、伯禽封邦建国以来的政务，"敬鬼"即敬天法祖，"尊贤"则不自以为是，不独断专行。就政治品德而言，鲁君堪称文武周公之政的模范生，但现实的危机之患与内心的焦虑之忧，纷至沓来，王冠之重，不堪承负。这是财产官有化而权力私有化体制下的必然状态，体制不变，状态就不可能根本改变，《庄子》又能有什么招？理论上说，《庄子》以人各自知自然的人性为出发点重建自发的文明，是个从根本上解决问题的大招，但对于鲁君来说，依然是东海之水不救涸辙之鱼。而针对鲁君的具体处境，《庄子》所提出的，其实是一种想法，而不是行之有效的方法。但也唯其是一种想法，所以能够直指症结所在，即如何剥离权位的文豹之皮。因为正是通过这张皮，鲁君可以绑架鲁国臣民，君临一切，但为了守住这张皮，鲁君自己也被绑定在权位上，成了一个固定的靶子，供猎人们明里暗里围观，构成"有人者累，见有于人者忧"的关系。剥离豹皮的方式，寓言的语言匪夷所思，有些悬崖撒手的毅然决然，但核心就是一条，"吾愿君去国捐俗，与道相辅而行"，也就是淡化政治意志、权力关切，辅佐任物自化而有序的道，让集中的权力软着陆，将权力还给各有自性的个人，从规划文明的励精图治转化为自发文明的社会自治。

其次说军战。《徐无鬼》有这样一段对话：

> 武侯曰："欲见先生久矣。吾欲爱民而为义偃兵，其可乎?"徐无鬼曰："不可。爱民，害民之始也；为义偃兵，造兵之本也。君自此为之，则殆不成。凡成，美恶器也。君虽为仁义，几且伪哉。形固造形，成固有伐，变固外战。君亦必无盛鹤列于丽谯之间，无徒骥于锱坛之宫，无藏逆于得，无以巧胜人，无以谋胜人，无以战胜人。夫杀人之士民，兼人之土地，以养吾私与吾神者，其战不知孰善，胜之恶乎，在君若勿已矣。修胸中之诚以应天地之情而勿撄，夫民死已脱矣。君将恶乎用夫偃兵哉。"

所谓"吾欲爱民而为义偃兵"，也就是以人民的名义撤军。站在儒墨两家的立场上，这样的动机和行为无疑是值得鼓励的，有仁爱之意，有非攻的实际行动，比悍勇不惜民命的侯王强多了。但在《庄子》看来，这种说辞很虚伪，观念意识又很自我膨胀。因为无论是爱民为义还是偃兵兴兵，一切都是从君王的"我欲"出发的。既然君王的个人意志凌驾于所有的规则之上，一意而决，那么如何算是爱民为义，就只能全凭君王的感觉，所以说"爱民，害民之始也；为义偃兵，造兵之本也"，始和本，都是不受约束的君王意志。只要现实规则和规则意识不改变，爱民与害民、偃兵与造兵都会随时转换，左右瞎折腾而已。《庄子》时代的问题，彻底改变规则是难以想象的，针对体制，《庄子》也给不出有创意的政治学建议，依然是老子的"无为"策略，"修胸中之诚以应天地之情而勿撄，夫民死已脱矣"，就是君王不随意干扰社会，不任性滥用权柄，则社会可以少些人为的苦难。无疑，《庄子》清晰地勾勒出了政治体制与战争的因果关系，只是不足以形成有效的约束机制。但《庄子》从政治哲学的角度提出了一个战争的正义原则问题，即如果战争从君王的欲利之私出发，包括个人意志的伸张、财产土地的兼并等，那么"其战不知孰善"，就是非正义的。这与儒家的判断标准显然不一样，儒家的第一条正义原则，是看征伐是否自天子出，即是否出于天子的意愿，是否得到天子的授权。似乎在如此的理解中，正义的战争只能是天子执法权的延伸。

消减由体制放大的君王在政治、军战上的个人意志，可能会像《庄子》所认为的那样减少了许多人间的波折，但也有可能像儒家所担心的那样让社会缺乏有效的管理。而且，正如《礼记·文王世子》所示范的，君王都拥有最良好的教育条件，因而也应该具有更高的文化素养，负有引导社会文明之责，如果尸位素餐，德不配位，就会酿成政治危机。相对于儒家政治设想，老子的无为而治，《庄子》的自发文明，究竟如何可能，现实社会层面又是一种什么样的情景，确实很挑战想象力。《老子》书中有"小国寡民""百姓皆谓我自然"等概括性叙述，但语焉不详，到《庄子》始提供自发社会的图景，如前述"建德之国"，又如北宫奢筑坛、丘里之言等，其中有些或许依据民间社会的模型，有些可能出于想象，但即便出于想象，就道家自身而言也是符合理势的。

北宫奢筑坛事见于《山木》：

> 北宫奢为卫灵公赋敛以为钟，为坛乎郭门之外，三月而
> 成上下之县。王子庆忌见而问焉，曰："子何术之设？"奢
> 曰："一之间无敢设也。奢闻之，既雕既琢，复归于朴。侗
> 乎其无识，傥乎其怠疑。萃乎芒乎，其送往而迎来。来者勿
> 禁，往者勿止。从其强梁，随其曲傅，因其自穷。故朝夕赋
> 敛而毫毛不挫，而况有大涂者乎。"

这是一次自发自助的建设活动，三个月完成了筑坛悬钟的工程。
主事者北宫奢并未采取行政措施调动资源，只是不阻止人们自觉
自愿的参与。参与的人来来往往，其中有些人并不懂行，有些人
则提出各种质疑，有些人主意大，也有些人附和，结果却形成有
效的合作，未动用赋敛纠集人力物力，就这样干成了一件看起来
很高端、也很有礼乐神圣性的事情。郭象解释这件事，说是"泰
然无执，用天下之自为，斯大通之涂也。故曰经之营之，不日成
之"。[1]这是自发文明的一个例证或者一种合乎逻辑的情景想象，
有随机的活力，无刻意的偏执，所以成事的效率与人际的和谐并
不冲突。

丘里之言见于《则阳》：

> 少知问于大公调曰："何谓丘里之言？"大公调曰："丘
> 里者，合十姓百名而以为风俗也。合异以为同，散同以为
> 异。今指马之百体而不得马，而马系于前者，立其百体而谓

1　郭庆藩：《庄子集释》卷7上，第679页。

之马也。是故丘山积卑而为高，江河合水而为大，大人合并而为公。是以自外入者，有主而不执；由中出者，有正而不距。四时殊气，天不赐故岁成；五官殊职，君不私故国治。文武大人不赐，故德备。万物殊理，道不私故无名，无名故无为，无为而无不为。时有终始，世有变化，祸福淳淳。至有所拂者，而有所宜。自殉殊面，有所正者有所差。比于大泽，百材皆度；观乎大山，木石同坛。此之谓丘里之言。"少知曰："然则谓之道，足乎？"大公调曰："不然。今计物之数，不止于万，而期曰万物者，以数之多者号而读之也。是故天地者，形之大者也；阴阳者，气之大者也。道者为之公，因其大以号而读之则可也。已有之矣，乃将得比哉。则若以斯辩，譬犹狗马，其不及远矣。"……少知曰："季真之莫为，接子之或使，二家之议孰正于其情，孰遍于其理？"大公调曰："鸡鸣狗吠，是人之所知。虽有大知，不能以言读其所自化，又不能以意其所将为。斯而析之，精至于无伦，大至于不可围。或之使，莫之为，未免于物，而终以为过。或使则实，莫为则虚。有名有实，是物之居；无名无实，在物之虚。可言可意，言而愈疏。未生不可忌，已死不可徂，死生非远也，理不可睹。或之使，莫之为，疑之所假。吾观之本，其往无穷；吾求之末，其来无止。无穷无止，言之无也，与物同理。或使莫为，言之本也，与物终始。道不可有，有不可无。道之为名，所假而行。或使莫为，在物一曲。夫胡为于大方，言而足则终日言而尽道，言而不足则终日言而尽物。道物之极，言默不足以载。非言非默，议其有极。"

丘里即民间社会，由聚居自然形成，具有十个姓氏的大约规模，但非官府设置的组织形态。丘里之言是由生活交往、磨合而形成的局部社会的共识、规则，也即所谓"风俗"，由风习而成礼俗。形成风俗的方式，是"合异以为同，散同以为异"。这句话有两层意思。第一，"同"是合成的，不是从众人中抽出某个特殊的"异"然后其他的"异"都向右看齐，因此风俗的规则不是由某个人或某种教设定的，也没有谁刻意去综合，就是百姓日用而不知的状态，不成文，但对社会的实际生活有效。第二，合与散、同与异是相对互动的机制，合而同之中始终保持着差异，人各不同的自性未曾湮灭，不是由差异阶段走到同一阶段然后差异就被"克服"了。

普遍性与特殊性、同一性与差异性问题，是人性论分歧的焦点。"丘里之言"举了两个例子来表明立场和思路，一马一山。马如人性概念，由各部位肌体共同组成，虽然左腿不同于右腿，前腿不同于后腿，姿性各不相同，但作为完整的马，一件都不能少。这说明人性本身具有完整性，不能偏举偏废，更不能举一事而废百为。山亦如人性概念，山上有各种品相的树木，有各种形态的土石，但山之成其为山，一样都不嫌多。这又说明人性的各种表现是一种开放的状态，所能容纳的内涵，不可规划，甚至也不可估算。按照这个人性论思路，"大人合并而为公"，公是由众人合并而成的集体，不是公侯及其僚属所代表的立场和利益。这样由个人自性形成社会共同体，那么对个人来说，共同体规则既是"自外入"亦即客观外在的，不能自以为可以由个人掌握，也是"由中出"亦即符合自性的，所以合乎自性之正从而自律，没有与规则的距离感。

　　丘里之言符合道的兼容性，但并不就是道。兼容性如"四时殊气"，四季气候有差异，天并不特别喜欢哪个季节就专行那个季节；又如"万物殊理"，道无所偏好所以不制立名目以区分什么，不特意作为以成就什么，于是万物各得成就。丘里之言虽然具有与道相同的兼容性，但没有相同的兼容之体，只是无穷万物中特定时空特定人群的风俗，既不能复制更不能覆盖其他的群体，所以与道不能模拟。

　　那么对于丘里之言，能否探索出形成的原理，洞悉其所以然之故，从而以某种普遍性理论来解释此地风俗何以如此之类的问题？当时人就此提出两种说法，一说"莫为"，认为丘里之言的形成是偶然的，背后没有主导者；另一说"或使"，认为丘里之言的形成有其必然性。《庄子》里的太公调则认为，这两种说法都失之偏颇，将一些已知的现象当成未尽知的全部。譬如鸡鸣狗吠，是人尽可知的现象，但要追问其所以然之故，则即使是知识渊博的人，也不能将鸡鸣狗吠当做语言，读出其演化的道理，预测其未来的变化。由此分析万物的事理，最精微处无可比拟，最广大的又难以想象其整体。所以，或使、莫为两种说法，都只看到物事的一些现象，讲"或使"的持可以举证之实，讲"莫为"的致思推理之虚，两种说法都"在物一曲"，都不足以作为原理之"道"。因为"道"本身就是一个指喻普遍性的概念，不能指实为某事某物，丘里之言也不例外。

　　由有上述，不界定、不规划人性的自发文明是可能的，社会情景是可以理解和想象的。而自发文明并不意味着所有人都会齐步走，或齐头并进，或有序队列，只是还给所有人一个自行创造的空间，让所有人在互动中"成教易俗"。《庄子·天地》有故事说：

> 蒋闾葂见季彻曰："鲁君谓葂也曰：'请受教。'辞不获命。既已告矣，未知中否，请尝荐之。吾谓鲁君曰：'必服恭俭，拔出公忠之属而无阿私，民孰敢不辑。'"季彻局局然笑曰："若夫子之言，于帝王之德，犹螳蜋之怒臂以当车辙，则必不胜任矣。且若是则其自为处危，其观台多物将往投迹者众。"蒋闾葂觑觑然惊曰："葂也汒若于夫子之所言矣。虽然，愿先生之言其风也。"季彻曰："大圣之治天下也，摇荡民心，使之成教易俗，举灭其贼心而皆进其独志，若性之自为，而民不知其所由然。若然者，岂兄尧舜之教民，溟涬然弟之哉！欲同乎德而心居矣。"

蒋闾葂劝诫鲁君要心存敬畏，要自行节俭，要选拔出有公心的忠诚之士。这些劝诫，儒墨两家都会喜欢，而季彻认为那像螳臂当辙，要求君主既做道德楷模，又有识人之明，自任社会文明的顶点，同时也就塑造或者强化了君主对于社会的权力主张和要求。按照季彻所表述的《庄子》观点，真正政治家的政治不需要搞得这么累，只需要让民心活跃起来，自发形成社会的秩序和秩序意识，消除相互伤害的意图，让人人独立自由，社会文明如人之自性自为，人本原的欲望与社会道德相一致，自性与自律成为内在于心的秩序意识。这样的社会，有什么必要仰望尧舜？

当然，简单依靠自律的社会秩序，通常都缺乏安全感，而日益繁重的社会管理模式，最初的起因无非就是寻求安全感，其次才是"治天下"的宏大目标,所以从因果关联上说,人的不自律行为,为社会管理模式日益繁重甚至严苛提供了基本的理由。《庄子》主张将自性自律作为自发文明的基础,但并非像《荀子》所指责的那样"蔽于天而不知人",只是要限制权力的自行扩张。因为权力的不自律比个人的不自律危害更大,所以《庄子》的忧惧,主要集中在权力不自律的问题上。《徐无鬼》讲了个黄帝问道牧马童子的故事,最后由牧马童子总结出社会防范的基本原则:"夫为天下者,亦奚以异乎牧马者哉?亦去其害马者而已矣。"去其害群之马,与树立、塑造高标准,一个讲底线,一个讲顶端,显然是两种政治学思路。

对于自然的人性,《庄子》无疑具有信心,至少比经过塑造的人性更有信心。这样的信心并非来源于高深的形而上推论,而只是基于简单的观察。《徐无鬼》说:

> 子不闻夫越之流人乎,去国数日,见其所知而喜;去国旬月,见所尝见于国中者喜;及期年也,见似人者而喜矣。不亦去人滋久,思人滋深乎。夫逃虚空者,藜藋柱乎鼪鼬之径,踉位其空,闻人足音,跫然而喜矣。又况乎昆弟亲戚之謦欬其侧者乎。久矣夫,莫以真人之言謦欬吾君之侧乎。

人心最能安顿的处所,不是碍眼繁华,而是熟悉的环境,恰适的习惯。《则阳》也说:"旧国旧都,望之畅然。虽使丘陵草木之缗,入之者十九,犹之畅然,况见见闻闻者也。"人类生活最恰适的习惯,当然就是个人的自性,那才是每个人的旧国旧都,想想就舒展。

拾 天下学术中的庄子哲学

一 不以觭见的言意之辨

历代人读《庄子》，都有些新的发现，因此惊喜不断。新的发现包括文本和思想两个方面，而且相互关联。最早发现传世的《庄子》文本真伪混杂，并且做出取舍整理的是郭象。陆德明《经典释文》叙录《庄子》说：

> 庄子者姓庄名周，梁国蒙县人也。六国时为梁漆园吏，与魏惠王、齐宣王、楚威王同时。齐、楚尝聘以为相，不应。时人皆尚游说，庄生独高尚其事，优游自得。依老氏之旨，著书十余万言，以逍遥、自然、无为、齐物而已，大抵皆寓言，归之于理，不可案文责也。然庄生弘才命世，辞趣华深，正言若反，故莫能畅其弘致。后人增足，渐失其真。故郭子玄云："一曲之才，妄窜奇说。若《阏弈》《意修》之首，《危言》《游凫》《子胥》之篇，凡诸巧杂，十分有三。"《汉书·艺文志》"《庄子》五十二篇"，即司马彪、孟

氏所注是也。言多诡诞，或似《山海经》，或类占梦书，故注者以意去取。其内篇众家并同，自余或有外而无杂。唯子玄所注，特会庄生之旨，故为世所贵。[1]

这里面的核心问题，是文本确认与思想理解的关系。按照学理常规，总是应该首先确认文本，然后才好开展思想的叙述和阐发，但这样的学理常规，对《庄子》研究无效，因为《庄子》文本无参照，难以首先确认。就纯文本或版本而言，经过郭象删削的三十三篇，唐以后就是唯一的传世文本，此前的崔譔、司马彪等人的《庄子》注可见于唐宋人引录，但吉光片羽，难窥全豹。就历史文化背景而言，也同样难找参照，因为《庄子》的主要写作方式是寓言，类似架空历史的文学创作，将思想之"言"寄托在虚构的故事中，所以不可案文责实。既然两无参照，那就只能将学理常规反过来，首先确认庄子思想，然后再勘定文本，郭象是这么做的，其他人也是。但对庄子思想的认知有深浅之别，对《庄子》文本的鉴别也就因人而异。郭象之前，"注者以意去取"，内篇七篇各家相同，外杂篇互有同异，没有一个通行的标准文本。只有郭象"特会庄生之旨"，对庄子思想的理解最到位，所以由郭象在《汉书·艺文志》五十二篇基础上勘定的三十三篇本，最终成了通行的标准文本。这是研究《庄子》令人惊喜的第一次发现，《庄子》也是一部言有宗事有主的著作，

1　陆德明撰，吴承仕疏证：《经典释文序录疏证》，张力伟点校，中华书局2008年版，第141页。

不是散漫无统贯的怪谈。

郭象对庄子思想的整体理解，主要有两份资料，在传世的郭象注本的一首一尾，首即开篇的《庄子序》，尾乃全书的最后一条注：

> 昔吾未览《庄子》，尝闻论者争夫尺棰连环之意，而皆云庄生之言，遂以庄生为辩者之流。案此篇较评诸子，至于此章，则曰其道舛驳，其言不中，乃知道听涂说之伤实也。吾意亦谓无经国体致，真所谓无用之谈也。然膏粱之子，均之戏豫，或倦于典言，而能辩名析理，以宣其气，以系其思，流于后世，使性不邪淫，不犹贤于博弈者乎？故存而不论，以贻好事也。[1]

"辩者之流"也就是惠施、公孙龙等名家，《天下》篇叙录惠施之学之外，还存录了名家的二十一个命题。因为庄子思想的形成和表述，与惠施的"郢质"作用有很深的关联，所以西晋人将《庄子》读成诘辩游戏的教科书，大概也就不足深怪。郭象也经历了同样的认知过程，只是在对《庄子》文本的完整研读之后，发现《庄子》其实有一个立论宗旨，即所谓"经国体致"。勘定《庄子》文本，大概就是根据这样的认知。

郭象之后再次从《庄子》文本中获得惊喜发现的，是苏轼。根据对庄子基本思想情绪的判断，苏轼发现《盗跖》等四篇是

---

1   郭庆藩：《庄子集释》卷 10 下，第 1116 页。

他人的著作混入了《庄子》：

> 　　余尝疑《盗跖》《渔父》则若真诋孔子者。至于《让
> 王》《说剑》，皆浅陋不入于道。反复观之，得其《寓言》
> 之意，终曰："阳子居西游于秦，遇老子。……"去其《让
> 王》《说剑》《渔父》《盗跖》四篇，以合于《列御寇》之
> 篇曰："列御寇之齐……"然后悟而笑曰：是固一章也。庄
> 子之言未终，而昧者剿之以入其言。余不可以不辨。凡分
> 章、名篇，皆出于世俗，非庄子本意。[1]

因为苏轼判断庄子基本的思想情绪，是对孔子"实予而文不予，
阳挤而阴助之"，而《盗跖》等四篇无论阴阳都是诋斥孔子的，
所以都是假的。苏轼的这一次发现，为后世儒者接近《庄子》
扫清了不小的障碍，同时也在文本上翻了个大案。因为《史记》
列举庄子著作，"作《渔父》《盗跖》《胠箧》，以诋訾孔子之
徒"，苏轼断言"剿入"的四篇，有两篇赫然在列，是司马迁见
过的《庄子》文本。虽然苏轼的发现与最早叙述《庄子》文本
的《史记》不合，但并不影响后人相信苏轼的判断，其中包括
王夫之。

　　《庄子》杂篇十一篇，《让王》等四篇在其中。对于杂篇，
王夫之一方面评价高于外篇，另一方面又从苏轼之说，以《让

1　苏轼：《庄子祠堂记》，曾枣庄、刘琳主编：《全宋文》卷 1967，第 90 册，第
　　384 页。

王》四篇为赝作。如说："外篇文义虽相属，而多浮蔓卑隘之说；杂篇言虽不纯，而微至之语，较能发内篇未发之旨。盖内篇皆解悟之余，畅发其博大轻微之致，而所从人者未之及。则学《庄子》之学者，必于杂篇取其精蕴，诚内篇之归趣也。"这是将杂篇当作内篇的入门路径，思想的精蕴一致，只是叙述有隐显之别。另一方面，又极力贬斥《让王》四篇："若《让王》以下四篇，自苏子瞻以来，人辨其为赝作。观其文词，粗鄙狼戾，真所谓'息以喉而出言若哇'者。""窃庄子之残渖以为谈柄者之炯鉴也。"[1]正是基于这一判断，王夫之将《寓言》《天下》二篇视为《庄子》全书之"序例"，也即庄子自序其作书的本意和体例。《寓言》篇解题说：

> 此内外杂篇之序例也。庄子既以忘言为宗，而又繁有称说，则抑疑于矜知，而有成心之师。且道惟无体，故寓庸而不适于是非，则一落语言文字，而早已与道不相肖。故于此发明其终日言而未尝言之旨，使人不泥其迹，而一以天钧遇之，以此读内篇，而得鱼兔以忘筌蹄，勿惊其为河汉也。此篇与《天下》篇乃全书之序例。古人文字，序例即列篇中；汉人犹然，至唐乃成书外别为一序于卷首，失详说乃反约之精意。其《列御寇》篇夹于二篇之中，亦古人错综不滞之文体，不可以唐宋之局法例之。[2]

1　王夫之：《庄子解》卷23，《船山全书》第13册，第348页。

2　王夫之：《庄子解》卷27，《船山全书》第13册，第417页。

这个发现对于理解《庄子》的文本和思想都很重要，表明《庄子》文本在《寓言》出现时就经过了编辑，而编辑者所理解的《庄子》表述方式，面临着言意之辨的困境。即一方面卓有所见，不得不言；另一方面既有所言即出于己意，与万物"自然"之道不类，所以《寓言》要解释《庄子》思想中的深层审慎。

郭象的《庄子序》，也同样站在言意之辨的角度理解和评价庄子思想之整体。但与王夫之不同，王夫之据《寓言》之"序例"，认为言意之辨的困境是庄子的意识自觉，不是无意间就拉开了与圣人的差距。而郭象拿《庄子》与《六经》、庄子与尧舜周孔等圣人相比较，认为这正是庄子言则至而意有所未及的地方。说云："夫庄子者，可谓知本矣，故未始藏其狂言，言虽无会而独应者也。夫应而非会，则虽当无用；言非物事，则虽高不行；与夫寂然不动，不得已而后起者，固有间矣。"尧舜周孔等圣人，"心无为则随感而应，应随其时，言唯谨尔。故与化为体，流万代而冥物。岂曾设对独遘而游谈乎方外哉？"[1]设对独遘是庄子哲学的表现形态，即预设一个万物"自然"的普遍性真理或真相，然后在自己的思想试验中接近这个默认的目标，所以立言以尽其意的庄子，不及无言而行其意的圣人。这是魏晋玄学的言意之辨纠缠，我们在前文曾经提到过，郭象所见因此不如王夫之深邃，其实是玄学论圣贤品次的思想套路使然，既不愿或不敢承认老庄之学是尧舜周孔之教中所没有的，又想让人相信老庄之学正是圣人们的不言之意。王夫之没有这些纠缠，所以他的发现让

1　郭象：《庄子序》，郭庆藩：《庄子集释》，第 3 页。

我们面临着一个新的问题，即这种言意之辨的困境究竟是如何发生的，既然庄子发现了万物各各"自然"的道，那么这个普遍的真理或真相为什么不能由他自己来表述呢？

分析庄子思想中的这种深层审慎，可能有内外两方面原因。就内的一方面说，是由庄子的思想逻辑所决定的，即真理或真相如果是普遍的，那么首先就应该是普适的，而普适与否，需要万物各自去判断，没有谁可以代表万物做出判断，庄子当然也不例外。就外的一方面说，在庄子思想产生的那个所谓"轴心时代"，似乎只有古希腊是个例外，个人身份的哲学家可以表述普遍性真理或真相，而其他的文明形态是通过神或先王圣人来表述的，因为只有神或先王圣人才具有接近普遍性的现实公共代表性。中国就很典型，例如《周易》之所谓"太极"，就是一个表述普遍性的概念，后来朱熹按照"理一分殊"的思路解释"太极"，说"体统是一太极，然又一物各具一太极"，[1] 表述普遍性的概念特征清晰可辨。但这个概念出现在《周易》中，是以"人更三圣"的名义确定的。又如《诗经》所谓"普天之下莫非王土，率土之滨莫非王臣"，这种"普天下莫非"的句式，表述普遍性的概念特征同样清晰可辨，但这两句话据《吕氏春秋》说是虞舜创作的。个人身份不能推阐普遍性真理或真相，就像非天子不能祭天一样，是有所忌讳的。孔子说"不在其位，不谋其政"（《论语·泰伯》），大概就正是智者知所避讳。直到北宋时，张载说出那"横渠四句"，"为天地立心，为生民立命，为

1　黎靖德编：《朱子语类》卷94，第2409页。

往圣继绝学，为万世开太平"，依然显得石破天惊，而"横渠四句"，哲学上就是一个普遍性如何确认或确立的问题。

外因对于庄子，也许并不像我们更愿意相信的那样无关紧要。尽管庄子的精神品格是天子不得臣，诸侯不得友，但那只是政治上的不合作，并不意味着放弃社会关切，因为那是两码事。事实上，庄子从来不承认天下社会就是什么天子诸侯的，不接受"普天下莫非"的逻辑，所以避讳的问题于庄子不存在。但庄子不能不顾忌与之相关的另一个问题，即在这个默认忌讳的社会环境中，以一己之身讲普遍性哲学，有谁会相信？如果真的能取信于社会，影响社会，又如何不违背"自然"的普适原则，从而形成自发文明的新规则？《寓言》开篇说"寓言十九，重言十七。卮言日出，和以天倪"，讲的就是其普遍性哲学如何取信于社会的问题。"卮言"如水之随物赋形，不持一己之偏见，也就是《天下》篇称述庄子之学"不以觭见之也"。天倪按照《寓言》本身的解释就是天均："万物皆种也，以不同形相禅。始卒若环，莫得其伦，是谓天均。天均者，天倪也。"天倪、天均都指万物生生不息的动力源泉，"卮言"契合生生不息之理。一门哲学，与生生不息的造化状态同款，其为表述普遍性也就显而易见。但这样的表述是庄子"设对独遘"的，有史以来并没有探寻、表述普遍性的中国传统，所以庄子只能编故事，借重历史文化名人，让他们说出庄子想说的话是"重言"，将他们编进故事里就是"寓言"。现在看来，其效果显然不符合庄子的预期，读者不是由于信了寓言、重言就看重庄子的思想，而是由于看重庄子的思想才去认真理会那些寓言、重言。这似乎表明哲学家不一定善于谋划，但在当时，庄子的选项其实不多，而且，以寓言讲普遍性哲学问题，至少可以克服独断论的流弊，也比《文中子》等模仿圣人的口吻著书立说更有趣些。

既要借重历史文化名人来讲普遍性哲学，而事实上又没有这样的传统，甚至也没有可以借鉴的思想资源，所以无分黄帝还是尧舜孔子，《庄子》的行文中都不大有敬意。这种在任何时代都不合时宜的行文风格，造成了许多读者的情感障碍，但就庄子自身而言，却是件不得不然的事。因为第一，庄子在精神上并未生出敬意，相对于其哲学所要致思的问题，所关切的历史文化积弊，所祈向的自发文明模式，那些名人只是"陈人"。《寓言》说："年先矣，而无经纬本末以期年耆者，是非先也。人而无以先人，无人道也。人而无人道，是之谓陈人。"陈人也就是陈旧之人，应该是就精神层面说的，因为纯粹年轮的先后，对于庄子来说没有意义。显然，庄子与偏好老成的儒家传统不同，《尚书·盘庚》说："人惟求旧，器非求旧，惟新。"旧人是熟人或者老成持重之人。而在庄子看来，陈旧之人"无以先人"，没有创造力，是人道能力的缺失。第二，庄子很防范由于崇拜名人悉至崇拜其关于普遍性的表述，为这个已经很魅惑的世界再添一道魅影。《寓言》："不言则齐。齐与言不齐，言与齐不齐也。故曰无言。言无言，终身言未尝言，终身不言未尝不言。有自也而可，有自也而不可；有自也而然，有自也而不然。恶乎然？然于然。恶乎不然？不然于不然。恶乎可？可于可。恶乎不可，不可于不可。物固有所然，物固有所可；无物不然，无物不可。非卮言日出，和以天倪，孰得其久？"普遍性一经表述，就受到了表述的局限，何况表述还借重了各有主体特性因而也各有局限的名人，所以最可能妥善的做法，就是淡化表述的烙印而凸显所要表述的意，以与万物"自然"的普遍性相匹配。不将历史文化名人放在神坛上，是淡化烙印的一种办法。

二　"公是"的问题意识

《寓言》中，庄子与惠施展开过一场话语感很现代的讨论，即孔子算是个什么家？学问家还是思想家？这个可以有各种措意的话题，是由庄子挑起的。

> 庄子谓惠子曰："孔子行年六十而六十化，始时所是，卒而非之，未知今之所谓是之非五十九非也。"惠子曰："孔子勤志服知也。"庄子曰："孔子谢之矣，而其未之尝言。孔子云：'夫受才乎大本，复灵以生，鸣而当律，言而当法。利义陈乎前，而好恶是非直服人之口而已矣。使人乃以心服而不敢蘁立，定天下之定。'已乎已乎！吾且不得及彼乎！"

还真是仁者见仁，智者见智。惠施自身博学，如《天下》篇所说，"惠施多方，其书五车"，能够"遍为万物说"，不仅知识渊博，而且关于知识的兴奋点也很广泛，所以他心目中的孔子"勤志服知"，勤勉求知，崇尚知识，是个学问家。而庄子挑起话题的措意，是想说孔子其实是个思想家，而且还是"卮言日出"

类型的，具体表现就是六十年六十化，不偏执己见以定是非，不以屈人之口为能事，引发人心认同而不敢竖起与之逆抗的立意，按天下恰适自定的方式以定天下。这样的孔子，让庄子自叹弗如，而《天下》篇褒美《六经》，相对于某些篇章中的寓言孔子翻了个大案，思想根源大概就在这里。

《天下》篇褒美《六经》，颠覆《天运》篇以《六经》为"先王之陈迹"的旧口吻，所以历来是《庄子》研究中的一段公案。围绕这个问题，古人今人既有所同，亦有所异。古代的儒者如苏轼等，由于《天下》篇褒美《六经》，觉得拉近了庄子与儒家的距离，为儒者接近其思想学说留了道后门；现代学者则由其褒美《六经》，考论《天下》篇的作者是否庄周；这是相异的地方。而相同的地方是，都将关注点放在《庄子》对待孔子儒家的态度上。现在看来，庄子的意图，只是要讲物各"自然"的普遍性哲学，至于对待历史文化名人的态度，则游离在既借重又不能仰望之间，所以并不那么重要。借重是试图让普遍性哲学的问题意识引起关注，不能仰望则是其哲学内在的逻辑要求，否则因圣人所然而然之，就违背了物各"自然"的普遍性原则。结合《天下》篇褒美《六经》的思想内涵、庄子与惠施对话的问题意识，或许可以澄显出庄子思想的关注点。

《天下》篇的思想内容，大旨上可以概括为一个主题，三段论述。一个主题即物各"自然"的普遍性真理或真相，三段论述分别为普遍性的理念、普遍性在百家学术中的呈现、庄子与惠施围绕普遍性的思想对话。这是表述的次序。如果从发生学的意义上看，其实应该倒过来，即由庄子与惠施的对话，推阐出普遍

性理念；以此理念来衡量或理解百家学术，得失可以互鉴；普遍
性理念作为一般原则的文明史印证及可能。按照郭象《庄子序》
的方式来理解，推阐普遍性理念即"设对"，论析百家学术之参
差以见庄子哲学之特出，即"独遗"。王夫之在《天下》篇的解
题中也说：

> 系此于篇终者，与《孟子》七篇末举狂狷、乡愿之异，
> 而历述先圣以来，至于己之渊源，及史迁序列九家之说，略
> 同，古人撰述之体然也。其不自标异，而杂处于一家之言
> 者，虽其自命有笼罩群言之意，而以为既落言诠，则不足以
> 尽无穷之理，故亦曰"古之道术有在于是者"。己之论亦同
> 于物之论，无是则无彼，而凡为籁者皆齐也。若其首引先圣
> 《六经》之教，以为大备之统宗，则尤不昧本原，使人莫得
> 而撼焉。乃自墨至老，褒贬各殊，而以己说缀于其后，则亦
> 表其独闻独见之真，为群言之归墟。至于篇末举惠施以终
> 之，则庄子之在当时，心知诸子之短长，而未与之辨，唯游
> 梁而遇惠子，与相辨论，故惠子之死，有"臣质已死"之
> 叹，则或因惠子而有内七篇之作，因末述之以见其言之所繇
> 兴。或疑此篇非庄子之自作，然其浩博贯综，而微言深至，
> 固非庄子莫能为也。[1]

王夫之的见解，有三点值得特别关注。

---

[1]　王夫之：《庄子解》卷33，《船山全书》第13册，第462页。

第一，《天下》篇是对此前学术思想的总结，既总结庄子的哲学，也总结诸子百家关于政治、伦理、人生的学术思想，确切地说，是以庄子的哲学视野总结天下的学术。所以，尽管文论出于古人著述之体例，但哲学与政治、伦理等学说的理论高度是不同的。在《庄子通》中，王夫之在评议《天下》篇的最后还写了一句话，"故观于《春秋》，而庄生之不欲与天下耦也宜"。[1]《春秋》所记载的全部历史，都不足以形成与庄子相匹配的对话关系，庄子之设对独遭、之孤标特出，是不可掩抑的。从这个角度看，《天下》篇是否庄周自作，其实并不重要，因为庄子是因思想而存在且不朽的，而《天下》篇与内七篇在同一个思想高度，所以思想的光芒可以淡化个人的身份烙印。

第二，《天下》篇褒美《六经》，能否杜悠悠之口、解决庄子自身的叙事合法性问题，还是小事，庄子本身也未必就存了个以此讨好谁的用心，倒是庄子的历史文明意识，通过褒美《六经》有所朗显，这才是个大事。《天下》篇说："《诗》以道志，《书》以道事，《礼》以道行，《乐》以道和，《易》以道阴阳，《春秋》以道名分。"《六经》在庄子的历史文明意识中是个整体，离析开来为《易》学、《春秋》学等，不过如同诸子百家学一样，长短互见，如果各持一经以为垄断之术，甚至会窒息思想文化的创造力，后来的两汉经学，毋庸置疑地证明了这一点。而且，在《天下》篇的叙述中，《六经》虽然与"旧法世传之史"并列，但叙事有先后，"旧法世传之史"在《六经》之前，所以

1　王夫之：《庄子通》，《船山全书》第 13 册，第 518 页。

我们有理由认为，《六经》是被当做"旧法世传之史"的范例来叙述的。只是由于《六经》已经成为思想和思想交流的通行工具，有常识的便利，有助于思想表述的有效性，而且《六经》的互补结构也正符合凸显普遍性哲学的需要，所以称述得很是文从字顺。但《天下》篇所要表述的普遍性哲学才是核心，不能因为对待《六经》的态度弄得本末倒置，不能用汉以后儒家强大的话语权来衡量《庄子》思想表述的所以然。

第三也是最重要的一点，王夫之高度关注庄子哲学至少在表述的层面与惠施具有极深的关联。所谓"述之以见其言之所繇兴"，意即《天下》篇最后介述惠施之学，是为了表明庄子的学术在发生学的意义上基于与惠施的对话。王夫之甚至推测，《庄子》内七篇的写作，也与庄惠对话有因果关系。而从《逍遥游》中二人围绕学术思想有用无用的论争等事例来看，这样的推测并非捕风捉影。那么，庄惠对话的焦点问题是什么？又如何诱发庄子的思想或思想表述？这个问题，可能是理解庄子哲学的最直接路径。

梳理一下，《庄子》书中涉及庄惠交往或相互评论的，凡十篇十二场次，可见二人交往非一日，话题非止一事，但从交往到话题，具有内在的思想关联，反映出二人在基本观念上的差异。归结起来，他们的交往可有两个层面，一是相互的理解和评价，间接反映出贯穿交往经历的核心问题；二是直接围绕核心问题的辩论。

先看相互理解和评价。

惠施对庄子之学的理解和评价，归纳起来就是"两无"，无用、无情。如《逍遥游》："惠子谓庄子曰：魏王贻我大瓠之种，我树之成，而实五石。以盛水浆，其坚不能自举也；剖之以为瓢，则瓠落无所容。非不呺然大也，吾为其无用而掊之。""惠子谓庄子曰：吾有大树，人谓之樗。其大本拥肿而不中绳墨，其小枝卷曲而不中规矩。立之涂，匠者不顾。今子之言，大而无用，众所同去也。"又如《外物》的断语："惠子谓庄子曰：子言无用。"因为庄子哲学讲究的是"为是不用而寓诸庸"，让万物各自发挥作用，而不是为谁所用，也不是按照什么样的特殊方式如何地用，所以，说庄子哲学"无用"，就算标签那也是量身定做的，不委屈。在惠施的眼中，庄子还"无情"，如《至乐》："庄子妻死，惠子吊之。庄子则方箕踞，鼓盆而歌。惠子曰：与人居，长子、老、身死，不哭亦足矣，又鼓盆而歌，不亦甚乎?!"《德充符》里则有惠施诘问庄子："惠子谓庄子曰：人故无情乎?""惠子曰：人而无情，何以谓之人?"因为庄子哲学讲究的是"常因自然而不益生"，不在物各"自然"之外建立容易失控的情感联系，以免生出相互绑架的端绪，所以站在生活经验的角度说庄子"无情"，也不算太冤枉。

庄子对惠施之学的理解和评价，大抵可以概括为多知而寡识。在《庄子》的叙述中，惠施大概是一个聪慧得很非凡的人，还很有生活智慧。如《则阳》载梁惠王试图向齐威王复仇事，惠施协调，既阻止了无谓的战争，又不着痕迹。又如《秋水》载惠施派人抓捕庄子事："惠子相梁，庄子往见之。或谓惠子曰：'庄子来，欲代子相。'于是惠子恐，搜于国中三日三夜。庄子往见之，曰：'南方有鸟，其名鹓雏，子知之乎? 夫鹓雏，发于南海而飞于北海，非梧桐不止，非练实不食，非醴泉不饮。于是鸱得腐鼠，鹓雏过之，仰而视之曰：吓！今子欲以子之梁国而吓我耶？'"这件事，怎么看都幽默中透着诡异。或许，二人的生活智慧就不在一个层面，惠施的生活智慧很高，但哲学家庄子却未必是解人。庄子"往见"惠施，惠施却派人抓捕？很蹊跷。三日三夜沸沸扬扬的抓捕行动，庄子在不大的梁国国都竟然能完美地避开？很蹊跷。大概在惠施算来，这样的搜捕可以拉抬一把庄子的声望，就像苏秦与张仪相约，此为合纵，彼则为连横，有个合适的对手，在社会舞台上才有戏份。但庄子智力的兴奋点不在此处，不会配合，还理解成了吓阻。反过来，庄子还为惠施感到惋惜，如《齐物论》说："昭文之鼓琴也，师旷之枝策也，惠子之据梧也，三子之知几乎！皆其盛者也，故载之末年。唯其好之也以异于彼，其好之也欲以明之。彼非所明而明之，故以坚白之昧终。"昭文、师旷、惠施，都在分辨乐律方面具有特殊才能，但他们一定要将精微的分辨率传授给别人，结果就不一定是分享，而可能是施虐。惠施的名家逻辑学，在世俗社会中大概就这样，但用来与庄子辩论则恰到好处，能够相互启沃，逗引思辨。如著名的濠上观鱼之辩，就显示出二人妙入毫颠的逻辑思维能力。确实，哲学的朋友是逻辑，庄周的朋友是惠施，所以，"庄子送葬，过惠子之墓。顾谓从者曰：'郢人垩慢其鼻端，若蝇翼，使匠石斫之。匠石运斤成风，听而斫之，尽垩而鼻不伤，郢人立不失容。宋元君闻之，召匠石曰："尝试为寡人为之。"匠石曰："臣则尝能斫之。虽然，臣之质死久矣。"自夫子之死也，吾无以为质矣，吾无与言之矣。'"郢质的故事，也许是《庄子》编的，但惠施死后庄子很孤独却是真实的，连个畅意聊天、抬杠的人都碰不到，于是庄子要么沉默，要么就去写《庄子》？

再看直接围绕核心问题的辩论。

惠施的聪慧，如果只用来与人争一日之短长，那么在庄子看来就全无意义，不过以必须争的心境，制造下一轮必须争的理由而已。这种自己挖坑自己跳的历史与逻辑的统一，中国社会已经实现了，没有新意。于是，庄子挑起话题，以免在老坑里越陷越深。话题中也有坑，有玄机，不过是思辨性的，像苏格拉底的助产术，很适合逻辑思维能力强的惠施。《徐无鬼》载：

> 庄子曰："射者非前期而中，谓之善射，天下皆羿也。可乎？"惠子曰："可。"庄子曰："天下非有公是也，而各是其所是，天下皆尧也。可乎？"惠子曰："可。"庄子曰："然则儒墨杨秉四，与夫子为五，果孰是邪？或者若鲁遽者邪？其弟子曰：'我得夫子之道矣，吾能冬爨鼎而夏造冰矣。'鲁遽曰：'是直以阳召阳，以阴召阴，非吾所谓道也。吾示子乎吾道。'于是乎为之调瑟，废一于堂，废一于室，鼓宫宫动，鼓角角动，音律同矣。夫或改调一弦，于五音无当也，鼓之，二十五弦皆动。未始异于声而音之君已。且若是者邪？"惠子曰："今夫儒墨杨秉且方与我以辩，相拂以辞，相镇以声，而未始吾非也，则奚若矣？"庄子曰："齐人蹢子于宋者，其命阍也不以完，其求钘钟也以束缚，其求唐子也而未始出域，有遗类矣。夫楚人寄而蹢阍者，夜半于无人之时，而与舟人斗，未始离于岑而足以造于怨也。"

思想诱导式的挖坑很明显，问题也很清楚，诸子百家争论不休，无非要争一个"公是"也就是公理出来。但围绕"公是"既然有争论，那就说明"公是"既不可由谁来预设，也没有集体的默认。庄子虽然相信孔子能做到"鸣而当律，言而当法"，但也只是言论恰到好处地符合法度，不是创造"言出法随"之类的神迹。所以认为诸家的"公是"之争，就像没有约定的靶子，各射各的箭，人人都可以自认为正中目标，人人都是后羿一样的神射手。这样的论争，造成学术思想的虚假繁荣还是次要的，不过浪费了惠施这等精灵人物的时间和精力。重要的是从观念到实践，撕裂了人的类生活，当各家所偏爱的"公是"程度不等地成为政治意志时，就必然在政治意志的神圣名义下造成战争、管控、刑罚等社会灾难。让人难过的是，忙于争论的诸子百家，不知"公是"本来是一个普遍性概念，或者以为抬出某个先王的言行就可以作为"公是"，殊不知先王非一人，抬法非一种；或者以为能屈人之口就能掌握"公是"，殊不知屈人之口的行为本身就违背了"公是"的普适性要求，结果只是造怨而已；或者依附君侯，以强权规定"公是"，结果一路撕煎打吵，一路哄抬诸侯的裁判权位，一路与制度思维及制度合约擦肩而过，不能形成制度思维及制度合约的社会规则。而根源性问题其实很简单，只知不管不顾地争出个"公是"，却不知"公是"本身是个什么性质的概念。这就像齐国的旧俗，派质子到宋国，要先弄瘫了，说是好为宋国守门，而交换回的酒器却要包裹保护，还自以为是。又像楚国远行的瘸子，回乡乘摆渡，船还没离岸就与人争斗起来，还以为自己的言行全是道理。

那么，"公是"究竟是个什么性质的概念呢？庄子打了个比方，就像用琴音来制造同声共振的现象，调好弦的几床琴，拨一宫弦则其他的宫弦产生共振。诸子百家学也与此同理，一种持特殊主张的学说，只能得到相同主张的响应，并不能涵盖其他人。这在《周易·系辞》中叫作"方以类聚，物以群分"。那么有没有可能调出一根弦来，不在宫商角徵羽之列，却让五弦同时产生共振，如《周易》之所谓"太极"，从而成为"音之君"也即独一无二的"公是"？这在理论和实践两方面都是不可能的。然而诸子百家的争执，要么将一弦之音、一家之言当成"公是"，要么将某个虚构的概念信奉为"公是"，却不知"公是"是个普遍性概念，内涵要由万物万类的普适性来规定，外延则是无限的，任何形式的界定，都只会阉割其整体。然则按照庄子的思想，"公是"究竟存在不存在？对于普遍性概念所要表达的意义，又应该如何认知、理解？

庄子的思想，其实比诸子百家都简单，因为他没有特殊的主张，也不奢求抓住现象背后更根本的本质、至上的原则，就只承认一点，万物各各自以为是、自以为然的现象是普遍的。这个普遍的现象即"公是"，具有最恰如其分的普适性，概念上可以表述为"自然"。以惠施辨名析理的逻辑思维能力，在庄子看来大概最接近理解"自然"，但很可惜，惠施太喜欢在辩论场上找快感了，问题意识被牵扯在"卵有毛"等议题上，虽然不像某些治世之士那样，挖空心思想着如何竭民之力，疲民之智，但毕竟耽误了。所以，在《庄子》关于学术思想的所有叙论中，以最后叙论惠施之学的部分最为详悉，感情也最丰富。在现代的中哲史研究中，《天下》篇胪列的惠施以及名家的命题，甚至是关于先秦名家最为完整的一份资料。由此叙事偏爱来看庄子哲学和惠施的逻辑学，问题意识大概都来源于对儒墨法诸家学说的理解以及对社会现实的观察，即都认为儒墨法诸家学说有问题，但梳理和表述其问题的着眼点不同。庄子着眼于"公是"的普遍性，而名家辨名析理，主要着眼点在厘清概念及语义分析，以此质疑由"名分"所勾连起来的社会秩序。逻辑与哲学，既在思维方式上有亲缘关系，但问题意识又不在同一个层面。对于这层差别，《庄子》中曾表达过明确的认知。如《秋水》载公孙龙评议庄子之学："龙少学先生之道，长而明仁义之行，合同异，离坚白，然不然，可不可，困百家之知，穷众口之辩，吾自以为至达已。今吾闻庄子之言，汒焉异之，不知论之不及与？知之弗若与？今吾无所开吾喙，敢问其方。"于是回应者讲了个与井蛙之见同类的故事，并说："且夫知不知是非之竟而犹欲观于庄子之言，是犹使蚊负山，商蚷驰河也，必不胜任矣。且夫知不知论极妙之言，而自适一时之利者，是非坎井之蛙与？"为了强调问题意识上的差距，《庄子》甚至创作了邯郸学步的典故。所谓"是非之竟"，也即是非的终极究竟，名家逻辑不能到达终极究竟，道理也很简单，哲学不能不讲逻辑，但在纯粹逻辑的范畴之内提不出哲学上的问题。例如是非，名家逻辑只会讲思维方法上如何是非、具体观点上孰是孰非，却不会提出"公是"的普遍性问题。而没有这样的普遍性概念，论争将始终相持不下，让"道术将为天下裂"的局面愈演愈烈。文明社会这种糟糕的局面，当然不是惠施名家单方面造成的，而是诸子百家各自努力的共同结

果，所以《天下》篇还要对天下学术进行提纲挈领式的梳理和
评述。

三 "闻风而悦"的天下学术

理论上说，任何时代，百家争鸣都要比一言独断更明智、更
健康、更受欢迎。这应该是一种常识性的观念，就算你有理，你
也该让别人说说话，智者千虑或有一失嘛。但在中国，一言独断
其实是常态，百家争鸣反而是特例。中国的事情，为什么就如此
反常呢？更多的时候，我们都会想到政治体制问题，尤其是众议
的"乡校"传统在汉代被门阀制度污化后，每逢重大决策，不
同的意见相持不下，就只能通过两种方式解决，要么幕后较劲，
要么请君王"乾纲独断"。众议似乎就意味着纷争、低效率、姑
妄言之姑妄听之式的不负责任。但早在汉代之前，其实就已经出
现了对于众议体制不放心的经典表述，如《诗经·小旻》说：
"谋夫孔多，是用不集。发言盈庭，谁敢执其咎？"《诗经》的格
言，对于许多决策或者参与决策的人来说，不仅是教诲，更是一
言独断的经典依据。那么，对于众议体制，为什么从《诗经》
时代开始就如此不放心呢？这个问题可能比政治体制更根本，是
个哲学问题，但中国的学术传统很少予以关注。通过《庄子·天
下》篇，我们或许可以获得一些索解。

以《天下》篇与《荀子》的《非十二子》《解蔽》略作比
较，可以显而易见地发现差异。《荀子》也意识到各家学术"蔽
于一曲而暗于大理"，但他的着眼点是政治实效。按照《荀子》

的叙述，政治实效之为"大理"，是不证自明的，不能取得如期的政治实效，就是"蔽于一曲"，就是"暗于大理"。而站在《庄子》的思想立场上看，摆在第一位的问题，不是谁符合或者代表了"大理"，而是"大理"究竟是个什么性质的概念。没有这样的问题意识，那才是日讲"大理"而"暗于大理"。因为"大理"与"公是"一样，都是普遍性概念，不能由一时一事、一人一物来界定，所以不要说特定的政治实效，广义的政治本身都不是什么"大理"。正因为先秦的诸子百家，在思维方式的缺陷上都与荀子一样，个体欠缺"大理""公是"等概念如何具有普遍性的问题意识，整体未能形成普遍性不可代表、不能尽知的共识，都程度不等、形式不一地表现出独立偏尚、不该不遍的片面性，所以在涉及伦理、法规、制度等一系列社会秩序的问题上，缺乏合理性依据和原则的审思，众议因此缺乏形成合约的思想平台，只能从明处纷争到暗中角力，不能形成从立场分歧到理性妥协的机制，所以参与众议的人，本身就对众议都不放心。但诸子百家又绝非像《荀子》所说的那样一无是处，而是各有所然则各有所是，讲自己的道理都是对的，自以为所讲的就是"大理""公是"，这一点才是大可怀疑的。而《天下》篇之作，宏观历史地看就是试图为诸子百家学构筑一个形成合约的思想平台，从根本上解决众议而不能合约的问题。因此，《天下》篇叙论各家学术，都采取主要分两个环节的格式。第一个环节是概述各家观点及其所以然，以明其所"自然"。"自"是各派的主体立场，蕴含着对于社会现实问题的关切和要求，表现为主张。但"自"又不可说，不能一发言就围绕"我"展开，而必须说个

"大理""公是"，所以只能通过针对现实、针对其他学派表示然或不然的思想表述表现出来，这就是各派的观点。然或不然也有两个层面，一是"闻风而悦"，即从文明史中选择某种传统，作为讲"大理""公是"的表征；二是将此传统延伸到时代现实中来，述而广之。第二个环节是庄子的辨析，指陈各派不该不遍的"一曲"之处，缺乏普遍性问题意识的表现及其后果。

（一）从墨家说起。

> 不侈于后世，不靡于万物，不晖于数度，以绳墨自矫而备世之急。古之道术有在于是者，墨翟、禽滑厘闻其风而说之。为之大过，已之大顺。作为《非乐》，命之曰节用。生不歌，死无服。墨子泛爱、兼利而非斗，其道不怒。又好学而博不异，不与先王同。毁古之礼乐。

墨家来源于勤苦节俭的传统。这个传统时时刻刻有所积蓄，以准备应对随时都可能出现的灾荒和困境。由于不好以文明相夸饰，所以"不晖于数度"，没有堂而皇之的成文规范，是个隐德不耀的小传统。墨家将这个小传统述而广之，提出泛爱、兼利、非攻等一系列的观点，最后达到"博不异"的思想目标。所谓"博不异"，郭象解释说，"既自以为是，则欲令万物皆同乎己也"。这在《墨子》的具体表述中就是"尚同"。从泛爱、兼利、非攻等可以付诸实践的措施，达到"博不异"的普世目标，就是《天下》篇为墨家所勾勒出的从具体到抽象的思想框架。构成这个框架的系列观点，表面上看与儒家差不多，如兼爱略同于仁义、尚同略同于大同等，但实质上，其观点正是针对儒家提出来的。儒家的仁义是爱有差等，墨家的兼爱则爱无差等；儒家并不笼统地反对战争，礼乐征伐自天子出的伐不义，在儒家看来是正当的，而墨家反对一切战争；儒家的大同须凭礼乐王道去实现，而墨家"博不异"的尚同非礼乐，是以行业贤能之人为标准的社会规范化统一；所以两家比较起来，儒家还有个可以借助的礼乐传统之基础，墨家则更理想化。而墨家的"自"亦即主体立场，就映现在针对儒家有所然、有所不然的系列观点中。事实上不仅墨家，其他各家各派的观点表述，也都程度不等地针对儒家。这种整体性的思想格局，除了显示儒家大本大宗的地位之外，还意味着儒家走周文化的传统路线，其他各家各派对这条路线都是有所怀疑的。墨家是其中出现得相对较早的。

　　理解墨家之所"自然"，也就不难辨析其不该不遍的"一曲"之处。最显而易见的地方，是墨家"尚同"的格局很宏大，而苦行的路径很狭小，二者完全不对称。那么在墨家的思想逻辑里，勤俭苦行的特殊方式如何"博不异"，具有人类生活乃至文明的普遍性意义呢？可能性来源于大禹的示范。据《天下》篇介绍："墨子称道曰：'昔者禹之湮洪水，决江河而通四夷九州也，名山三百，支川三千，小者无数。禹亲自操橐耜而九杂天下之川，腓无胈，胫无毛，沐甚风，栉疾雨，置万国。禹，大圣也，而形劳天下也如此。'使后世之墨者多以裘褐为衣，以跂蹻为服，日夜不休，以自苦为极。曰：'不能如此，非禹之道也，不足为墨。'"大禹以一王者而能勤俭苦行，或者反过来说更确切，大禹以勤俭苦行而王天下，由尧舜的唐虞之地拓展到九州，可见勤俭苦行具有天下的普遍性意义。但这种思想逻辑存在明显的缺陷，大禹自身苦行与将苦行作为天下通则是两回事。榜样的力量，只对愿意学习榜样的人有效，而且，榜样的特殊性注定不能与其他人的秉性天然契合，所以即便学习榜样的人，也会学成不同的样子，还以为只有自己学得不走样，于是造成学习团体的分裂。墨家团体就出现这种状态："相里勤之弟子，五侯之徒，南方之墨者苦获、已齿、邓陵子之属，俱诵《墨经》，而倍谲不同，相谓别墨。以坚白、同异之辩相訾，以觭偶不仵之辞相应，以巨子为圣人，皆愿为之尸，冀得为其后世，至今不决。"纷争根源于榜样模式的不兼容，是必然的；发展方向与"博不异"的目标背道而驰，也是必然的。所以《天下》篇归结说："其行难为也，恐其不可以为圣人之道，反天下之心，天下不堪。墨子虽独能任，奈天下何？"特殊的模式不管如何美好，都很难推广为普遍的规则；而以各种方式强行推广，必将造成内部的分裂，无上限地提高社会的构成成本。这条定律，在墨家身上得到了证明。

（二）列于《天下》篇评论区的第二家，是曾经活跃于齐国稷下学宫的宋钘、尹文。宋钘即《逍遥游》里的宋荣子，尹文有《尹子》传世。这一派在处世态度上很独立，如《逍遥游》说宋荣子，"举世而誉之而不加劝，举世而非之而不加沮。定乎内外之分，辨乎荣辱之竟"，面对世俗的舆论，有定见，能独立。这一派的学术，其实也很独立，但自《汉书·艺文志》列九流以甄别百家，后来的学者通常就按照九流的模式为先秦诸子找学派归属。于是，有人认为他们属于儒家，如宋晁公武《郡斋读书志》说："今观其书，虽专言刑名，然亦宗六艺，数称仲尼。其叛道者盖鲜。"也有人认为他们属于名家，是公孙龙一派的传人。
更多的人则认为他们属于稷下的黄老形名学，如《文献通考》
引周氏《涉笔》说："尹文子，稷下能言者。刘向谓其学本庄
老。其书先自道以至名，自名以至法。以名为根，以法为柄，芟
截文义，操制深实。必谓圣人无用于救时，而治乱不系于贤不
肖。盖所谓尊主权，聚民食，以富贵贫贱斡动宇宙。其为法则
然，盖申、商、韩非所共行也。"1《四库提要》因此将他们归为
杂家。回过头来看《天下》篇，眼界不一样，没有为他们的学
术思想找族谱的困扰，倒是首先关注到他们与毅然独立之精神传
统的关联："不累于俗，不饰于物，不苟于人，不忮于众。愿天
下之安宁以活民命，人我之养毕足而止，以此白心。古之道术有
在于是者，宋钘、尹文闻其风而悦之。"四"不"的个体独立传
统，出发点不是如何将个人从社会的纷争中剥离出来，而是让社
会安宁下来，和平地生存，所以，所谓"不累于俗"云云，是
观念上不受旧俗的羁绊，不依赖物资条件，不苟且于人际关系，
不站在民众的对立面。宋钘、尹文发扬这个传统，锐意传播，像
传教士一样地孜孜不倦、喋喋不休，"虽天下不取，强聒而不舍
者也"。政治上，他们甚至有选举君王的想法："接万物以别宥
为始，语心之容，命之曰心之行。以聏合欢，以调海内，请欲置
之以为主。"也就是选举心性宽容，能够协调社会从陌生人张力
转化到熟稔相见欢的人，作为天下共主。他们甚至搞些文化创意

1　马端临：《文献通考》卷 212，上海师范大学古籍研究所、华东师范大学古籍
　　研究所点校，中华书局 2011 年版，第 5967、5768 页。

来传播思想，"作为华山之冠以自表"，因为华山陡峭，上下均平，所以被他们当做社会平等的象征。他们虽然不像墨家那样严格要求苦行，但也克服欲望以自律，"曰请欲固置五升之饭足矣"，没有基本生存条件之外的更高要求。此外也"禁攻寝兵，救世之战"，与墨家一样是个反战团体。所以总体来说，这一派"以禁攻寝兵为外，以情欲寡浅为内"，自立一种主张的想法是有的，也能自行实践，但找不到与现实社会普遍状态相结合的点，所以《天下》篇评价说，"其小大精粗，其行适至是而止"，意即只是自己能够做到的一些想法而已，缺乏普遍性如何可能的问题意识。

（三）列于评论区第三位的，是一个必然论学派，代表人物彭蒙、田骈、慎到，也曾活跃在稷下学宫。由于其必然论的理论基础，并非科学主义的自然律，而是人力面对世界的无奈何，是一种人生态度和社会主张，所以像《列子·力命》篇一样，话题很敏感。而且，《力命》篇慨叹努力的不如命好的，还有个物不平则鸣的诗人之意在其中，而这个学派只讲服从必然之理，学说中只剩下冷硬的秩序，所以不仅敏感，还让人紧张。当然，其为学立说，也有来源。《天下》篇说："公而不党，易而无私，决然无主，趣物而不两。不顾于虑，不谋于知，于物无择，与之俱往。古之道术有在于是者，彭蒙、田骈、慎到闻其风而悦之。"此所谓"古之道术"，很难确切地指实究竟是怎么回事，大概商周以来出现过这样的思想倾向，向往"公而不党"的天下主义，不搞帮派或族群的小利益团体。而天下主义的宏大目标，注定不能容私，既不容私人的利益，也不容私人的意愿，所以思想倾向于绝对化，"趣物而不两"。"不两"也就是唯一，没有相对面。

由此所决定的人的生活，"于物无择，与之俱往"，没有自主选择的机会和理由，只有必须服从的大势所趋。慎到等人以这样的前言往行为基准，展开必然论的推演，找到一个思想的起点，"齐万物以为首"。说法是"天能覆之而不能载之，地能载之而不能覆之，大道能包之而不能辩之。知万物皆有所可，有所不可，故曰选则不遍，教则不至，道则无遗者矣"。这在逻辑上似乎很周密。因为宇宙中没有什么存在是圆满具足的，万物都有所局限，所以有选择就有偏失，靠教化补不齐长短，只有"道"才能够包揽无遗。于是形成慎到的基本主张："弃知去己而缘不得已，泠汰于物以为道理。"显然，慎到不一定掌握了科学主义自然律的知识和论证，但有那样一种唯理论式的态度。态度不来源于经验知识的积累以及事实的可重复证明，而来源于一个与庄子哲学似是而非的推论，为说云："知不知，将薄知而后邻伤之者也。謑髁无任，而笑天下之尚贤也；纵脱无行，而非天下之大圣。椎拍輐断，与物宛转，舍是与非，苟可以免，不师知虑，不知前后，魏然而已矣。推而后行，曳而后往，若飘风之还，若羽之旋，若磨石之隧，全而无非，动静无过，未尝有罪。是何故？夫无知之物，无建己之患，无用知之累，动静不离于理，是以终身无誉。故曰：至于若无知之物而已，无用贤圣。夫块不失道。"同样看到知识的有限性，庄子的致思方向是如何让有限的已知在无限的未知世界中发挥作用，以已知拨开未知的空间，而慎到的推论是既然知识很有限，没什么用，那就干脆不用，人的生活可以像羽毛一样地随风飘荡，怎么飘都在理上，就不会发生意志性选择可能出现错误的隐患。所谓"椎拍輐断"，就是没有棱角地服从。这套为了规避错误就放弃理智的思想逻辑，实际上是将理智当做了错误的随葬品，所以《天下》篇转述当时人的评论："豪杰相与笑之曰：慎到之道，非生人之行而至死人之理，适得怪焉。"

这一派必然论学说，理论基础既非发现了自然律，理论的意图当然也不是利用自然律去发展应用技术，而是强化社会管理的绝对性。其中的一些想法，就其以制度思维针砭时弊而言，是深刻的，但在如何以普遍性立法的问题上，却存在一个很大的思想盲区。如《慎子·威德》说："古者，立天子而贵之者，非以利一人也。曰：天下无一贵，则理无由通，通理以为天下也。故立天子以为天下，非立天下以为天子也。……法虽不善，犹愈于无法。夫投钩以分财，投策以分马，非钩策为均也。使得美者，不知所以德；使得恶者，不知所以怨，此所以塞愿望也。故著龟，所以立公识也；权衡，所以立公正也；书契，所以立公信也；度量，所以立公审也；法制礼籍，所以立公义也。凡立公，所以弃私也。"[1]所谓"立天子以为天下"虽然是个假说，因为天子从来都不是"立"的，而是带领军队打出来的，但就其制度思维而言，无疑是理性的，否则找不出要有个天子的理由。所谓"天下无一贵，则理无由通"，是天子的职能或作用，意犹《周易·同人·彖》"通天下之志"，即凝聚社会的共识和意志。凝聚的方式多种多样，诸如宗教、伦理、艺术、政治意识形态等等，慎到选择法制，符合其必然论的思想逻辑。慎到以法制为公，关联公

1　慎到著，许富宏校注：《慎子集校集注》，中华书局 2013 年版，第 16—18 页。

识、公正、公信、公审、公义等意义，依然是符合理性原则的，否则以私意立法，法制不能成为公共信仰，没有神圣性，若非强制，必然无效，而强制则酿造对立。在这些环节上，慎到的思想都很缜密。但他将公与私截然对立起来，断言立公必须弃私，就无可避免地走到绝对国家主义而与所有人的利益相对立，以至有当时豪杰的集体嘲笑。为什么会出现这种断崖式的思想暴跌？原因也很简单，缺乏对于"公"的普遍性审思。公与私相对，私是具体个人的特殊性，公则是涵盖所有特殊的普遍性。如果公不能涵盖私，普遍性不能涵盖特殊性，甚至形成对立，那公就是一个凿空的概念，不能推演出任何具体的内涵，更何况法制体系。这个思想盲点，是上述三人共同的，所以《天下》篇归结说："彭蒙、田骈、慎到不知道。虽然，概乎皆尝有闻者也。"有闻则略知论道之意，诸如公天下的观念不从《六经》中推演，否则依然是先有天子然后有天下、立法是公天下的必有路径等，但缺乏何以为公或公这个概念如何具有普遍性的问题意识，所以最终沦为笑谈。

（四）排在第四位的关尹、老聃之学，与庄子的思想最接近，所以排在庄子之前，诸家之后。这一派学术，思想上自成体系，讲究清虚静退，应物无心，不将自我意志放在所有事情的前面，所以在基本性格上就与锐意进取的姬周文化不相伴。在姬周文化来势汹汹的数百年浸染之后，于周德既衰之际，以思想而非以先王经典的形式自我表述，其渊源所自，就很令人遐思。《天下》篇说："以本为精，以物为粗，以有积为不足，澹然独与神明居。古之道术有在于是者，关尹、老聃闻其风而悦之。"这是以本末之辨来理解关尹、老聃之学的渊源。而本末之辨的源头，历史地看或许是原始宗教。当人意识到个人在族群中，就像一片片叶子在树上，荣枯取决于本根，本根强弱则取决于祖先的勋烈，于是就产生信仰形态的祖先崇拜，进而形成哲学上的本末之辨以及本根论。这种渊源无关乎《六经》的历史叙事，倒像是另一个文明传统的复苏。由此形成其解决现实问题的思想主张，第一是"建之以常无有"，也就是以历史虚无主义的超越态度，摆脱现实社会的文明惯性，大破然后"建之"，大立。第二是"主之以太一"，树立一个普遍性概念，作为纷争各方的共同向导。第三是具现为固本培元的社会生活方略，"以濡弱谦下为表，以空虚不毁万物为实"，意即树立一个普遍性概念，不一定要求对社会产生多大的带领作用，但要守住一条"不毁万物"的底线，从而"常宽容于物，不削于人"。对于关尹、老聃的学说，《天下》篇未曾做出更多的辨析，只是生出一句感叹："关尹、老聃乎，古之博大真人哉！"事实上，关尹、老聃距离《天下》篇的时代并不远，其所以称"古之"，或许是认为关尹、老聃的思想格局，与处心积虑的谋一身、谋诸侯、谋天下的同时代人不相类。

四 "未之尽"的庄子哲学

《天下》篇叙论天下学术，在庄子哲学问世之前，是一个首尾呼应的连贯整体。从开篇"原于一"之道术亦即文明的缘起，经过墨家等学派"析万物之理"的分裂，到关尹、老聃"主之以太一"的思想建构之整合，天下学术的大旨及其历史大势，其框架性的图谱便粗略可见，核心概念是"一"。这个图谱由原一之分而再合，呈封闭态势，而庄子哲学重新开放，以"变化无常"的理论形态契合万物变化发展的本相，而且自揭其哲学"未之尽"，是一个未完成、不圆满的开放体系。

《天下》篇的开宗明义，是一段文明起源论式的概述：

> 天下之治方术者多矣，皆以其有为不可加矣。古之所谓道术者，果恶乎在？曰：无乎不在。曰：神何由降？明何由出？圣有所生，王有所成，皆原于一。

仅从字面上看，这段概述就是个假说，还很容易引起误解，似乎文明起源于某个一统天下的圣王。但放在庄子哲学的思路中来理解，本意是说文明起源于人与人之间的一致性以及对于一致性的认知。"一"是人性的本来一致，"原"则有原本于一和认知其一的双重含义。唯其人有本来一致之性，所以文明才有可能；也唯其一致之性被认知并且被认同，所以文明才会发生。文明既起源于人性，那么合理的文明必然涵盖所有人，也即对于所有人都具有普适性，不是一部分人意志舒展，生活恰适，而另一部分人意志卷缩，生存困顿。按照庄子哲学的基本思路来理解，"原于一"的文明起源论，不是历史的考证，而是哲学的"设对独遭"，即文明起源于人性，而人性是普遍的，"一"的。

当然，不考证并不意味着就缺乏历史的观念和意识。事实上，关注文明合理性的大历史观，正是《天下》篇叙论天下学术的基本参照：

> 古之人其备乎！配神明，醇天地，育万物，和天下，泽
> 及百姓。明于本数，系于末度，六通四辟，大小精粗，其运
> 无乎不在。其明而在数度者，旧法世传之史尚多有之；其在
> 于《诗》《书》《礼》《乐》者，邹鲁之士缙绅先生多能明
> 之。……其数散于天下而设于中国者，百家之学时或称而
> 道之。

《六经》也是"旧法世传之史"，不过据说经过了孔子的删述，
将芜蔓的各诸侯国史以及民间诗歌等社会史，整理成了一以贯之
的政治史，因而称之为"经"，是贯穿文明史的主线。

进而言之，《天下》篇表述这种历史意识和观念的意图，又
不是要"尊王攘夷"，强化国族认同，塑造先王崇拜，而是要维
护和谐有序的社会生活：

> 以法为分，以名为表，以参为验，以稽为决。其数一二
> 三四是也。百官以此相齿，以事为常，以衣食为主，蕃息蓄
> 藏，老弱孤寡为意，皆有以养民之理也。

因为人类的生活既非围绕单一目的，也非只能采取单一的方式，
所以文明作为人类生活有序性的公共意志载体，除了必须符合涵
盖所有人的人性之"一"外，没有其他的唯一真理或准则。有
序性可以用一二三四来表示，但文明秩序只是工具，不是目的，
唯其符合"蕃息蓄藏"的生活需要才有合理性。正是基于这样
一种从现实到历史的观察，才形成庄子的哲学性格。

芴漠无形，变化无常。死与生与？天地并与？神明往与？芒乎何之？忽乎何适？万物毕罗，莫足以归。古之道术有在于是者，庄周闻其风而悦之。以谬悠之说，荒唐之言，无端崖之辞，时恣纵而不傥，不以觭见之也。以天下为沉浊，不可与庄语。以卮言为曼衍，以重言为真，以寓言为广。独与天地精神往来，而不敖倪于万物，不谴是非，以与世俗处。其书虽瑰玮，而连犿无伤也；其辞虽参差，而诚诡可观。彼其充实，不可以已。上与造物者游，而下与外死生无终始者为友。其于本也，弘大而辟，深闳而肆；其于宗也，可谓稠适而上遂矣。虽然，其应于化而解于物也，其理不竭，其来不蜕。芒乎昧乎，未之尽者。

关于庄子哲学的思想内涵，我们在前面已经展开过探讨，《天下》篇的角度，是将庄子哲学放在天下学术的大环境中来理解其表述形式的所以然，值得关注的有两个问题。其一是就思想渊源而言，庄子哲学与前述各派的明显差异，是前述各派的渊源叙述，要么是否定句，要么是肯定句，表明他们是从"原于一"的传统中各有所选择。而庄子思想的渊源叙述，却是一连串的问号，可见庄子从文明史中所获得的，不是符合现实需要的采择，而是牵引思想的问题意识。再由"万物毕罗，莫足以归"来看，这个问题意识显然是关于最高普遍性的，不能落到任何一偏。其二是自叙其表述形式的矛盾，既说是"谬悠之说，荒唐之言"，又自称"以重言为真，以寓言为广"，就很矛盾，庄子的哲学表述，究竟是认真的还是玩笑的呢？究竟是荒诞的还是真实的呢？

就庄子哲学之整体而言，我们或许可以给出解释，问题意识和思考都是认真而且真实的，但表述形式自带幽默感，甚至有故意荒诞化的主观意图。然则何以如此？《天下》篇的解释是"不以觭见之也"，意即克服站在特殊角度的偏见。就最高普遍性而言，站在任何角度的主张都是偏见，差别只在于能否意识到自己的主张是偏见，表述形式上越是正儿八经，执持偏见就可能越深。按照庄子的思想逻辑，虽然其哲学在主观上以最高普遍性的问题意识为核心，但既有主观，就可能产生偏见，违背普遍性的应然要求。消解偏见影响他人的可能办法，就是让人别太当真，于是就形成庄子深沉哲学的游戏风格，以至不能被当做思想工具加以利用，即如王夫之所说："庄子之学，初亦沿于老子……其高过于老氏，而不启天下险侧之机，故申、韩、孙、吴皆不得窃。"[1] 解读《庄子》，可能产生误解，甚至也可能出现故意曲解，但用作工具以谋划政治、操控意识、制造舆论都可能性不大。这倒不是庄子早有防备，谋虑之深远，而是其哲学的普遍性问题意识所决定的。

《列御寇》篇引庄子说："知道易，勿言难。知而不言，所以之天也；知而言之，所以之人也。"普遍性哲学的表述，固不及天然之大全，但为了人类的文明建设，又不能不走向人间，有所介入。所以，虽然庄子"独与天地精神往来"，逍遥一世之上，睥睨天地之间，但却不是那种精神上自我封闭的隐士，而是参与社会问题"横议"的处士，拒绝齐楚诸侯的聘用，保持贫

---

1   王夫之：《庄子解》卷33，《船山全书》第13册，第472页。

困而自由的身份。对于各种偏执的隐遁之士，《庄子》是不大认同的，如《刻意》说：

> 刻意尚行，离世异俗，高论怨诽，为亢而已矣，此山谷之士，非世之人，枯槁赴渊者之所好也。语仁义忠信，恭俭推让，为修而已矣，此平世之士，教诲之人，游居学者之所好也。语大功，立大名，礼君臣，正上下，为治而已矣，此朝廷之士，尊主强国之人，致功并兼者之所好也。就薮泽，处闲旷，钓鱼闲处，无为而已矣，此江海之士，避世之人，闲暇者之所好也。吹呴呼吸，吐故纳新，熊经鸟申，为寿而已矣，此道引之士，养形之人，彭祖寿考者之所好也。若夫不刻意而高，无仁义而修，无功名而治，无江海而闲，不道引而寿，无不忘也，无不有也，澹然无极而众美从之，此天地之道，圣人之德也。故曰：夫恬惔寂漠，虚无无为，此天地之平，而道德之质也。

个人可以活在偏好中，但社会需要普遍性规则。所以《外物》篇引庄子说："夫流遁之志，决绝之行，噫，其非至知厚德之任与。……唯至人乃能游于世而不僻，顺人而不失己。"精神独立的人不是与世隔绝的人，因为精神独立是社会生活中的一种状态，只有面向社会才有意义。同样，独立的哲学思考也必然面向社会，因为有意义的哲学，问题意识来源于社会生活。也正由于面向社会，所以庄子哲学"未之尽"，像社会生活一样，只能用已知去博取未知，画不出某个极致的、圆满的圆。